시민의 경제학

어른들을 위한 자본주의 교과서

| 임춘한 |

박영사

프롤로그

우리는 자본주의라는 게임의 규칙도 모른 채 플레이어로 살고 있다. 매일 아침 커피값을 결제하고, 대중교통 요금을 내고, 월급날이면 카드값을 확인한다. 이처럼 모든 일상이 경제 행위로 채워져 있지만 정작 경제가 움직이는 원리를 잘 모른다.

학창 시절 경제는 늘 뒷전이었다. 사회 교과서 속 수요와 공급, 국내총생산(GDP) 등의 개념은 시험이 끝나면 잊혔다. 경제학은 세상을 읽는 언어가 아니라 점수를 따기 위한 암기 과목에 불과했다. 대학에 가서도 크게 다르지 않았다. 전공자가 아닌 이상 경제를 배우지 않았고, 막연하게 어렵다는 인식만 남았다.

우리는 경제를 감정으로 대한다. 물가가 오르면 경제가 어렵다고 분노하고, 주가가 내리면 나라가 망한다고 불안해한다. 부동산 시장을 바라보는 관점은 폭등과 폭락이라는 극단적 주장뿐이다. 금리 인상은 정부의 무능으로, 금리 인하는 무책임한 포퓰리즘으로 쉽게 낙인찍는다. 그 말속에는 이론과 데이터가 존재하지 않는다. 경제학적 사고의 부재는 왜곡된 진단과 처방에 쉽게 휘둘리게 된다.

경제는 숫자가 아니라 우리 삶의 사용 설명서다. 경제학은 한정된 자원 속에서 무엇을, 어떻게, 누구를 위해 만들고 나눌 것인가에 대한 얘기다. 숫자는 결과일 뿐 그 뒤에는 사람들의 선택과 행동, 사회의 구조와 제도가 있다.

소비자물가의 상승은 단순한 숫자가 아니다. 내 월급의 실질 가치가 하락하고, 장바구니가 달라질 수 있다는 의미다. 환율 1,400원 돌파는 해외여행 경비 부담을 넘어 수많은 기업의 생존과 노동자의 일자리가 걸린 문제다. 금리 0.25%p의 변화는 단순히 대출이자의 등락이 아니라 기업의 투자 계획, 국가의 재정 건전성 등 경제 전체의 활력을 좌우하는 거대한 움직임이다.

지금 이 순간에도 경제 기사가 쏟아지고 있다. '미국 연방준비제도(Fed) 금리 인하', '관세 쇼크', '수출 둔화' 등 뉴스는 현상을 전달하지만 원인과 결과는 친절히 설명해주지 않는다. 환율이 오르면 수출이 늘고, 환율이 내리면 수입이 늘어난다는 식의 단편적인 공식만으로는 복잡한 세계를 이해할 수 없다.

경제학의 기본기를 갖춘 시민은 뉴스를 다르게 읽는다. 현상을 수동적으로 받아들이는 대신 그 이면의 구조와 맥락을 질문한다. '왜 물가가 오르는가', '왜 환율이 움직이는가', '왜 정부는 시장 규제를 강화하는가' 등을 고민한다. 바로 이 생각들이 민주주의의 수준을 결정한다. 경제학은 시장을 분석하는 도구를 넘어 시민이 권력을 감시하고 사회를 이해하는 언어인 것이다.

『시민의 경제학』은 어른들을 위한 자본주의 교과서다. 시장경제에서는 수요와 공급, 경쟁과 독점을 다룬다. 국가경제에서는 재정정책, 통화정책을 살핀다. 국제경제에서는 국제무역, 환율을 들여다본다. 경제사상사에서는 애덤 스미스부터 토마 피케티까지 사상적 흐름을 따라가본다.

책을 읽는 순서는 각각 독립된 주제로 구성되어 있기 때문에 어떤 부분을 먼저 읽든 크게 상관이 없다. 다만 전체 내용을 쉽게 이해하기 위해서는 시장경제 파트를 가장 먼저 읽는 것이 좋다. 경제학의 가장 기본 개념을 명확히 확립하면 다른 분야를 이해하는 데 큰 도움이 된다. 그 이후로는 국가경제, 국제경제, 경제사상사 중 본인이 관심 있는 분야로 넘어가도 무방하다. 특별한 관심 분야가 없다면 순서대로 읽는 것을 권장한다.

책의 난이도는 중·고등학교 교과서보다는 어려운, 대학 전공 서적보다는 쉬운 수준으로 설정했다. 경제학 이론에 대해 전혀 알지 못하는 일반 시민들이 세상을 보는 시각을 넓힐 수 있도록 만들었다. 특히 현실 경제와 뉴스 기사를 이해하는 데 도움이 될 만한 핵심 개념들을 뽑아냈다. 전공 서적에서 볼 법한 내용들이 다수 포함되어 있지만 최대한 쉽게 접근할 수 있도록 풀어냈다. 이 책은 정책의 허실을 꿰뚫어 보고, 흔들리는 세상 속에서 내 삶의 주도권을 되찾는 최소한의 지적 무기가 되어 줄 것이다.

목차

II 국가경제

III 국제경제

Ⅳ 경제사상사

I

01 경제학의 기본 문제
02 한계분석과 합리적 선택
03 수요의 법칙
04 공급의 법칙
05 시장균형과 가격 결정
06 수요의 탄력성
07 공급의 탄력성
08 소득효과와 대체효과
09 소비자 선택과 효용극대화
10 생산함수와 한계생산체감의 법칙
11 생산비용 구조
12 기업의 이윤극대화 조건
13 완전경쟁
14 독점시장
15 과점과 독점적 경쟁시장
16 게임이론
17 생산요소시장
18 소비자·생산자잉여
19 외부효과
20 공공재·공유지·정보비대칭

시장경제

01

경제학의 기본 문제

희소성과 기회비용

경제학의 출발점은 '희소성'이다. 우리의 욕망은 무한하지만 자원은 한정돼 있기 때문이다. 돈, 시간, 토지, 노동력 등 어떤 자원이든 무한하지 않다. 희소성은 모든 사회와 개인에게 선택을 강요한다.

희소성은 재화의 가치와도 연결된다. 공기처럼 누구나 쉽게 쓸 수 있는 자원은 희소성이 없다. 반면 보석처럼 생활에 꼭 필요한 것이 아니더라도 양이 적으면 가격은 비싸지고 희소성은 높다. 이처럼 희소성은 필요성과 공급량의 관계에 따라 결정된다.

선택의 문제는 세 가지 질문으로 압축된다. 무엇을 생산할 것인가, 어떻게 생산할 것인가, 누구를 위해 생산할 것인가이다. '무엇을'은 사회가 어떤 재화와 서비스를 우선할지에 대한 가치 판단의 영역이다. '어떻게'는 효율성과 기술, 자원 배분의 방식에 대한 문제다. '누구를 위해'는 분배와 형평성의 문제와 직결된다.

개인의 선택도 마찬가지다. 학생이 시험 전날 밤을 새워 공부한다면 잠이라는 가치를 포기해야 한다. 이때 포기한 것의 가치가 바로 '기회비용'이라 부른다. 기회비용은 눈에 보이지 않지만 모든 선택의 그림자처럼 따라붙는다.

합리적인 선택을 논할 때 이미 지불해서 회수할 수 없는 '매몰비용'은 고려해선 안 된다. 예를 들어 이미 구매한 영화표가 아깝다고 재미없는 영화를 끝까지 보는 것은 매몰비용에 얽매여 더 나은 기회를 포기하는 비합리적인 선택이다.

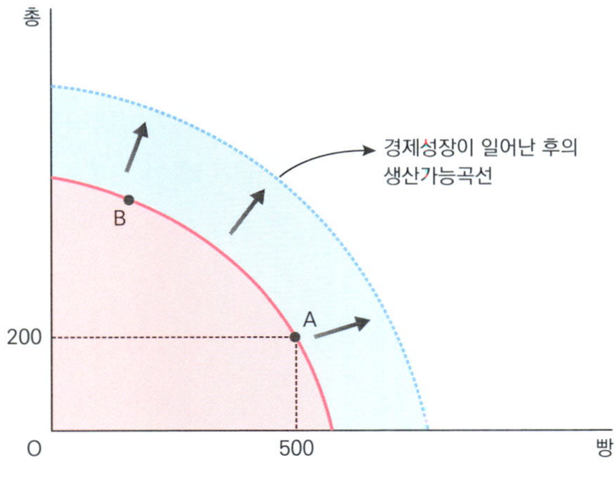

생산가능곡선

'생산가능곡선(PPC, Production Possibility Curve)'은 선택의 본질을 시각적으로 명확히 보여준다. 한 사회가 가진 모든 자원으로 총과 빵이라는 두 재화만 만든다고 가정해보자. 자원과 기술이 고정돼 있다면 총을 더 만들수록 빵 생산은 줄어들 수밖에 없다. 이 가능한 모든 조합을 연결하면 원점에 대해 볼록한 곡선이 그려진다.

곡선 위에 놓인 모든 점은 주어진 자원을 낭비 없이 가장 효율적으로 사용한 상태를 의미한다. 곡선 안쪽에 있는 점은 실업이나 기술적 비효율로 인해 자원이 충분히 활용되지 못하고 있음을 보여준다. 그 곡선 바깥의 영역은 현재 주어진 기술과 자원으로는 결코 도달할 수 없는 불가능한 목표 지점이다. 곡선이 원점에 대해 볼록한 이유는 '기회비용체증의 법칙' 때문이다. 한 재화의 생산을 늘리기 위해 다른 재화의 생산을 포기할 때 처음에는 작은 희생으로도 가능하지만 점점 더 큰 기회비용이 필요해진다는 의미다.

경제 성장은 곡선 전체가 바깥으로 이동하는 것으로 표현된다. 기술 혁신이나 자원 증가로 과거에는 불가능했던 생산 조합이 가능해지는 것이다. 한국은 1960년대 생산가능곡선이 의류와 신발 생산에 머물렀다면 수십 년간의 교육 투자와 기술 개발을 통해 반도체와 자동차를 생산하는 나라가 되었다. 과거와 비교할 수 없을 정도로 확장된 생산가능곡선을 가지게 된 셈이다.

효율성과 형평성

경제학에서는 생산에 사용되는 자원을 크게 네 가지로 나눈다. 첫째 토지는 자연이 제공하는 자원이다. 둘째 노동은 인간의 신체적·정신적 노력을 뜻한다. 셋째 자본은 기계·공장·지식처럼 생산을 돕는 도구다.

넷째 기업가 정신은 위험을 감수하며 새로운 결합을 시도하는 창의적 활동이다. 모든 경제 활동은 이 네 가지 자원을 어떻게 합리적으로 배분하느냐에 달려 있다.

생산가능곡선은 주어진 자원을 가장 효율적으로 활용하는 조합을 제시한다. 그러나 경제학의 고민은 여기서 멈추지 않는다. 효율적인 조합이 반드시 사회적으로 바람직하거나 공정한 조합은 아닐 수 있기 때문이다. 국방과 복지 사이에서 어떤 점을 선택할지는 단순히 효율성의 문제가 아니라 그 사회가 어떤 가치를 더 중시하는지에 대한 정치적 판단을 필요로 한다.

경제학의 기본 문제는 교과서 첫 장에만 등장하는 개념이 아니다. 개인의 소비, 기업의 투자, 정부의 예산에서 모두 동일한 구조를 가진다. 결국 경제학은 숫자와 그래프 이전에 선택의 과학이다. 희소성과 기회비용은 선택을 강요하고 생산가능곡선은 그 선택의 결과와 한계를 명확히 보여준다. 무엇을, 어떻게, 누구를 위해 생산할 것인가를 둘러싼 문제는 앞으로도 끊임없이 마주해야 할 근본적인 질문이다.

- 희소성: 인간의 욕구는 무한하지만 자원은 한정돼 있다는 경제학의 출발점
- 기회비용: 어떤 선택을 할 때 포기한 다른 선택의 가치
- 생산가능곡선: 주어진 자원으로 생산할 수 있는 최대 조합을 보여주는 곡선

02

한계분석과 합리적 선택

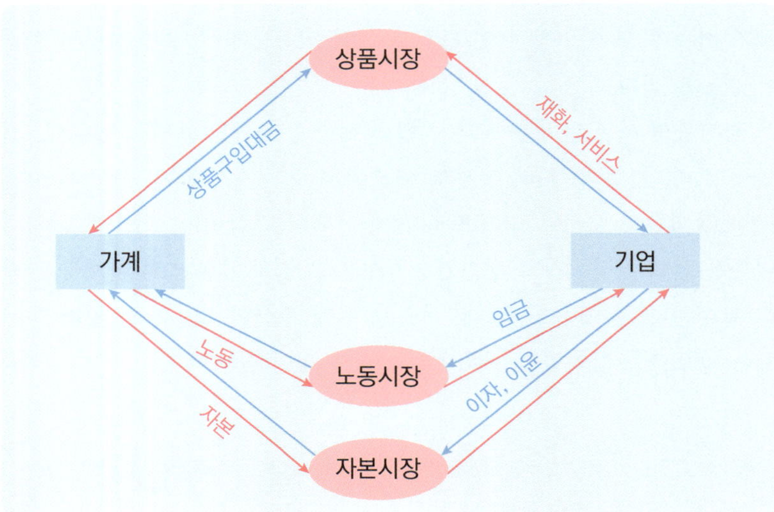

한계적 사고

경제는 가계와 기업이라는 두 주체를 중심으로 끊임없이 순환한다. 가계는 기업에 노동, 자본, 토지 같은 생산요소를 제공하고 그 대가로 임금, 이자, 지대와 같은 소득을 얻는다. 기업은 가계로부터 얻은 생산요소를 결합해 재화와 서비스를 생산하고, 이를 가계에 판매하여 수입을 얻는다. 가계와 기업 사이에서 생산요소와 생산물이 돌고 도는 흐름을 '경제 순환 모형'이라고 한다. 이 거대한 순환 속에서 가계는 어떻게 소비를 결정하고, 기업은 어떻게 생산량을 결정할까. 바로 이 질문에 답하는 것이 경제학의 핵심 과제이며 그 열쇠는 '한계분석'과 '합리적 선택'에 있다.

희소성은 우리에게 선택을 강요한다. 그렇다면 우리는 어떻게 최적의 선택을 할 수 있을까. 많은 사람들이 전체 이익과 전체 비용을 비교하려 하지만 종종 평균의 함정에 빠지게 한다. 경제학이 주목하는 것은 평균이 아니라 추가적인 한 단위로, 마지막에 더해지는 변화다. 이를 '한계적 사고'라고 부른다. 한계는 어떤 활동을 한 단위 더 늘리거나 줄였을 때의 변화를 뜻한다. 합리적 선택의 원리는 한계적인 편익과 한계적인 비용을 비교하는 과정이다.

한계편익과 한계비용

한계편익(MB, Marginal Benefit)은 추가적인 1단위에서 얻는 만족이나 이익이다. 한계비용(MC, Marginal Cost)은 추가적인 1단위를 위해 들어가는 희생이나 비용이다.

영화관에서 영화를 보는 상황을 생각해보자. 첫 번째 영화는 큰 만족을 주지만 두 번째, 세 번째로 갈수록 추가적인 만족감은 점차 줄어든다. 이처럼 소비를 늘릴수록 추가적인 만족이 감소하는 현상을 '한계편익체감의 법칙'이라고 한다. 이때 추가 영화 한 편에서 얻는 만족이 바로 한계편익이다. 반대로 영화 한 편을 추가로 볼 때 드는 표 값, 시간, 체력 소모는 한계비용이다.

소비자, 기업, 정부 모두 이 원리에 따라 행동한다. 소비자는 아이스크림을 하나 더 살 때의 만족과 가격을 비교한다. 기업은 상품을 한 단위 더 생산할 때 드는 비용과 판매 수입을 비교한다. 정부는 복지 예산을 늘렸을 때의 사회적 편익과 재정 부담을 비교한다. 결국 주체가 달라질 뿐 의사결정의 구조는 동일하다.

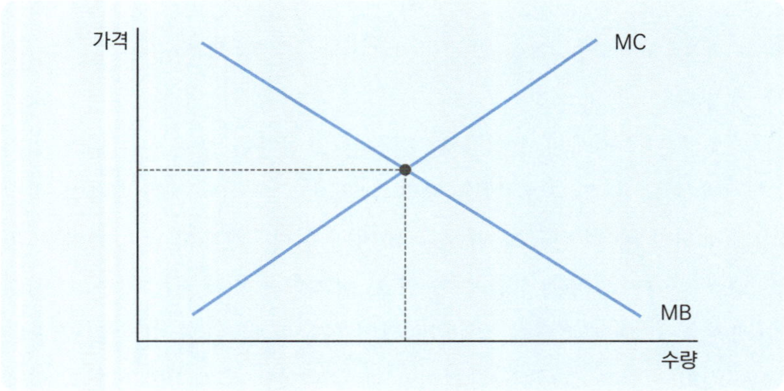

MB=MC의 원리

경제학이 말하는 합리적 선택은 MB와 MC가 같아지는 지점에서 이뤄진다. 만약 MB가 MC보다 크다면 추가 행동은 비용보다 이익을 더 가져다주므로 행동을 늘리는 것이 합리적이다. 반대로 MB가 MC보다 작다면 행동을 줄여야 손해를 막을 수 있다. 따라서 더 이상 늘리거나 줄일 유인이 없는 MB=MC의 지점이 바로 최적의 선택이자 합리적 균형점이 되는 것이다.

이것을 그래프로 표현하면 훨씬 직관적이다. 가로축에 활동의 양, 세로축에 MB와 MC를 놓으면, 일반적으로 MB 곡선은 우하향하고 MC 곡선은 우상향한다. 이 두 곡선이 만나는 점이 바로 최적 선택 지점이다.

합리성의 의미

경제학에서 말하는 합리성은 감정이 없는 기계적 판단이 아니다. 주어진 자원과 정보 속에서 자신의 만족이나 이익을 최대화하려는 일관된 선택을 뜻한다. 소비자는 효용을, 기업은 이윤을, 정부는 사회적 후생을 극대화하려 한다는 가정이 합리성의 의미다. 그 선택은 앞으로 발생할 MB와 MC에만 근거해야 한다.

이 원리는 경제 전반에서 적용된다. 도로 건설을 예로 들어보자. 새로운 도로를 지으면 교통 편익은 커진다. 하지만 도로가 늘어날수록 추가적인 편익은 줄어들고, 건설 및 유지 비용은 늘어난다. 어느 순간 MB와 MC가 같아지는 지점에서 더 이상의 도로 확장은 멈추는 것이 합리적이다. 환경 규제도 마찬가지다. 대기오염을 줄이면 사회적 편익은 증가하지만 기업이 지불해야 하는 비용도 커진다. 사회는 이 둘이 만나는 지점에서 최적의 규제 수준을 결정하게 된다.

- 한계적 사고: 추가 1단위에서 발생하는 변화에 초점
- MB: 추가 1단위 소비 · 생산에서 얻는 이익
- MC: 추가 1단위를 위해 들어가는 비용
- MB = MC 지점에서 최적 균형 성립

03

수요의 법칙

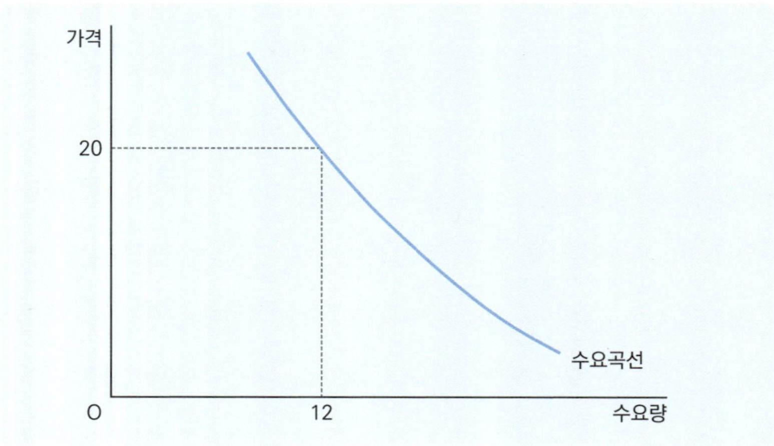

수요의 기본 개념

경제학에서 가장 먼저 배우는 것은 가격과 수요의 관계다. 재화와 서비스의 가격이 하락하면 사람들은 더 많이 사고 반대로 가격이 상승하면 덜 구입한다. 이것을 '수요의 법칙'이라고 부른다. 말은 단순하지만 경제학의 거대한 구조가 이 원리를 토대로 세워진다.

수요는 특정한 기간 동안, 주어진 가격에서 소비자가 구매하고자 하는 의지와 능력을 의미한다. 단순한 욕구와는 구별된다는 것이다. 누구나 값비싼 스포츠카를 원할 수 있지만 실제로 그 가격을 지불할 능력이 없다면 수요가 아니다. 따라서 수요는 구매 의사와 구매 능력이 결합된 유효한 개념이다.

수요의 법칙은 가격과 수요량 사이의 음(-)의 관계를 표현한다. 가격이 오르면 수요량은 줄고, 가격이 내리면 수요량은 늘어난다. 그래프상 수요곡선은 우하향한다. 이는 소비를 늘릴수록 추가적인 만족감이 점차 줄어드는 한계효용체감의 법칙과도 연결된다. 가격이 낮아져야만 소비자가 추가적인 소비를 늘릴 유인이 생기기 때문이다.

이 현상은 '대체효과'와 '소득효과'로 설명된다. 대체효과는 특정 상품의 가격이 오르면 소비자가 상대적으로 저렴해진 다른 상품으로 눈을 돌리는 현상이다. 예를 들어 돼지고기 가격이 오르면 소비자는 상대적으로 저렴해진 닭고기나 소고기로 소비를 옮겨간다. 소득효과는 가격 상승이 소비자의 실질 구매력을 줄여 해당 상품의 구입량을 줄이게 만드는 현상이다. 돼지고기 가격 상승은 소비자의 실질 소득을 감소시켜 전반적인 육류 소비를 줄이게 만드는 것과 같다. 두 가지 효과가 합쳐져 수요곡선이 우하향하는 모습을 갖게 된다.

수요량과 수요의 변화

수요의 법칙을 이해할 때 가장 흔히 혼동하는 개념이 있다. 바로 '수요량의 변화'와 '수요의 변화'의 차이다. 수요량의 변화는 오직 가격의 변화에 따라 같은 수요곡선 위에서 점이 이동하는 것을 의미한다. 예를 들어 사과 가격이 1,000원에서 800원으로 내려가면 소비자는 동일한 곡선 위에서 오른쪽으로 이동해 더 많은 사과를 구입한다.

반면 수요의 변화는 가격 이외의 다른 요인 때문에 곡선 자체가 아예 움직이는 경우다. 소득 수준이 높아져 사람들이 사과를 더 원하게 되면 동일한 가격에서도 더 많은 양이 소비된다. 이때는 수요곡선이 오른쪽으로 평행 이동한다. 하나의 그래프 안에서 곡선 위 점의 이동은 수요량의 변화를, 곡선 자체의 이동은 수요의 변화를 뜻한다.

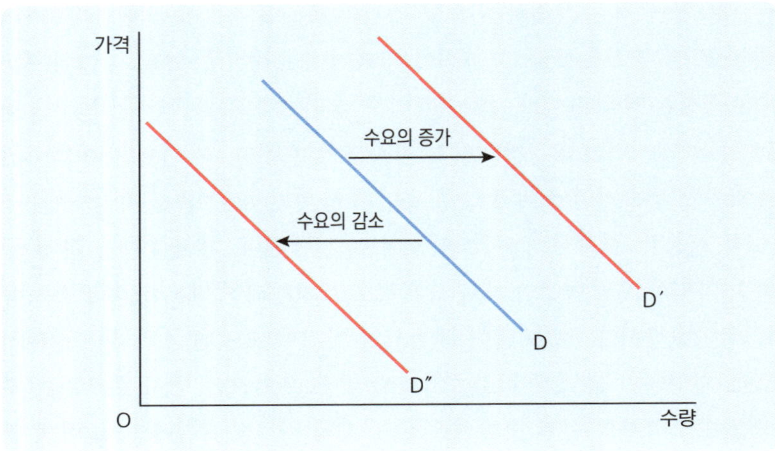

수요곡선의 이동

수요곡선은 여러 가지 가격 외적 요인들이 결합해 수요 전반을 바꾸며 곡선 자체를 이동시킨다. 소득의 변화가 있는 경우 대부분의 재화인 정상재의 경우 소득이 늘어나면 수요곡선은 오른쪽으로 이동한다. 반대로 일부 재화인 열등재는 소득이 늘어나면 오히려 덜 찾게 되므로 수요곡선이 왼쪽으로 이동한다.

소비자의 기호와 선호의 변화가 있는 경우 특정 상품이 유행하거나 긍정적인 이미지가 강화되면 사람들의 선호가 높아져 수요가 늘어나고, 그만큼 곡선이 오른쪽으로 이동한다. 반대로 선호가 줄어들면 곡선은 왼쪽으로 움직인다.

연관성이 높은 재화의 가격도 영향을 미친다. 콜라와 사이다의 관계처럼 대체재의 가격이 오르면 상대적으로 저렴해진 해당 상품의 수요가 늘어나 수요곡선이 오른쪽으로 이동한다. 반대로 커피와 설탕 같은 보완재의 가격이 오르면 함께 쓰이는 상품의 수요가 줄어들어 곡선이 왼쪽으로 이동한다.

소비자의 미래에 대한 기대가 작용한다. 앞으로 가격이 오를 것이라고 예상되면 현재의 수요가 늘어나고, 반대로 가격이 떨어질 것으로 예상되면 소비를 미루게 된다. 이처럼 가격 외에도 다양한 요인이 동시에 작용하면서 현실의 수요곡선은 끊임없이 이동한다.

수요이론의 확장

수요의 법칙은 여러 가지로 확장된다. 개별 소비자의 수요곡선을 모두 수평으로 더하면 시장 전체의 수요곡선이 형성된다. 이는 각 소비자가 같은 가격에서 얼마나 구입하는지를 모두 합쳐야 시장 전체의 수요가 산출된다는 의미다. 수요곡선을 수학식으로 표현하면 다음과 같다.

$$Q_d = f(P, Y, P_s, P_c, T, E)$$

여기서 Q_d는 수요량, P는 해당 상품의 가격, Y는 소득, P_s는 대체재 가격, P_c는 보완재 가격, T는 기호·선호, E는 기대다. 가장 쉽게는 $Q_d = a - bP$와 같은 단순 선형식으로 소개되지만 심화 과정에서는 다변수 함수로 확장해 분석한다.

- 수요의 법칙: 가격과 수요량은 음(-)의 관계
- 수요량의 변화: 가격 변화에 따른 동일 곡선 위의 이동
- 수요의 변화: 소득 · 기호 등 외부 요인으로 곡선 자체 이동
- 시장 수요: 개별 수요의 수평적 합산으로 도출

04

공급의 법칙

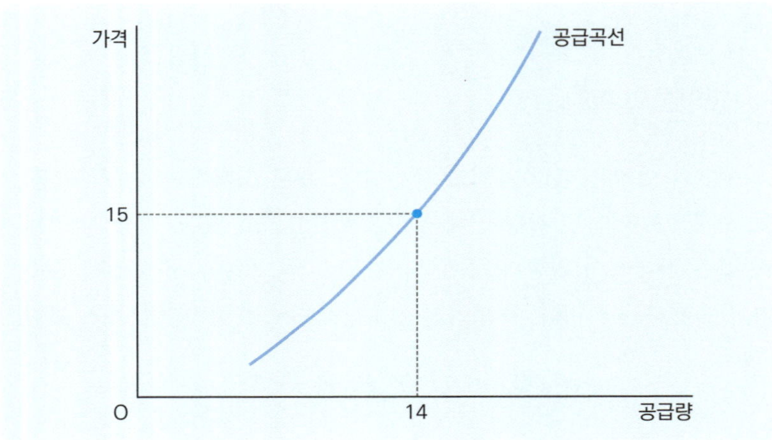

공급의 기본 개념

공급은 일정 기간 동안 생산자가 다양한 가격 수준에서 시장에 내놓을 의사를 가진 재화나 서비스의 양을 의미한다. 수요가 소비자의 선택을 반영한다면 공급은 생산자의 의사결정을 담고 있다. 생산자는 가격을 신호로 받아들이고 생산량을 늘리거나 줄인다. 이것을 '공급의 법칙'이라고 부른다. 가격이 상승하면 공급량은 늘어나고, 가격이 하락하면 공급량은 줄어든다.

가격이 오를 때 공급량이 늘어나는 이유는 생산자의 이윤 추구 동기와 직결되기 때문이다. 일반적으로 생산량을 늘릴수록 추가적인 생산 비용이 증가하므로, 생산자는 더 높은 가격을 받아야만 손해를 보지 않고 생산을 늘릴 유인이 생긴다. 이를 그래프로 나타내면 가격을 세로축, 공급량을 가로축에 두었을 때 공급곡선은 일반적으로 우상향한다. 가격과 공급량 사이에 양의 상관관계가 존재한다는 사실을 직관적으로 보여주는 것이다.

공급량과 공급의 변화

공급곡선을 이해할 때 가장 먼저 짚어야 할 구분은 '공급량의 변화'와 '공급의 변화'다. 공급량의 변화는 오직 가격의 변화에 따라 같은 공급곡선 위에서 점이 이동하는 것을 의미한다. 예를 들어 아이스크림 가격이 상승하면 같은 기업이 더 많은 아이스크림을 시장에 내놓는다. 이 경우에는 공급곡선 자체가 움직이지 않고, 기존 곡선 위의 한 점에서 다른 점으로 이동하는 것이다.

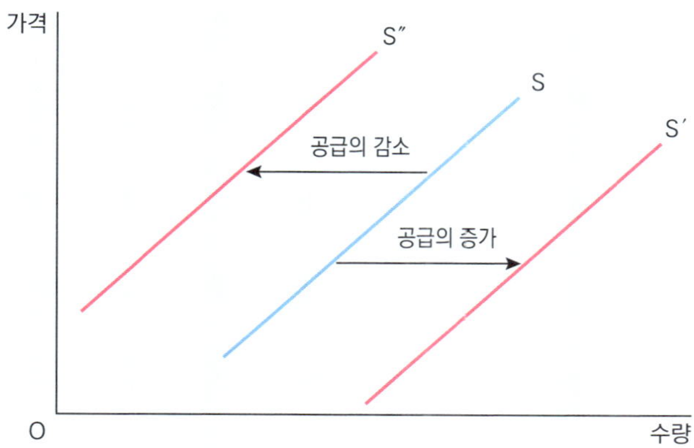

공급의 변화는 가격 이외의 다른 요인 때문에 곡선 자체가 움직이는 것을 말한다. 원자재 가격이 떨어져 생산비가 줄어들거나 새로운 기술이 도입돼 같은 자원으로 더 많은 산출을 낼 수 있게 되는 상황을 떠올려보자. 이때는 공급곡선 자체가 오른쪽으로 평행 이동하며, 이는 동일한 가격에서도 더 많은 공급이 가능하다는 뜻이다. 반대로 원자재 가격이 오르거나 인건비가 급등하면 곡선은 왼쪽으로 이동한다. 가격이 변하지 않았는데도 시장의 공급량 전체가 조정되는 것이다.

공급곡선의 이동

생산비용은 공급을 결정하는 가장 중요한 변수다. 최저임금 인상으로 인건비가 오르거나 국제 유가 급등으로 원자재 가격이 비싸지면 생산자는 부담을 느낀다. 동일한 가격에서 내놓을 수 있는 양이 줄어들어 공급곡선은 왼쪽으로 움직인다. 반대로 생산비가 낮아지면 공급은 쉽게 늘어난다.

기술은 장기적으로 공급의 크기를 결정짓는 요인이다. 자동화 설비나 정보통신 기술의 발전은 동일한 투입으로 더 많은 산출을 가능하게 한다. 기술 혁신이 나타나면 공급곡선은 구조적으로 오른쪽으로 이동한다. 따라서 장기적 관점에서 경제 성장의 핵심은 기술 발전과 생산성 향상에 있다.

정부 정책은 공급을 직접적으로 바꿀 수 있다. 세금은 기업의 비용을 늘리고 공급을 위축시키는 효과를 낳는다. 반대로 보조금은 기업의 부담을 덜어주어 공급을 촉진한다. 환경규제, 안전기준 강화 등 제도 변화 역시 생산비용을 증가시켜 공급곡선을 왼쪽으로 이동시킨다.

생산 과정에서 다른 재화의 가격도 영향을 미친다. 예를 들어 같은 땅에서 옥수수와 콩을 재배할 수 있다면 옥수수 가격 상승은 콩의 공급을 줄이는 요인이 된다. 반면 소고기 생산이 늘면 소가죽 공급도 함께 늘어나는 경우도 있다.

시장에 참여하는 생산자의 수가 달라지는 것도 빼놓을 수 없다. 동일한 가격에서 더 많은 기업이 진입하면 시장 전체 공급량은 커지고 공급곡선은 오른쪽으로 이동한다. 반대로 기업이 줄어들면 공급은 축소된다.

미래에 대한 기대 역시 공급 의사에 반영된다. 만약 기업이 앞으로 가격이 더 오를 것이라고 예상하면 현재 판매를 미루고 재고를 쌓아둘 수 있다. 가격 하락을 예상하면 지금 생산물을 더 많이 시장에 내놓는다.

공급 이론의 확장

시장의 공급곡선은 개별 기업들의 공급곡선을 수평으로 합한 것이다. 개별 공급곡선은 한 기업이 어떤 가격에서 얼마를 공급하려 하는지를 보여주지만 전체 시장은 참여 기업을 모두 고려해야 한다. 시장 공급곡선의 이동은 가격과 거래량을 동시에 변화시키는 핵심 요인이다.

가격(P)과 한계비용(MC)이 일치하는 수준(P = MC)까지 생산량을 결정하는 것이 기업의 이윤극대화 원리이며, 공급곡선이 우상향하는 근거가 된다. 단기에는 일부 생산 요소가 고정돼 있어 공급곡선이 상대적으로 가파르다. 반대로 장기에는 모든 생산 요소를 조정할 수 있기 때문에 공급곡선은 더 완만해진다.

- 공급의 법칙: 가격과 공급량은 양(+)의 관계
- 공급량의 변화: 가격 변화에 따른 동일 곡선 위의 이동
- 공급의 변화: 생산비용 · 기술 등 요인으로 곡선 자체 이동
- 시장 공급: 개별 공급의 수평적 합산으로 도출

05

시장균형과 가격 결정

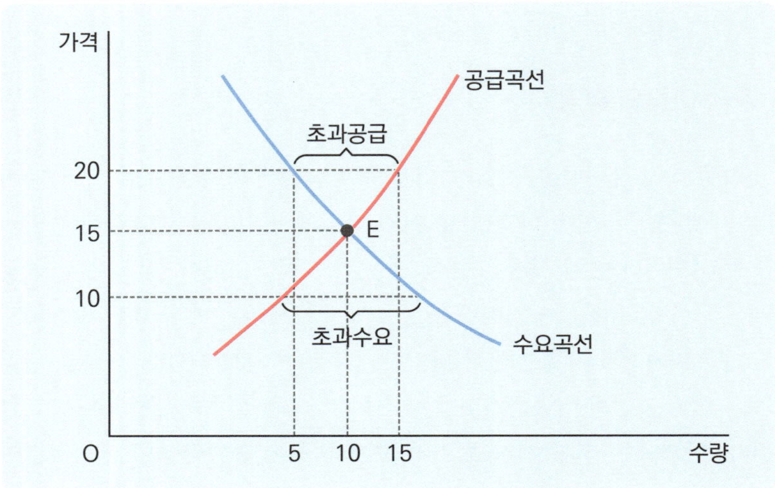

균형의 개념

시장이라는 공간에서 수요와 공급은 끊임없이 부딪히고 타협한다. 소비자는 가능한 한 낮은 가격에 더 많은 재화를 얻고 싶고, 생산자는 가능한 한 높은 가격에 많은 이익을 남기려고 한다. 이 두 힘이 만나 조정되는 지점이 바로 균형이다. 경제학은 이 균형을 단순한 정지 상태가 아니라 끊임없이 형성되고 무너지고 다시 회복되는 동적 과정으로 바라본다. 균형가격과 균형거래량이 만들어지는 원리, 균형을 벗어났을 때 나타나는 초과수요와 초과공급, 가격의 신호 기능은 시장 메커니즘의 핵심이다.

'균형'은 수요곡선과 공급곡선이 만나는 점이다. 두 곡선이 만나는 점이 균형가격과 균형거래량을 보여준다. 균형가격은 시장에서 실제로 형성되는 가격을 뜻하며, 균형거래량은 해당 가격에서 사고 팔리는 수량이다. 균형에서는 초과수요도 초과공급도 존재하지 않는다. 소비자가 원하는 양과 생산자가 내놓으려는 양이 일치해 시장이 원활하게 청산되는 상태다.

균형가격은 단순히 거래의 편리한 지점이 아니라 자원의 희소성과 사회 구성원의 선호를 동시에 반영한다. 어떤 상품의 수요가 강하면 균형가격은 높아지고 거래량도 늘어난다. 반대로 수요가 줄어들면 가격과 거래량 모두 낮아진다. 공급 측 요인도 마찬가지다. 생산 기술의 발전이나 비용 절감은 공급곡선을 오른쪽으로 이동시켜 균형가격을 낮추고 균형거래량을 늘린다. 이처럼 균형은 수요와 공급이 동시에 작동한 결과물이다.

초과수요와 초과공급

현실의 시장은 항상 균형에 머물지 않는다. 가격이 균형보다 낮거나 높으면 불균형이 발생한다. 균형보다 낮은 가격에서는 수요가 공급을 초과한다. 소비자는 싸게 사고 싶어 몰려들지만 생산자는 손해를 감수하면서까지 공급하지 않는다. 이때 나타나는 부족 현상이 '초과수요'다.

균형보다 높은 가격에서는 공급이 수요를 초과한다. 생산자는 높은 가격을 보고 상품을 대량으로 내놓지만 소비자는 그 가격에 기꺼이 지불할 의사가 없다. 창고에 재고가 쌓이고 판매가 부진해지는 상황이 '초과공급'이다.

초과수요와 초과공급은 시장의 불안정 신호이자 조정 메커니즘을 작동시키는 출발점이다. 이러한 불균형이 장기적으로 지속되지 않는다. 가격이 단순한 숫자를 넘어 시장의 불균형을 스스로 조정하는 기능을 하기 때문이다. 초과수요 상황에서는 판매자들이 가격을 올릴 유인이 생긴다. 이로 인해 수요가 줄고 공급이 늘면서 균형으로 되돌아간다. 초과공급 상황에서는 반대로 판매자들이 가격을 낮추면서 균형을 회복한다.

결국 가격은 정보 전달, 인센티브 제공, 자원 배분 기능을 수행한다. 가격은 무엇이 더 희소하고 무엇이 더 필요한지에 대한 정보를 생산자와 소비자에게 전달한다. 또한 높은 가격은 생산자에게 더 많이 생산할 동기를, 낮은 가격은 소비자에게 더 많이 소비할 동기를 제공한다. 아울러 최종적으로 자원을 가장 필요한 곳에 효율적으로 배분한다. 시장 참여자들이 개별적으로 자신의 이익만을 추구하더라도 가격은 사회 전체적으로 효율적인 배분을 이끌어내는 셈이다.

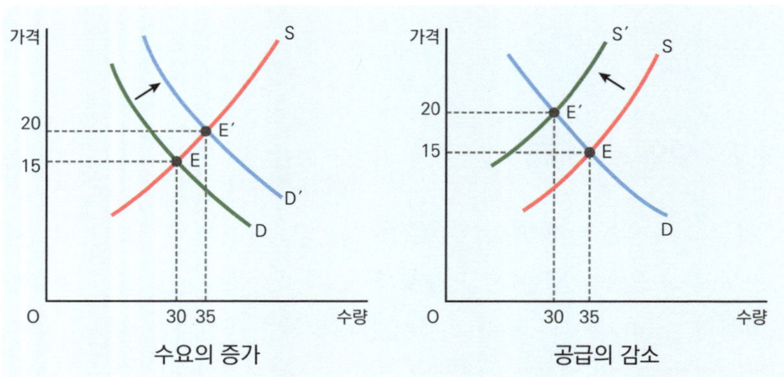

균형의 이동

균형은 고정된 것이 아니라 외부 요인에 따라 끊임없이 움직인다. 수요가 늘어나면 수요곡선은 오른쪽으로 이동하고, 공급이 일정하다면 균형가격과 균형거래량 모두 증가한다. 공급이 늘어나면 공급곡선은 오른쪽으로 이동하여 균형가격은 낮아지지만 균형거래량은 늘어난다. 수요와 공급이 동시에 변할 때는 분석이 복잡해지는데, 균형거래량은 늘어나지만 균형가격이 어떻게 변할지는 수요와 공급의 이동 폭에 달려 있다.

시장균형은 단순히 거래가 성사되는 지점을 넘어 더 큰 의미를 가진다. 시간에 따라 균형의 성격이 달라진다. 단기에는 생산 시설처럼 고정된 요소 때문에 공급이 가격 변화에 둔감하게 반응하지만 장기에는 모든 생산 요소를 조정할 수 있으므로 공급이 훨씬 탄력적으로 변하며 균형점도 이동한다. 균형점은 사회 전체의 후생이 극대화되는 지점이기도 하다. 수요와 공급이 만나는 지점에서는 소비자가 추가적으로 얻는 만족과 생산자가 추가적으로 부담하는 비용이 일치한다. 이는 자원이 낭비 없이 가장 효율적으로 배분됐음을 의미하기 때문이다.

- 시장균형: 수요 · 공급이 만나는 지점에서 가격과 거래량 결정
- 초과수요 · 공급: 불균형은 가격 조정으로 해소
- 가격의 기능: 정보 전달 · 인센티브 제공 · 자원 배분
- 균형의 이동: 수요 · 공급 변화로 균형이 새롭게 형성

06

수요의 탄력성

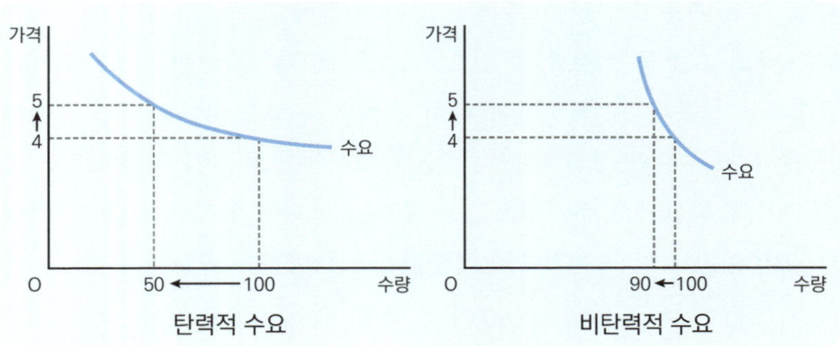

탄력성의 의미

수요의 법칙은 가격이 오르면 수요량이 줄고, 가격이 내리면 수요량이 늘어난다고 설명한다. 하지만 여기에는 중요한 질문이 남는다. 과연 얼마나 줄고 얼마나 늘어날 것인가. 소금 가격이 10% 올랐을 때와 명품 가방 가격이 10% 내렸을 때 수요량의 반응 정도는 하늘과 땅 차이다. 이 민감도의 정도를 측정하는 개념이 '탄력성'이다. 탄력성은 경제 변수 하나가 다른 변수의 변화에 얼마나 크게 반응하는지를 보여주는 반응의 측정기다.

수요곡선의 기울기만으로는 반응 정도를 온전히 알 수 없다. 동일한 기울기를 가진 수요곡선이라도 가격과 수량 수준에 따라 반응의 강도가 달라지기 때문이다. 이 때문에 경제학은 단순한 절대적 변화가 아니라 비율적 변화를 사용한다. 가격이 1% 변할 때 수요량이 몇 % 변하는지를 보여주는 것이 '수요의 가격탄력성'이다.

수요의 가격탄력성은 다음과 같은 식으로 정의된다.

$$\text{수요의 가격탄력성} = \frac{\text{수요량의 변동률(\%)}}{\text{가격변동률(\%)}}$$

수요의 법칙에 따라 가격과 수요량은 반대로 움직이므로 계산 결과는 항상 음(-)의 값을 갖지만 보통 절댓값을 씌워 양수로 표현한다. 이 값이 클수록 수요가 가격에 민감하게 반응한다는 뜻이다.

탄력성의 크기에 따라 수요는 여러 유형으로 나뉜다. 수요량이 가격보다 더 민감하게 반응하여 탄력성이 1보다 큰 경우를 '탄력적'이라 한다. 이때 수요곡선은 비교적 완만한 기울기를 보인다. 반대로 가격이 변해도 수요량이 둔감하게 반응하여 탄력성이 1보다 작은 경우는 '비탄력적'이라 하며, 수요곡선은 가파른 기울기를 가진다. 가격 변화율과 수요량 변화율이 정확히 같은 특별한 상황은 '단위탄력적'이라 부른다.

이 스펙트럼에는 극단인 경우가 존재한다. 가격이 아무리 변해도 수요량이 전혀 변하지 않아 탄력성이 0인 경우는 완전비탄력적이며 수요곡선은 수직선이 된다. 반대로 아주 작은 가격 변화에도 수요량이 무한대로 변하여 탄력성이 무한대인 경우는 완전탄력적이라 하며, 수요곡선은 수평선으로 나타난다.

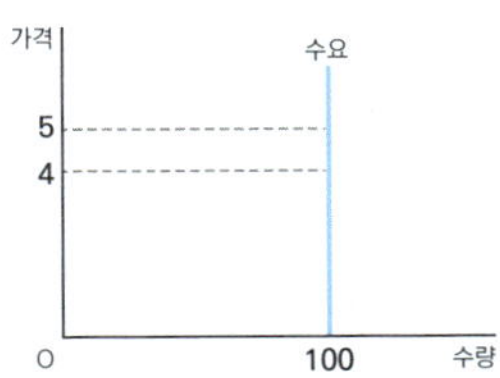

완전비탄력적 수요

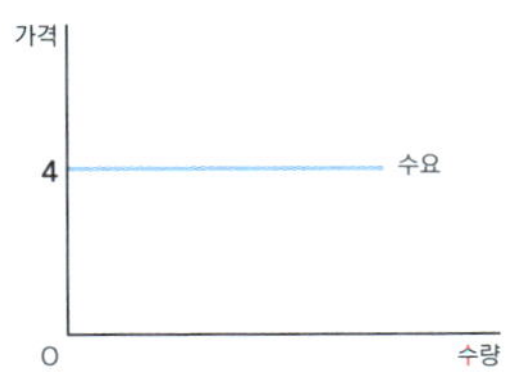

완전탄력적 수요

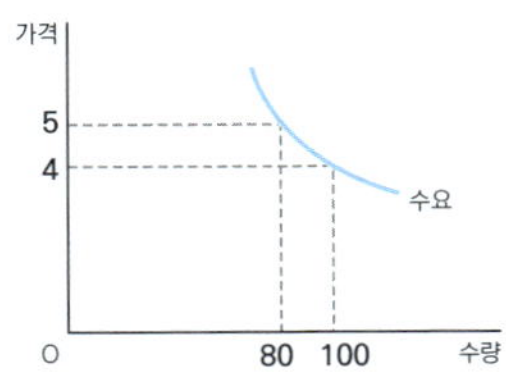

단위탄력적 수요

탄력성의 결정 요인

탄력성은 기업의 가격 전략과 직결되는 총수입(TR, Total Revenue)에 결정적인 영향을 미친다. 총수입은 가격(P)×판매량(Q)으로 계산된다.

수요가 탄력적인 상품은 가격을 내리는 것이 총수입을 늘린다. 가격 하락으로 인한 손실보다 판매량 급증으로 인한 이익이 훨씬 크기 때문이다. 많은 기업이 박리다매 전략을 구사하는 이유다.

수요가 비탄력적인 상품은 가격을 올려야 총수입이 늘어난다. 가격을 올려도 판매량은 조금밖에 줄지 않아 가격 상승 효과가 더 크게 나타난다. 생활필수품이나 독점적 서비스의 가격이 쉽게 떨어지지 않는 이유이기도 하다. 수요가 단위 탄력적일 때는 가격을 바꿔도 총수입은 변하지 않는다.

수요의 가격탄력성은 여러 요인에 따라 결정된다. 가까운 대체재가 많을수록 소비자는 쉽게 다른 상품으로 옮겨갈 수 있어 탄력성이 크다. 필수재는 가격이 올라도 소비를 줄이기 어려워 비탄력적인 반면 사치재는 탄력적이다. 소금처럼 소득에서 차지하는 비중이 작은 상품은 비탄력적이지만 자동차처럼 비중이 큰 상품은 탄력적이다. 시간이 길어질수록 소비자는 대안을 찾을 여유가 생기므로 단기보다는 장기에 더 탄력적으로 반응한다.

탄력성 개념은 다른 변수들로 확장된다. 소득탄력성은 소득이 변할 때 수요량이 얼마나 변하는지를 측정한다. 이를 통해 재화를 정상재(+)와 열등재(-)로 구분한다. 교차탄력성은 한 재화의 가격 변화가 다른 재화의 수요량에 미치는 영향을 측정해 두 재화가 대체재(+) 관계인지 보완재(-) 관계인지를 알려준다. 예를 들어 커피 가격이 오르면 차의 수요가 늘어나므로 교차탄력성은 양수이고, 자동차 가격이 오르면 휘발유 수요는 줄어들어 음수가 된다. 이처럼 탄력성은 단순히 수학적 비율이 아니라 경제 현상을 정밀하게 읽는 핵심 언어다. 기업의 가격 전략, 정부의 조세 정책, 시장의 변화 예측 등 경제학의 기본 도구인 수요와 공급 분석만으로는 알 수 없는 시장의 복잡한 반응을 탄력성이 보완해준다.

- 수요의 가격탄력성: 가격 변화율 대비 수요량 변화율
- 탄력적 수요(>1): 가격 하락 시 총수입 증가
- 비탄력적 수요(<1): 가격 상승 시 총수입 증가
- 단위탄력적 수요(=1): 가격 변동에도 총수입 불변

07

공급의 탄력성

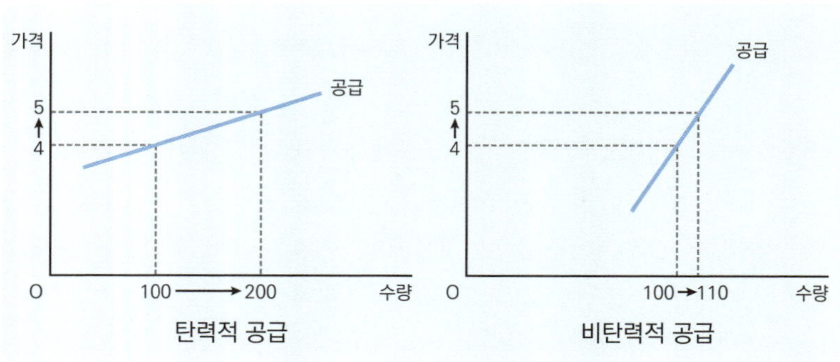

공급과 가격의 관계

수요의 법칙이 가격 변화에 대한 소비자의 반응을 다뤘다면 공급의 법칙은 생산자의 반응을 설명한다. 가격이 변할 때 생산자들은 얼마나 빠르고 크게 반응하는지가 '공급의 탄력성'이다. 현실에서 생산자가 즉각적으로 반응하지 못하는 경우는 많다. 갑작스러운 가격 상승이 있다고 해서 농부가 오늘 당장 더 많은 벼를 수확해 시장에 내놓을 수는 없다. 공장에서 자동차 생산량을 하루아침에 두 배로 늘릴 수도 없다. 공급의 탄력성이란 바로 이 민감도의 정도를 수치로 나타낸 지표다.

공급의 가격탄력성은 가격 변화율에 대한 공급량 변화율의 비율로 정의된다.

$$\text{공급의 가격탄력성} = \frac{\text{공급량의 변동률(\%)}}{\text{가격변동률(\%)}}$$

어떤 상품의 가격이 10% 오를 때 공급량이 20% 증가한다면 공급의 탄력성은 2가 된다. 이 값이 1보다 크면 공급이 탄력적이라고 하고, 1보다 작으면 비탄력적이라고 한다. 경제학은 절댓값이 아니라 변화율의 비율이라는 상대적 개념을 통해 공급의 반응 강도를 측정한다.

탄력성의 값에 따라 공급곡선의 모양도 달라진다. 가격이 변해도 공급량이 전혀 변하지 않는다면 공급곡선은 수직선으로 그려진다. 희소한 광물이나 한정된 토지처럼 공급이 절대적으로 고정된 경우가 해당한다. 반대로 아주 작은 가격 변화에도 공급량이 무한히 늘어나는 경우 공급곡선은 수평선이 된다. 현실에서는 이 두 극단보다는 중간의 경우가 대부분이다. 공급곡선이 가파를수록 비탄력적, 완만할수록 탄력적임을 의미한다.

완전비탄력적 공급　완전탄력적 공급　단위탄력적 공급

공급 탄력성 결정 요인

공급의 탄력성을 이해할 때 가장 중요한 것은 시간이다. 단기에는 생산 요소가 고정된 경우가 많아 공급이 가격 변화에 둔감하다. 농산물은 파종 시기가 지났으면 아무리 가격이 올라가도 추가 생산이 불가능하다. 당연히 단기 공급곡선은 상대적으로 가파른 모습이 된다. 그러나 장기에는 얘기가 달라진다. 새로운 기계를 도입하거나 공장을 확장할 수 있고, 더 많은 노동력을 투입할 수도 있다. 이런 요인들로 장기 공급곡선은 훨씬 완만해지며, 공급의 탄력성이 커진다. 하나의 그래프에 단기 공급곡선(SS)과 장기 공급곡선(LS)을 함께 그리면 같은 가격 변화에 대해 장기 공급곡선 위에서의 수량 변화가 훨씬 더 크게 나타나는 것을 확인할 수 있다. 결국 단기와 장기의 구분은 공급 분석에서 필수적이다.

공급 탄력성은 단순히 시간만으로 결정되지 않는다. 생산 요소를 얼마나 쉽게 조달할 수 있는지, 기술이 어느 정도로 발달했는지, 생산물을 저장할 수 있는지 등이 복합적으로 작용한다. 예를 들어 원자재와 노동을 쉽게 구할 수 있는 산업은 공급량을 조절하기 용이해 탄력적이다. 반대로 숙련된 기술자나 희귀 자재가 필요한 산업은 공급을 늘리는 데 한계가 있어 비탄력적이다. 기술 수준 또한 중요한 변수다. 새로운 생산 방식이나 자동화 설비는 공급 탄력성을 높인다. 저장 가능성 역시 무시할 수 없다. 전기처럼 저장이 어려운 재화는 공급량 조절이 곤란하지만 곡물이나 원유처럼 저장이 가능한 상품은 가격 변동에 따라 공급을 조절할 수 있다.

공급 탄력성은 시장균형, 조세 정책, 기업의 전략에도 깊은 함의를 가진다. 세금이 부과될 때 공급이 탄력적이라면 생산자들은 쉽게 생산량을 줄여 세금 부담을 소비자에게 전가하기 쉽다. 반대로 비탄력적 공급에서는 생산량을 줄이기 어려워 세금 부담이 생산자에게 더 많이 귀착된다. 이처럼 공급 탄력성은 조세 정책의 실제 효과를 분석하는 데 핵심적인 역할을 한다. 또한 공급 탄력성이 크면 시장이 외부 충격에 빠르게 균형을 회복하지만 탄력성이 작으면 가격 변동에 따른 공급 조정이 느려져 시장 불균형이 장기간 지속될 수 있다.

- 공급의 가격탄력성: 가격 변화율 대비 공급량 변화율
- 탄력성이 1보다 크면 탄력적, 1보다 작으면 비탄력적
- 극단적 형태: 완전비탄력적(수직선), 완전탄력적(수평선)
- 단기에는 비탄력적, 장기에는 생산능력 확대 가능 → 탄력성 증가

08

소득효과와 대체효과

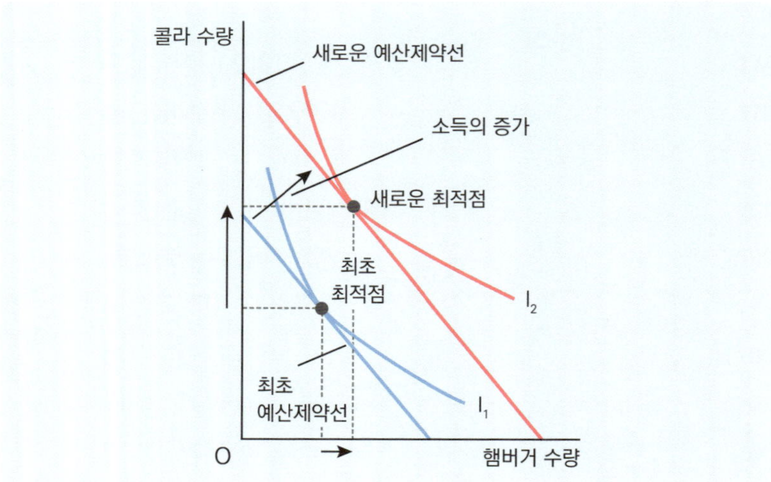

가격 변화와 두 가지 효과

가격이 변하면 소비자의 선택은 달라진다. 이 변화를 단순히 싸지면 많이 산다로 설명하는 것은 충분하지 않다. 가격 변화라는 하나의 사건 속에는 사실 두 가지 다른 경로가 숨어 있다. 하나는 다른 상품과의 상대적인 가격 변화를 통한 '대체효과'이고, 다른 하나는 실질적인 구매력의 변화를 반영하는 '소득효과'다. 이 두 효과가 동시에 작동하여 소비자의 최종 선택을 결정한다.

대체효과는 어떤 재화가 다른 재화에 비해 상대적으로 저렴해지면 소비자가 그 재화를 더 많이 선택하는 현상이다. 예를 들어 커피 가격이 내려가면 소비자는 차에서 커피로 소비를 옮겨간다. 반면 소득효과는 가격 변동이 소비자의 구매력에 미치는 영향이다. 커피 가격이 내려가면 같은 돈으로 더 많은 상품을 살 수 있게 되므로, 소비자는 마치 소득이 늘어난 것처럼 느끼고 전반적인 소비를 늘리게 된다.

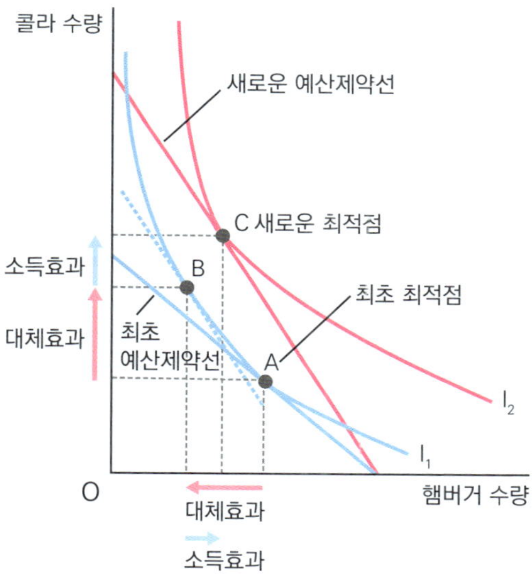

무차별곡선으로의 적용

이 두 효과를 명확히 구분하기 위해 무차별곡선과 예산선이라는 도구를 사용한다. 무차별곡선은 소비자에게 동일한 효용을 주는 상품 조합을 연결한 선이고, 예산선은 주어진 소득으로 소비자가 살 수 있는 상품 조합을 나타내는 선이다. 소비자는 주어진 예산선 위에서 가장 높은 무차별곡선에 도달하는 지점에서 효용을 극대화한다.

햄버거 가격이 하락했다고 가정해보자. 이때 소비자의 선택점은 최초의 최적점(A)에서 새로운 최적점(C)으로 이동한다. 이 전체 이동(A → C)을 분해하면 두 가지 효과를 볼 수 있다.

먼저 가격 하락으로 생긴 실질소득 증가 효과를 잠시 없애고, 오직 상대가격 변화의 효과만 보는 것이다. 이는 기존의 만족 수준을 유지하면서 새로운 가격 비율에 맞춰 선택을 조정하는 과정으로, A에서 B로의 이동(대체효과)이다. 햄버거가 상대적으로 싸졌으니 콜라 소비를 줄이고 햄버거 소비를 늘리는 것이다.

가격 하락으로 인해 실제로 구매력이 늘어난 효과를 반영하면 소비자는 더 높은 만족을 주는 무차별곡선으로 이동하게 된다. 이것이 B에서 C로의 이동(소득효과)이다. 결국 가격 변화가 소비자의 선택에 미치는 최종 효과는 대체효과(A → B) + 소득효과(B → C)라는 두 단계의 합으로 나타난다.

대체효과와 소득효과는 재화의 성격을 구분하는 중요한 기준이 된다. 정상재의 경우 가격이 하락하면 대체효과와 소득효과가 모두 수요를 늘리는 방향으로 작용한다. 하지만 열등재의 경우 소득효과는 오히려 반대 방향으로 움직인다. 가격 하락으로 실질소득이 증가하면 소비자는 그 재화의 소비를 줄이고 더 나은 재화로 이동하기 때문이다. 매우 드물지만 음(-)의 소득효과가 대체효과보다 훨씬 더 커서 가격이 내려가도 수요가 오히려 줄어드는 특수한 재화도 존재하는데 이를 기펜재라고 한다.

슬러츠키 방정식과 보상수요

소득효과와 대체효과는 직관적인 설명을 넘어 수학적 도구로도 정밀하게 분석된다. 슬러츠키 방정식은 가격 변화에 따른 총수요 변화를 대체효과와 소득효과로 정확히 분해하는 수학적 표현이다. 이러한 분해를 통해 우리는 사실상 두 종류의 수요곡선이 존재함을 알 수 있다. 우리가 실제 시장에서 관찰하는 일반적인 수요곡선은 가격 변화에 따른 소득효과와 대체효과가 모두 반영된 비보상수요곡선이다. 반면 경제학자들은 분석 목적에 따라 가격이 변할 때 소비자의 효용이 변하지 않도록 소득을 보상해준다고 가정한 가상의 수요곡선을 사용한다. 이 곡선은 소득효과를 인위적으로 제거했기 때문에 순수한 대체효과만을 보여주며 보상수요곡선이라 부른다.

이 구분은 단순한 이론적 장치가 아니다. 정부의 보조금이나 세금 정책이 소비자에게 어떤 실질적 영향을 미치는지, 재화의 성격에 따라 소비 패턴이 어떻게 달라지는지를 정밀하게 분석하는 데 필수적인 틀을 제공한다. 수요 변화가 단순히 가격 신호 때문인지 아니면 구매력이 바뀌어서 생긴 것인지 명확히 구분할 수 있게 해주는 것이다. 이처럼 소득효과와 대체효과를 분리해 살펴보는 것은 시장의 다양한 현상을 구조적으로 이해하게 하는 소비자 이론의 핵심 언어라 할 수 있다.

- 대체효과: 상대가격 변동 → 저렴한 재화로 소비 이동
- 소득효과: 구매력 변동 → 소비 전반 변화
- 정상재: 두 효과가 같은 방향 → 수요 증가
- 열등재: 소득효과가 반대 방향 → 수요 감소 가능
- 기펜재: 소득효과가 대체효과 압도 → 가격 하락에도 수요 감소

09

소비자 선택과 효용극대화

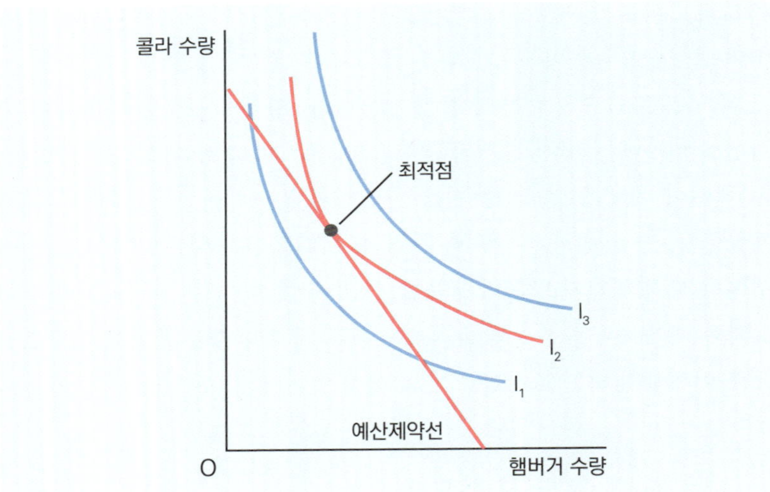

소비자 선택의 출발점

사람들은 매일 수많은 선택을 한다. 커피를 살 것인가, 차를 마실 것인가. 햄버거를 먹을 것인가, 샐러드를 고를 것인가. 이 선택은 단순한 취향의 문제가 아니라 한정된 소득이라는 현실적 제약 아래에서 이뤄진다. 소비자 이론은 주어진 소득으로 어떻게 하면 자신의 효용을 극대화하는가를 설명하는 것이 핵심이다.

효용은 소비자가 재화를 통해 얻는 만족을 나타내는 개념이다. 경제학에서는 효용을 수치로 정확히 측정할 수 있다고 가정하지 않는다. 단지 효용의 순서를 비교하는 개념이 기본으로 사용된다. 어떤 재화 조합이 다른 조합보다 더 선호된다는 것만 알 수 있으면 된다. 같은 효용을 주는 여러 재화의 조합을 연결한 선이 바로 '무차별곡선'이다. 반면 소비자가 주어진 소득과 시장 가격 아래에서 구매할 수 있는 재화의 조합을 나타내는 선이 '예산제약선'이다. 소비자는 예산선이라는 제약 속에서 가장 높은 무차별곡선에 도달하려 한다.

무차별곡선과 예산선

무차별곡선은 소비자의 주관적인 선호를 보여준다. 일반적으로 원점에 대해 볼록한 모양을 갖는다. 한 재화를 더 많이 소비할수록 다른 재화를 포기할 의향이 점차 줄어드는 사실을 반영한다. 무차별곡선의 기울기는 '한계대체율(MRS)'이라 불린다. 이는 한 재화를 추가로 얻기 위해 다른 재화를 얼마나 포기할 의향이 있는지를 보여주는 주관적 교환비율이다.

예산선은 소비자가 마주한 객관적인 제약을 나타낸다. 예산선의 기울기는 두 재화의 가격 비율(P_x/P_y)로, 시장이 정해놓은 객관적 교환비율이다. 결국 소비자는 주관적 교환비율과 객관적 교환비율이 일치하는 지점에서 최적의 선택을 하게 된다.

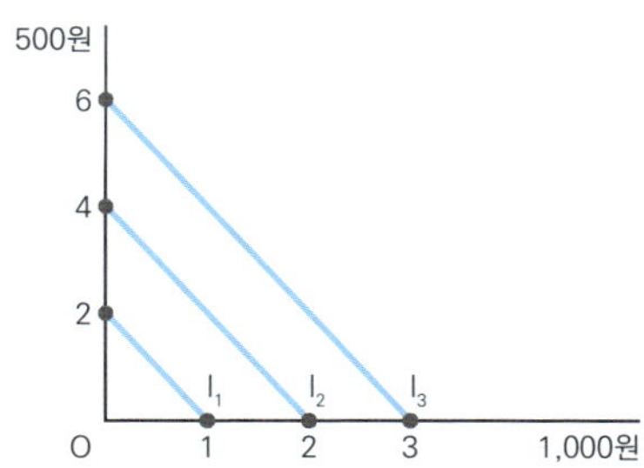

완전대체재

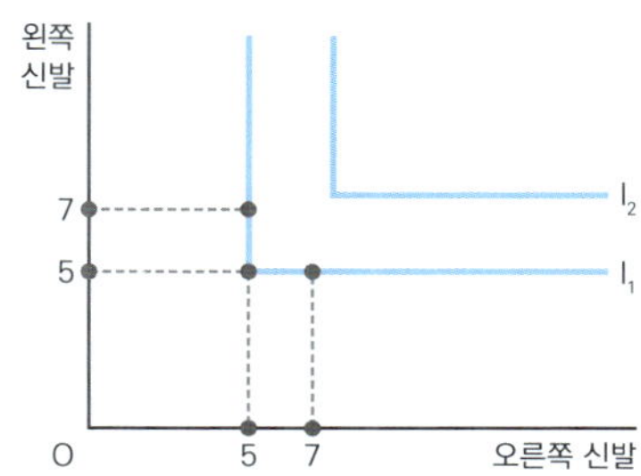

완전보완재

재화 간 관계에 따라 무차별곡선의 모양은 달라진다. 완전대체재는 직선 형태의 무차별곡선을, 완전보완재는 직각 형태의 무차별곡선을 가진다.

효용극대화 조건

소비자는 주어진 예산선 위에서 도달할 수 있는 가장 높은 무차별곡선 위의 점을 선택할 때 효용이 극대화된다. 이 지점은 바로 예산선과 무차별곡선이 접하는 점이다.

이 접점에서 소비자의 주관적 교환비율(MRS)과 시장의 객관적 교환비율이 정확히 일치한다. 이를 수식으로 표현하면 다음과 같다.

$$\text{MRS} = \frac{\text{MU}_x}{\text{MU}_y} = \frac{P_x}{P_y}$$

여기서 MU_x와 MU_y는 각각 재화 x와 y의 한계효용, P_x와 P_y는 각각의 가격을 의미한다. 이 조건이 충족될 때 소비자는 현재의 소비조합을 바꿀 유인이 없으며 최적의 만족을 얻고 있는 상태에 도달한다. 만약 두 비율이 다르다면 소비자는 지출 구성을 조정해 더 높은 효용을 얻을 수 있다.

단순한 직관적 설명을 넘어 '라그랑주 승수법'이라는 수학적 방법으로도 도출할 수 있다. 주어진 예산 제약하에서 효용을 극대화하는 문제를 라그랑주 해법으로 풀면 각 재화의 한계효용 비율이 가격 비율과 같아지는 최적 소비 조건을 도출할 수 있다. 이는 소비자 선택 이론이 직관적 설명과 수학적 해석 모두에서 일관된 구조를 갖고 있음을 보여준다.

- 소비자는 예산 제약 속에서 효용을 극대화
- 무차별곡선은 주관적 선호, 예산선은 객관적 제약
- 최적 소비점은 MRS = P_x/P_y일 때 성립

10

생산함수와 한계생산체감의 법칙

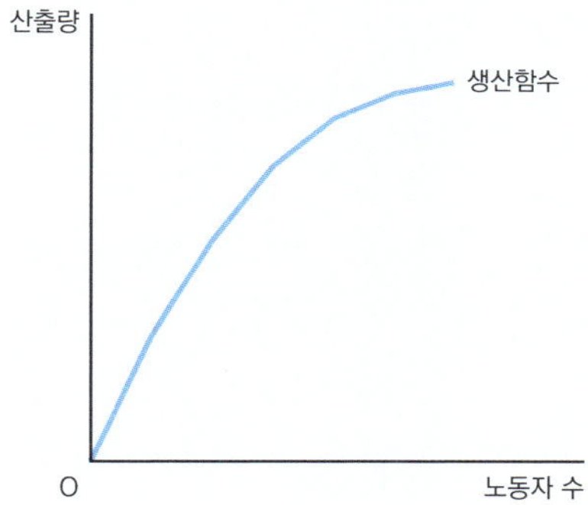

생산함수

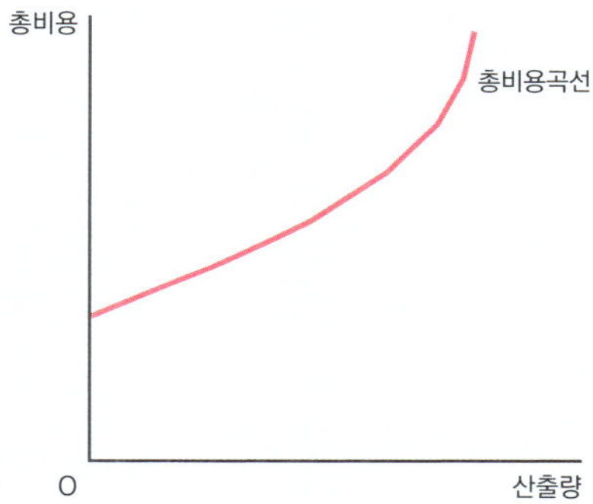

총비용곡선

투입과 산출의 관계식

기업이 이윤을 내기 위한 첫걸음은 생산이다. 경제학에서 생산은 단순히 물건을 만드는 행위를 넘어 가진 자원을 활용해 더 큰 효용을 지닌 재화나 서비스를 만들어내는 모든 과정을 의미한다. 이 과정의 효율성을 이해하는 것은 기업의 생존과 직결된 중요한 문제다. '생산함수'와 '한계생산체감의 법칙'은 핵심 개념이다. 이는 기업이 단기적으로 얼마나 생산하고, 직원을 몇 명까지 고용하는 것이 합리적인지 결정하는 데 중요한 기준이 된다.

기업의 생산 활동은 간단히 투입과 산출의 관계로 볼 수 있다. 투입은 노동, 자본, 원자재, 기술 등 생산에 필요한 모든 요소를 말한다. 산출은 기업이 만들어내는 재화와 서비스다. 예를 들어 빵집의 경우 밀가루, 오븐, 제빵사를 이용해 맛있는 빵을 만들어낸다.

생산함수는 투입과 산출의 관계를 수학적으로 표현한 것이다. 특정 기술 수준에서 투입량을 얼마로 했을 때 최대 얼마만큼의 산출량을 얻을 수 있는지 보여주는 함수다.

$$Q = f(L, K)$$

위 식에서 Q는 산출량, L은 노동, K는 자본을 의미한다. 산출량은 노동과 자본 투입량에 따라 결정된다.

분석 기간은 단기와 장기로 나누는데 그 기준은 자본의 변화 가능성이다. 단기는 공장이나 기계와 같은 자본은 고정되어 있고, 오직 노동 투입량만 조절할 수 있는 기간이다. 장기는 노동과 자본을 포함한 모든 투입 요소의 양을 변경할 수 있는 충분히 긴 기간이다.

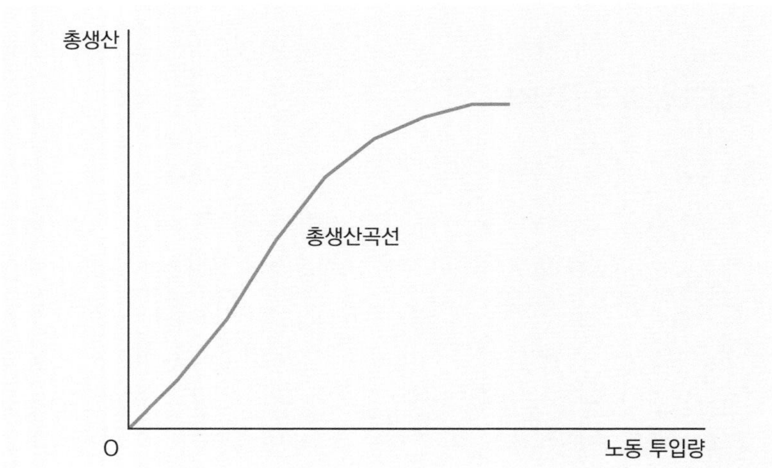

생산량 측정 지표

단기 상황에서 노동자 수를 늘릴 때 생산량이 어떻게 변하는지 구체적으로 파악하기 위해 세 가지 개념을 사용한다. 총생산(TP, Total Product)은 투입된 노동량에 따라 생산된 전체 산출량이다. 예를 들어 제빵사 5명이 하루에 빵 100개를 만들었다면 총생산은 100개다. 평균생산(AP, Average Product)은 노동자 1인당 평균적으로 얼마나 생산했는지를 나타낸다. 총생산을 노동 투입량으로 나눠 계산한다.

$$AP = \frac{TP}{L}$$

제빵사 5명이 빵 100개를 만들었다면, 평균생산은 1인당 20개다.

한계생산(MP, Marginal Product)은 노동자를 한 명 더 고용했을 때 추가적으로 늘어나는 산출량을 의미한다.

$$MP = \frac{\Delta TP}{\Delta L}$$

제빵사를 5명에서 6명으로 늘렸을 때 총생산이 100개에서 118개로 증가했다면 6번째 제빵사의 한계생산은 18개(118-100)다.

단기 생산 분석에서 가장 중요한 원리는 한계생산체감의 법칙이다. 이 법칙은 자본이 고정된 상태에서 노동 투입을 계속 늘리면 어느 시점을 지나면서부터 노동자 한 명이 추가로 만들어내는 생산량이 점점 줄어드는 현상을 말한다. 초기에 오븐 10대가 있는 빵집에 제빵사가 2명뿐이라면 일부 오븐은 놀고 있을 것이다. 제빵사를 4명까지 늘리면 분업과 협업이 가능해져 1인당 생산성이 폭발적으로 증가한다. 이때 한계생산이 증가한다.

중기에 제빵사를 10명, 15명으로 계속 늘리면 모든 오븐이 가동되고 있지만 작업 공간은 좁아지고 동선이 꼬이기 시작한다. 새로운 제빵사가 들어와도 이전만큼의 생산량 증가에 기여하기 어렵다. 이제 한계생산이 체감하기 시작한다.

후기에 제빵사가 20명으로 늘어나면 오히려 서로 방해가 되어 작업 효율이 떨어지고, 총생산량이 정체하거나 줄어들 수도 있다. 이때 한계생산은 0이 되거나 음수(-)가 된다. 해당 법칙은 농업, 제조업 등 다양한 산업에서 보편적으로 나타나는 단기적 현상이다.

TP, AP, MP 곡선은 서로 밀접한 관계를 맺고 움직인다. 이 관계는 우리 학점 평균을 생각하면 쉽게 이해할 수 있다. 이번 학기 성적이 전체 평점보다 높으면 전체 평점은 올라간다. 즉 AP 곡선은 상승한다. 이번 학기 성적이 전체 평점보다 낮으면 전체 평점은 떨어진다. 이땐 AP 곡선은 하락한다. MP = AP 지점에서 AP는 가장 높은 값을 갖는다. MP 곡선이 AP 곡선의 최고점을 관통하는 이유다.

생산과 비용

합리적인 기업은 MP가 0보다 큰 구간에서만 생산을 조절한다. MP가 양수라는 것은 적어도 노동자를 추가했을 때 총생산량이 늘어난다는 의미이기 때문이다. MP가 0이 되거나 음수가 되는 지점에서는 더 이상 고용을 늘릴 이유가 없다. 오히려 생산량이 줄어드는 손해를 보게 된다. 기업의 효율적인 생산 영역은 한계생산이 체감하기 시작하는 구간부터 한계생산이 0이 되기 직전까지다.

생산 이론은 기업의 비용 구조와 직결된다. 노동자를 투입하면 비용이 발생하기 때문이다. 여기서 중요한 관계가 성립한다. 바로 MP와 MC가 서로 역관계라는 점이다. 한계비용은 한 단위를 더 생산하는 데 추가로 드는 비용이다. MP가 높은 구간은 생산성이 높다는 의미이므로 적은 비용으로 한 단위를 더 만들 수 있다. MP가 낮은 구간은 생산성이 낮아졌으므로 한 단위를 더 만들려면 더 많은 비용이 필요하다. 이땐 MC

는 급격히 상승한다. 결국 한계생산이 체감하기 시작하는 지점은 한계비용이 상승하기 시작하는 지점과 일치한다. 이처럼 생산함수를 이해하는 것은 기업의 비용 구조와 나아가 시장에서의 가격 결정 및 이윤 극대화 전략을 이해하는 첫걸음이 된다.

- TP: 전체 산출량
- AP: 노동 1단위당 산출
- MP: 추가 노동의 산출량 변화
- 한계생산체감 법칙: 일정 자본 아래 노동 투입이 늘어나면 MP는 감소

11

생산비용 구조

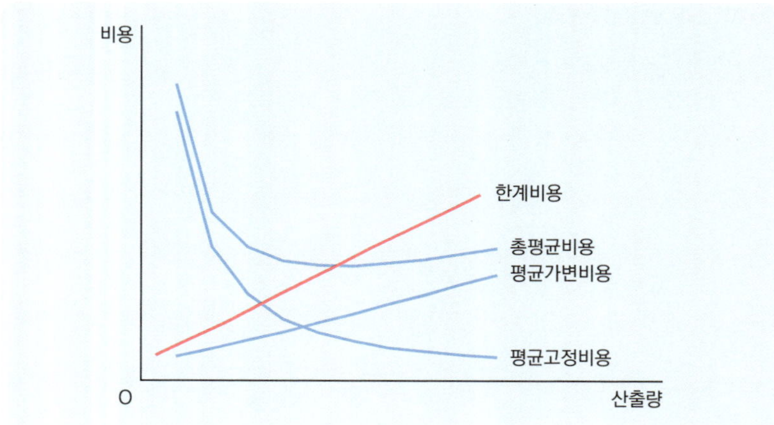

단기 비용 구조

비용은 단순히 회계 장부에 적힌 지출액을 넘어 특정 자원을 사용함으로써 포기해야만 했던 다른 모든 기회를 포함한다. 기업의 생산 비용은 분석 기간에 따라 단기 비용과 장기 비용으로 나뉜다. 이 구분은 시간의 길이가 아니라 고정된 생산 요소의 존재 여부에 따라 결정된다. 단기는 공장 부지나 핵심 설비와 같은 자본 요소가 고정된 상태로, 노동 시간이나 원자재 투입량 같은 일부 요소만 변경할 수 있는 기간을 말한다. 반면 장기는 공장 규모 확장, 설비 교체 등 모든 생산 요소를 기업의 의도에 따라 자유롭게 조절할 수 있는 충분히 긴 기간을 의미한다.

단기적으로 기업은 고정된 설비 안에서 생산량을 조절해야 한다. 이때 발생하는 비용은 크게 고정비용과 가변비용으로 나뉘며, 네 가지 핵심적인 평균 및 한계 비용 곡선이 파생된다.

'평균고정비용(AFC)'은 총고정비용을 산출량으로 나눈 값이다. 공장 임대료와 같은 고정비용은 생산량과 무관하게 일정하므로, 생산량이 늘어날수록 이 비용이 더 많은 상품에 널리 분산된다. 이러한 비용 분산 효과 때문에 AFC 곡선은 계속해서 우하향하는 특징을 보인다.

'평균가변비용(AVC)'은 총가변비용을 산출량으로 나눈 값이다. 생산 초기에는 효율성이 높아 비용이 줄다가 일정 수준을 넘어서면 한계생산 체감의 법칙으로 인해 비효율이 커져 다시 상승하는 U자 형태를 띠게 된다.

이 둘을 합한 것이 '평균총비용(ATC)'이며 총비용을 산출량으로 나눈 값과 같다. ATC 곡선은 AVC 곡선과 마찬가지로 U자 형태를 띠며 항상 AVC 곡선 위에 위치한다. 생산량이 늘수록 두 곡선 사이의 간격은 점점 좁아진다.

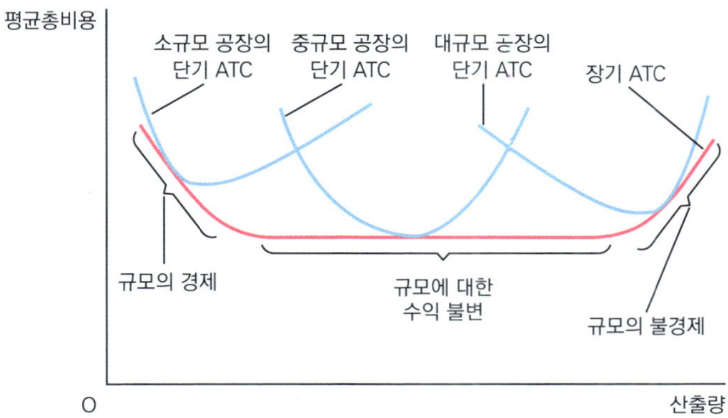

한계비용(MC)은 제품 생산량을 한 단위 더 늘릴 때 추가로 발생하는 비용을 의미한다. MC 곡선 역시 초기에는 하락하다가 한계생산 체감이 시작되면 가파르게 상승하는 모습을 보인다. 이 곡선들 사이의 가장 중요한 관계는 MC 곡선이 AVC와 ATC 곡선의 가장 낮은 지점을 반드시 아래에서 위로 관통한다는 점이다. 이는 새로운 한 단위의 비용이 기존 평균(AVC, ATC)보다 낮을 때는 평균을 끌어내리고, 반대로 평균보다 높을 때는 평균을 끌어올리기 때문에 나타나는 현상이다.

장기 비용 구조

모든 생산 요소를 자유롭게 변경할 수 있는 장기에서 기업은 최적의 생산 규모를 선택할 수 있다. 장기 평균비용곡선(LAC)은 각기 다른 생산 규모에서의 여러 단기 평균비용곡선(SAC)들을 감싸는 형태로 나타난다.

장기 평균비용 곡선 역시 U자 형태를 띠는데, 이는 규모에 따른 수익성 변화 때문이다. 생산 규모가 커지면서 평균 생산비용이 하락하는 구간을 '규모의 경제'라고 한다. 이는 대량 구매에 따른 원자재 할인, 생산 공정의 전문화, 고가 전문 설비의 효율적 활용 등으로 인해 발생한다. 하지만 기업 규모가 지나치게 커지면 오히려 평균 생산비용이 상승하는 구간이 나타나는데, 이를 규모의 불경제라고 부른다. 이는 거대 조직 내 의사소통의 어려움이나 관리의 비효율성 증가 등이 원인이다.

결국 기업의 비용 구조는 생산량 결정, 가격 책정, 나아가 시장에서의 경쟁력까지 좌우하는 핵심 요소다. 합리적인 기업은 시장 가격이 MC와 일치하는 수준에서 생산량을 결정해 이윤을 극대화하며, 가격이 최소한 AVC보다는 높아야 단기적으로 손해를 보더라도 조업을 계속한다. 또한 장기적인 관점에서는 규모의 경제를 달성해 경쟁사보다 낮은 평균비용을 확보하려 노력한다. 그러나 무조건적인 확장이 능사는 아니다. 규모의 불경제가 나타나는 지점을 파악하고 관리 가능한 범위 내에서 가장 효율적인 최적의 생산 규모를 찾아 유지하는 것이 지속 가능한 성장의 열쇠라 할 수 있다.

- 단기: U자형 평균비용 곡선, 한계비용이 AC의 최저점을 관통
- 장기: LAC 곡선, 규모의 경제와 불경제를 반영해 U자형
- 비용 구조는 공급곡선과 이윤극대화 조건을 이해하는 토대

12

기업의 이윤극대화 조건

기업의 최종 목표

모든 기업 활동의 최종 목적지는 '이윤의 극대화'다. 경제학에서 이윤(π)은 기업이 벌어들인 총수입에서 기업이 지출한 총비용을 뺀 나머지로 정의된다.

이윤(π) = 총수입(TR) - 총비용(TC)

총수입(TR, Total Revenue)은 기업이 판매하는 상품의 가격(P)에 판매량(Q)을 곱한 값(TR = P × Q)이다. 기업의 목표는 단순히 생산량을 늘리거나 가격을 높이는 것이 아니라 수입과 비용의 관계를 종합적으로 고려해 이윤이 가장 커지는 최적의 생산량을 찾는 것이다.

이윤 극대화 황금률

기업이 최적의 생산량을 찾는 방법은 한계적 분석에 있으며, 핵심 개념은 한계수입(MR)과 한계비용(MC)이다. MR은 제품을 한 단위 더 판매했을 때 추가로 발생하는 수입이다. MC는 제품을 한 단위 더 생산했을 때 추가로 발생하는 비용을 말한다. 합리적인 기업은 생산량을 결정할 때 이 둘을 끊임없이 비교한다. 예를 들어 커피를 한 잔 더 만드는 데 1,000원이 드는데 팔았을 시 1,500원을 벌 수 있다면 당연히 생산을 늘려야 한다. 반대로 커피 한 잔의 추가 비용이 1,000원인데 추가 수입이 700원에 불과하다면 생산을 줄여야 한다.

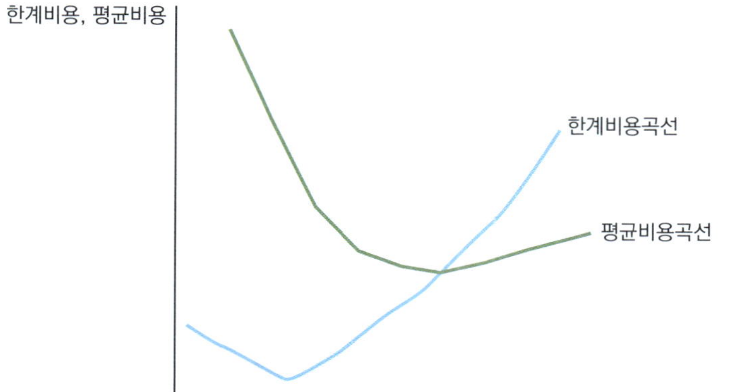

MR>MC에서는 생산량을 늘리면 이윤이 증가하므로 생산을 확대한다. MR<MC에서는 생산량을 늘리면 이윤이 감소하므로 생산을 축소한다. MR = MC에서는 이윤이 극대화되는 지점이므로 현재 생산량을 유지한다. 결론적으로 기업의 이윤이 극대화되는 최적 생산량은 한계수입과 한계비용이 정확히 일치하는 지점에서 결정된다. 이는 시장의 형태와 무관하게 모든 기업에 적용되는 이윤극대화의 황금률이다.

단기 의사결정

기업이 MR = MC 조건에서 최적 생산량을 결정했다면 손실 여부는 가격(P)과 평균총비용(ATC)을 비교해 판단할 수 있다. 초과이윤(P > ATC)에서는 제품 한 개를 파는 가격이 한 개를 만드는 평균 비용보다 높으므로 기업은 경제적 이윤을 얻는다. 정상이윤(P = ATC)에서는 가격과 평균 비용이 일치하는 손익분기점이다. 경제적 이윤은 0이지만 기회비용을 포함한 모든 비용을 회수하고 있으므로 사업을 계속할 충분한 이유가 된다. 손실(P < ATC)에서는 가격이 평균 비용보다 낮아 손해가 발생한다. 다만 이때 즉시 생산을 중단해야 하는 것은 아니다.

기업은 P를 평균가변비용(AVC)과 비교하는 두 번째 의사결정을 내려야 한다. 단기적으로 공장 임대료와 같은 고정비용은 생산 여부와 관계없이 무조건 지출되는 매몰비용이다. 만약 가격이 가변비용이라도 충당하고 조금이라도 남는다면(P > AVC), 그 남는 금액으로 고정비용의 일부를 메꿀 수 있다. 이 경우 문을 닫고 고정비용 전체를 손실로 떠안는 것보다 생산을 계속하는 것이 손실을 최소화하는 길이다. 하지만 가격이 평균가변비용보다도 낮다면(P < AVC) 물건을 하나 팔 때마다 재료비조차 건지지 못하고 손해가 더 커지는 상황이다. 이때는 바로 중단하는 것이 합리적이다.

장기 균형

장기적으로는 기업의 진입과 퇴출이 자유롭다. 만약 특정 산업에서 기업들이 초과 이윤을 누리고 있다면(P > ATC) 새로운 기업들이 시장에 진입한다. 신규 진입은 시장 전체의 공급을 늘려 가격을 하락시키는 압력으로 작용한다. 반대로 산업 내 기업들이 손실을 보고 있다면(P < ATC) 일부 기업은 버티지 못하고 시장에서 퇴출한다. 기업의 퇴출은 공급을 감소시켜 가격을 상승시키는 요인이 된다.

기업의 진입과 퇴출 과정은 시장에 더 이상 초과 이윤이나 손실이 존재하지 않을 때까지 계속된다. 결국 장기적으로 시장 가격은 평균총비용(ATC)의 최저점과 같아지는 수준에서 균형을 이루며, 모든 기업은 정상 이윤만을 얻게 된다. 이는 완전경쟁시장에서 장기적으로 초과 이윤이 '0'으로 수렴하는 이유를 설명하는 중요한 원리다.

- 기업은 MR = MC에서 이윤을 극대화
- 단기에는 가격 · 평균비용 관계로 초과이윤, 정상이윤, 손실 구분
- 장기에는 초과이윤이 사라지고 모든 기업이 정상이윤을 얻음

13

완전경쟁

구분	독점	과점	독점경쟁	완전경쟁
기업 수	1	소수	다수	다수
가격통제력	있음	있음	약간 있음	없음
상품동질성	-	동질적 또는 차별화	차별화	동질적
진입장벽	매우 높음	상당히 높음	거의 없음	없음
비가격경쟁	-	있음	있음	없음

이상적 시장의 조건

시장 구조를 논할 때 가장 먼저 등장하는 것이 바로 완전경쟁시장이다. 현실에서 완벽하게 일치하는 사례를 찾기는 어렵지만 시장이 어떻게 효율적으로 작동할 수 있는지 보여주는 가장 이상적인 기준으로 기능을 한다. 다른 모든 시장을 평가하고 비교하는 출발점이 되기 때문이다.

완전경쟁시장은 다수의 판매자와 구매자, 동질적인 상품, 가격 수용자, 자유로운 진입과 퇴출이라는 네 가지 조건을 모두 만족하는 시장을 말한다. 시장에 수많은 기업과 소비자가 존재해 개별 기업이나 소비자가 시장 전체에 미치는 영향력은 거의 없다. 모든 기업이 생산하는 상품은 품질, 디자인, 성능 등 모든 면에서 완전히 동일하다. 소비자 입장에서는 어느 기업의 제품을 사든 아무런 차이가 없다. 개별 기업은 시장의 수요와 공급에 의해 결정된 가격을 바꿀 힘이 없다. 그저 주어진 시장 가격을 그대로 받아들여 생산량을 결정할 뿐이다. 특정 산업에 초과 이윤이 존재하면 새로운 기업이 아무런 장벽 없이 진입할 수 있고, 손실이 발생하면 언제든 시장에서 퇴출할 수 있다.

단기 균형과 생산 결정

단기적으로 완전경쟁시장의 기업은 이윤을 극대화하기 위해 최적의 생산량을 결정해야 한다. 모든 기업의 이윤 극대화 조건은 한계수입(MR) = 한계비용(MC)이다. 완전경쟁시장에서는 기업이 가격 수용자이므로, 상품을 한 단위 더 팔 때 추가로 얻는 수입은 언제나 시장가격(P)과 같다. 따라서 이윤 극대화 조건은 P = MC로 단순화된다.

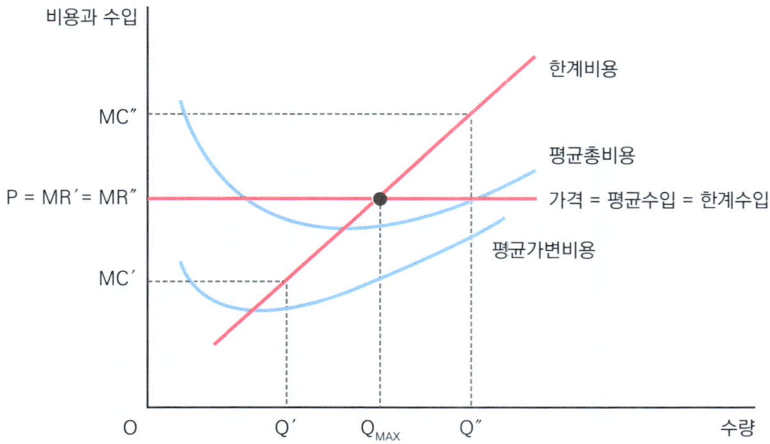

이 조건에 따라 생산량을 결정했을 때 기업의 손익 상태는 가격과 평균비용(ATC, AVC) 곡선의 관계에 따라 달라진다. 초과 이윤(P > ATC)은

시장가격이 상품 한 개를 만드는 데 드는 평균총비용보다 높은 상태다. 위 그래프에서 P가 ATC 곡선보다 위에 있는 경우이며, 기업은 경제적 이윤을 얻는다. 손실 속 조업 유지(AVC < P < ATC)에서는 시장가격이 평균총비용보다는 낮지만 평균가변비용보다는 높은 상태다. 이 경우 생산을 할수록 고정비용의 일부라도 회수할 수 있으므로, 손실을 보더라도 단기적으로는 생산을 계속하는 것이 합리적이다. 조업 중단(P < AVC)에서는 시장가격이 상품 한 개를 만드는 데 드는 원재료비, 인건비 등 가변비용조차 감당하지 못하는 수준이다. 이때는 생산할수록 손해가 커지므로 즉시 조업을 중단하는 것이 손실을 최소화하는 길이다.

장기균형

장기적으로는 기업의 자유로운 진입과 퇴출이 시장의 모습을 바꾼다. 만약 단기적으로 기업들이 초과 이윤을 누리고 있다면 새로운 기업들이 이윤을 찾아 시장에 진입한다. 이로 인해 시장 전체의 공급이 증가하고 시장가격은 하락해 초과 이윤은 사라진다. 반대로 기업들이 손실을 보고 있다면 일부 기업은 시장에서 퇴출한다. 이는 공급 감소로 이어져 시장가격을 상승시키고 남은 기업들의 손실은 점차 줄어든다. 이러한 조정 과정은 더 이상 기업의 진입이나 퇴출 유인이 없는 상태까지 계속된다. 이 지점이 바로 완전경쟁시장의 장기 균형이며 다음의 조건이 성립한다.

P = MC = ATC의 최저점

이 상태에서 기업들은 회계적으로는 이윤을 남기지만 기회비용까지 모두 포함한 경제적 이윤은 0이 된다.

완전경쟁시장이 경제학에서 중요한 기준이 되는 이유는 바로 효율성 때문이다. 장기 균형 상태에서 완전경쟁시장은 생산 및 배분적 효율성을 동시에 달성한다. 모든 기업이 평균총비용이 가장 낮아지는 지점에서 생산하므로, 사회적으로 가장 적은 비용을 투입하여 재화를 생산하게 된다. 소비자가 상품에 대해 지불하는 가격이 그 상품을 한 단위 더 생산하는 데 드는 한계비용과 일치한다. 이는 사회가 원하는 만큼 자원이 낭비 없이 정확하게 배분됐음을 의미한다. 완전경쟁시장은 현실에서 그대로 존재하지 않더라도 가장 효율적인 시장이 어떤 모습인지를 보여주는 명확한 청사진을 제시한다는 점에서 그 중요성을 갖는다.

- 완전경쟁시장 조건: 다수의 기업과 소비자, 동질적 재화, 가격 수용자, 자유로운 진입 · 퇴출
- 단기 균형: P = MC에서 생산 결정
- 장기 균형: 기업의 진입 · 퇴출로 가격이 조정, P = MC = ATC, 경제적 이윤 0

14

독점시장

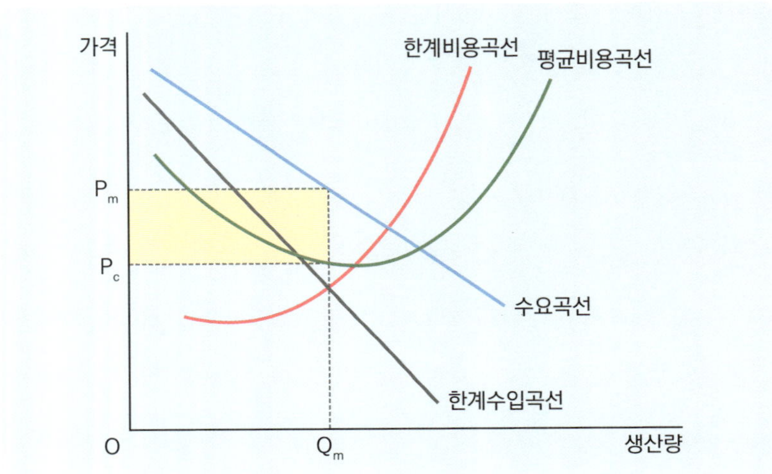

독점시장의 성립 조건

완전경쟁시장이 시장 구조의 한쪽 끝에 있는 이상적 기준점이라면, 그 정반대편 끝에는 독점 시장이 존재한다. 독점이란 단 하나의 기업이 재화나 서비스를 공급하는 시장을 의미한다. 이 시장에서 기업은 곧 산업 전체이며, 소비자는 그 기업이 아니라면 해당 재화를 구매할 다른 대안이 없다. 따라서 독점기업은 시장의 공급을 완전히 지배하며 가격을 스스로 결정하는 가격 결정자의 지위를 갖는다.

강력한 시장 지배력은 아무나 가질 수 없다. 다른 기업이 시장에 들어오지 못하도록 막는 강력한 진입장벽이 존재하기 때문이다. 진입장벽이 형성되는 이유는 핵심 자원의 독점, 정부 규제, 자연독점, 독점 사업권 허가라는 네 가지다. 특정 기업이 생산에 필수적인 원재료나 자원을 유일하게 소유한 경우 독점이 된다. 정부가 특허권이나 저작권 같은 법적 권리를 부여해 일정 기간 배타적인 생산 및 판매 권한을 보장해주는 경우도 마찬가지다. 전기, 수도, 철도처럼 초기에 막대한 고정비용이 들고 생산량이 늘수록 평균비용이 계속 하락하는 산업에서는 여러 기업이 경쟁하는 것보다 한 기업이 전체를 공급하는 것이 사회적으로 더 효율적이라는 판단이 있다. 정부가 특정 기업에 독점적인 사업권을 허가할 때도 발생한다.

독점기업의 생산·가격 결정

독점기업의 가장 중요한 의사결정은 얼마나 생산해서 얼마에 팔 것인가다. 완전경쟁기업과 달리 독점기업의 수요곡선은 바로 시장 수요곡선과 일치한다. 이는 중요한 차이를 만들어낸다. 시장 수요곡선은 일반적으로 우하향하므로, 독점기업이 더 많이 팔기 위해서는 가격을 낮춰야 한다. 한 단위 추가 판매가 항상 일정한 가격으로 이루어지는 것이 아니라 더 낮은 가격을 받아야 한다는 뜻이다.

독점기업의 한계수입(MR)은 항상 가격(P)보다 낮다. 상품을 한 단위 더 팔기 위해 가격을 내리면 새로 팔리는 그 상품에서는 추가 수입이 발생하지만 이미 더 높은 가격에 팔 수 있었던 다른 모든 상품까지도 낮은 가격에 팔아야 하므로 수입이 감소하기 때문이다. MR 곡선은 수요곡선보다 항상 아래쪽에 더 가파른 기울기로 그려진다.

독점기업 역시 이윤 극대화를 위해 MR = MC라는 황금률을 따른다. 하지만 가격 결정 방식이 다르다. 독점기업은 먼저 MR 곡선과 MC 곡선이 만나는 B점에서 최적 생산량 Q_m을 결정한다. 그 생산량 수준에서 소비자가 기꺼이 지불하고자 하는 가장 높은 가격을 수요곡선 위의 A점에서 찾아 가격을 P_m으로 설정한다. 결과적으로 완전경쟁시장의 균형 조건이 P=MC인 것과 달리 독점시장에서는 항상 P>MC라는 구조가 만들어진다. 이는 소비자가 느끼는 가치가 그것을 만드는 데 드는 추가 비용보다 훨씬 높음에도 불구하고 기업이 이윤을 위해 생산을 더 늘리지 않는다는 것을 의미한다.

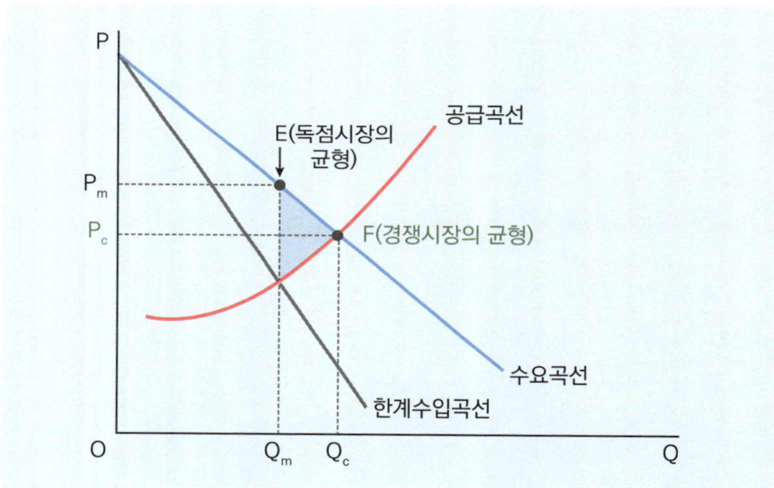

후생효과와 사중손실

독점의 가장 큰 문제점은 사회 전체의 관점에서 비효율적이라는 것이다. 완전경쟁시장에서 달성되는 사회적 최적 생산량에 비해 독점기업은 더 적게 생산하고 더 높은 가격을 받는다. 이 과정에서 사회 전체의 경제적 후생이 감소한다.

경쟁 시 균형과 비교했을 때 독점 균형에서 가격은 상승하고 수량은 감소한다. 이로 인해 삼각형 형태의 영역이 사회적 후생에서 빠져나가는데, 이 부분이 '사중손실'이다. 사중손실은 단순히 소비자에게만 손해가 되는 것이 아니다. 사회 전체적으로 생산 가능했던 가치가 실현되지 못하고 사라진 것이므로 경제 전체의 비효율을 의미한다.

독점은 소비자잉여와 생산자잉여의 분배 구조도 왜곡시킨다. 소비자잉여 일부가 독점기업의 이윤으로 이전되기 때문에 기업의 잉여는 늘어나지만 사회적 총잉여는 줄어든다. 독점은 파이를 키우지 않고 파이를 자르는 방식을 바꿔버리는 것이다.

가격차별 전략

독점기업은 추가로 이윤을 극대화하기 위해 '가격차별' 전략을 사용할 수 있다. 가격차별은 동일한 상품을 서로 다른 가격에 판매하는 행위를 말한다. 소비자의 지불 능력이나 선호를 기반으로 가격을 달리 책정함으로써 기업은 소비자잉여를 더 많이 흡수할 수 있다.

1급 가격차별은 소비자 개개인의 최대 지불의사 가격에 맞춰 가격을 부과하는 경우다. 이론적으로는 소비자잉여가 완전히 사라지고 모두 생산자잉여로 이전된다. 2급 가격차별은 구매량에 따라 단가를 차등하는 방식이다. 대량구매 할인이나 전기요금 누진제가 이에 해당한다. 3급 가격차별은 소비자를 그룹으로 나누어 가격을 달리 부과한다. 지역별, 연령별, 소득별 요금제가 대표적이다.

가격차별은 기업의 이윤을 늘리는 효과가 있지만 반드시 사회적 후생을 줄이는 것은 아니다. 어떤 경우에는 더 많은 소비자가 시장에 참여하게 되어 총잉여가 증가할 수도 있다. 따라서 경제학에서는 가격차별이 언제 효율적이고 언제 불평등을 초래하는지를 구분하는 것이 중요하다.

- 독점시장 조건: 단일 공급자, 강력한 진입장벽, 가격 결정력
- 이윤 극대화: MR = MC에서 생산량 결정, P > MC에서 가격 설정
- 사회적 비용: 완전경쟁보다 적게 생산하고 비싸게 팔아 사중손실 발생

15

과점과 독점적 경쟁시장

과점 시장

시장 구조를 이해하는 데 있어 완전경쟁과 독점은 두 극단에 위치한다. 완전경쟁시장은 수많은 기업이 동질적인 상품을 생산하며 가격을 그대로 받아들이는 이상적 구조이고, 독점시장은 단 하나의 기업이 진입장벽을 기반으로 시장 전체를 지배하는 구조다. 그러나 현실에서 대부분의 산업은 이 두 극단에 속하지 않는다. 다수의 기업이 존재하지만 서로 차별화된 제품을 생산하거나, 소수의 대기업이 산업 전체를 장악하는 등 다양한 중간 형태가 나타난다.

과점은 소수의 기업이 시장 전체 공급의 대부분을 차지하는 구조를 말한다. 전 세계 항공기 시장을 보자. 보잉과 에어버스 두 기업이 사실상 시장을 양분하고 있다. 자동차, 반도체, 이동통신 등에서도 소수 기업이 전체 산업을 주도하는 경우가 흔하다.

과점시장의 가장 큰 특징은 기업 간의 전략적 상호의존성이다. 한 기업의 가격 결정이나 생산량 조정이 곧바로 경쟁사들의 이익에 영향을 미치며, 따라서 각 기업은 항상 상대방의 반응을 고려해야 한다. 이는 완전경쟁에서 기업이 단순히 시장가격을 받아들이는 수동적 존재와는 큰 차이를 보인다.

과점기업들은 종종 담합을 통해 마치 독점처럼 행동하려 한다. 대표적인 형태가 카르텔이다. 기업들이 협의해 생산량을 제한하고 높은 가격을 유지한다면 집단적으로 독점이윤을 얻을 수 있다. 그러나 담합은 본질적으로 불안정하다. 약속을 어기고 몰래 가격을 낮춰 더 많은 시장 점유율을 확보하려는 유인이 항상 존재하기 때문이다. 이런 배신이 이어지면 담합은 무너지고 경쟁이 재개된다.

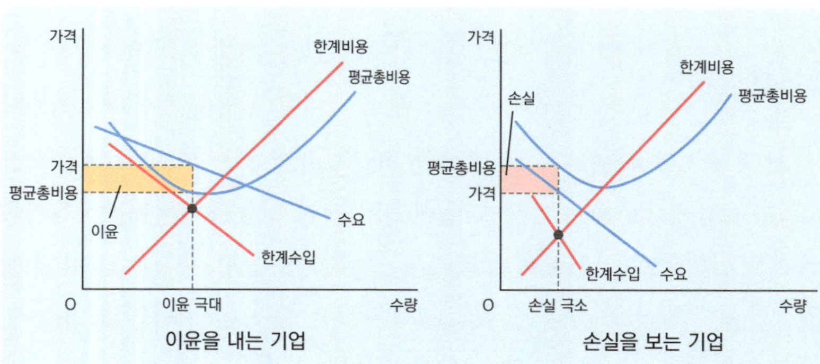

독점적 경쟁시장

독점적 경쟁은 이름 그대로 독점과 경쟁의 성격을 모두 가진 시장이다. 수많은 기업이 존재한다는 점에서는 완전경쟁과 같지만 각 기업이 파는 상품이 서로 조금씩 다르다는 제품 차별화가 이뤄진다는 점에서 결정적인 차이가 있다.

동네마다 있는 미용실, 식당, 카페, 편의점 등이 모두 독점적 경쟁 시장의 예다. 이들은 모두 비슷한 서비스를 제공하지만 맛, 인테리어, 브랜드 이미지, 서비스 품질 등 자신만의 차별점을 내세워 단골손님을 확보한다. 이 차별성 덕분에 각 기업은 자신의 상품에 대해 어느 정도의 독점력을 갖게 된다.

단기적으로 독점적 경쟁 기업은 제품 차별화에 성공할 경우 독점기업과 유사하게 초과 이윤을 얻을 수 있다. 자신만의 독특한 상품에 대한 충성도 높은 수요가 존재하기 때문이다. 이윤 극대화 조건은 MR = MC이며, 우하향하는 수요곡선으로 인해 가격은 한계비용보다 높은 수준(P > MC)에서 결정된다. 그래프처럼 가격(P)이 평균총비용(ATC)보다 높으면 초과 이윤을, 낮으면 손실을 기록한다.

그러나 초과 이윤은 장기적으로 지속되지 않는다. 돈을 버는 가게가 있다는 소문이 나면 비슷한 콘셉트의 새로운 경쟁자들이 자유롭게 시장에 진입하기 때문이다. 새로운 가게가 늘어날수록 기존 가게의 시장점유율은 줄어들고, 수요곡선은 점차 왼쪽으로 이동한다. 이 과정은 시장 내 모든 기업의 경제적 이윤이 정확히 0이 될 때까지 계속된다.

이때의 장기 균형은 완전경쟁과 중요한 차이를 보인다. 기업들은 ATC가 가장 낮아지는 최소 효율 규모에 도달하기 전에 생산을 멈춘다. ATC 곡선이 여전히 하락하는 구간에서 생산이 이루어진다는 의미다. 가격이 여전히 한계비용보다 높은 상태(P > MC)가 유지되는데 이를 가격 할증이라 부른다. 이는 독점적 경쟁 시장에 구조적인 비효율이 존재함을 의미한다.

독점적 경쟁 시장에서 기업의 생존과 성장은 차별화에 달려있다. 광고, 브랜딩, 마케팅은 이 시장의 핵심적인 경쟁 수단이다. 광고는 소비자에게 상품 정보를 제공하고 선택의 폭을 넓히는 긍정적 역할을 하지만 때로는 과도한 비용을 유발하여 상품 가격을 높이거나 비합리적인 소비를 유도하는 부정적인 측면도 있다. 결국 이 시장의 핵심은 다양성이라는 가치와 비효율이라는 비용 사이의 상충관계에 있다.

- 과점은 소수 대기업이 서로의 행동에 의존하며 담합과 경쟁을 반복하는 시장
- 독점적 경쟁은 다수 기업이 차별화된 상품을 통해 가격결정력을 가지지만 장기적으로 경제적 이윤은 사라짐
- 두 시장 모두 완전경쟁에 비해 효율성이 낮고, 구조적 비효율을 내포함

16

게임이론

취조받는 두 용의자		B	
		자백	묵비권
A	자백	5년 / 5년	석방 / 10년
	묵비권	10년 / 석방	1년 / 1년

게임이론의 세계

현실의 경제 활동은 단순히 수요와 공급 곡선만으로 설명되지 않는다. 나의 선택이 상대방의 반응을 불러오고, 그 반응이 다시 나의 다음 선택에 영향을 미치는 복잡한 상호작용이 곳곳에 존재한다. 이러한 전략적 상황을 분석하는 강력한 도구가 '게임이론'이다.

게임이론은 경쟁적인 상황에서 각 참여자가 상대방이 어떻게 행동할지 예측하면서 자신의 이익을 극대화하는 선택을 찾는 과정을 분석하는 학문이다. 모든 게임은 기본적으로 참여자, 그들이 선택할 수 있는 전략, 각 전략의 조합에 따른 보수라는 세 가지 요소로 구성된다. 경제학에서는 주로 과점 시장의 기업 간 경쟁, 담합, 광고 전략 등을 분석하는 데 핵심적으로 사용된다.

죄수의 딜레마

게임이론을 설명하는 가장 유명한 사례는 '죄수의 딜레마'다. 공범인 두 용의자가 분리된 공간에서 취조를 받으며, 서로 협력해 침묵할지 아니면 동료를 배신하고 자백할지를 결정해야 하는 상황을 가정한다.

이때 각 용의자의 합리적인 선택은 결국 둘 다 자백하는 것이다. 상대방의 선택과 상관없이 자신은 자백하는 것이 언제나 더 유리한 결과를 가져오기 때문이다. 하지만 두 용의자가 모두 이 합리적인 선택을 한 결과는 둘 다 침묵했을 때보다 훨씬 나쁜 결과로 이어진다.

죄수의 딜레마는 개인의 합리성이 항상 집단의 합리성으로 이어지지는 않으며, 이 때문에 사회적으로 비효율적인 결과가 발생할 수 있음을 보여준다. 시장에서 기업들이 서로에게 이로운 담합을 맺고도 결국 약속을 깨고 과잉 경쟁으로 치닫는 이유도 이 구조로 설명할 수 있다.

고속도로 위 두 운전자		하행선	
		좌측통행	우측통행
상행선	좌측통행	생존 / 생존	죽음 / 죽음
	우측통행	죽음 / 죽음	생존 / 생존

내시 균형

죄수의 딜레마를 더 일반화한 개념이 '내시 균형'이다. 내시 균형이란, 다른 모든 참여자가 현재의 전략을 유지한다는 조건하에서 나 자신도 현재의 전략을 바꿀 유인이 없는 상태를 말한다. 즉, 각자의 선택이 서로의 최적 반응으로 맞물려 있어 누구도 혼자서는 움직이고 싶어 하지 않는 안정적인 지점이다.

예를 들어 고속도로에서 두 운전자가 서로를 마주하는 상황을 생각해보자. 둘 다 우측통행을 선택하면 무사히 지나간다. 이 상태에서 어느 한 명이라도 혼자 좌측통행으로 바꾸면 충돌이 일어나므로, 상대방이 우측통행을 유지하는 한 나도 우측통행을 바꿀 이유가 없다. 따라서 (우측통행, 우측통행)은 내시 균형이다. 마찬가지로 (좌측통행, 좌측통행) 역시 또 다른 내시 균형이 된다.

중요한 점은 내시 균형이 반드시 모두에게 가장 좋은 결과를 보장하지는 않는다는 것이다. 죄수의 딜레마에서 보았듯 사회 전체적으로는 더 나은 결과가 존재함에도 불구하고, 개인의 합리적 선택은 비효율적인 내시 균형에 머무르게 할 수 있다.

반복게임

현실의 경제 활동은 대부분 단 한 번으로 끝나지 않는 반복게임이다. 한 번의 거래라면 배신이 유리할 수 있지만, 앞으로도 계속 마주쳐야 할 상대라면 이야기가 달라진다. 당장의 이익을 위해 신뢰를 저버리는 행동은 미래에 더 큰 손실을 초래할 수 있기 때문이다.

반복게임 상황에서는 협력이 나타날 가능성이 커진다. 상대가 협력하면 나도 협력하고, 상대가 배신하면 나도 즉시 보복하는 '팃포탯(Tit-for-Tat)'과 같은 전략이 효과적일 수 있다. 장기적인 관계의 가치가 단기적인 배신의 이익보다 크다고 판단되면 참여자들은 안정적인 협력을 유지하려 한다.

게임이론이 경제학에서 특히 빛을 발하는 분야는 바로 과점시장 분석이다. 소수의 기업이 경쟁하는 과점시장은 한 기업의 행동이 다른 기업의 이윤에 직접적인 영향을 미치는 전략적 상호작용의 전형적인 무대이기 때문이다.

두 기업이 광고를 할지 말지 고민하는 상황은 죄수의 딜레마와 유사한 구조를 갖는다. 둘 다 광고를 하지 않으면 광고비를 아껴 안정적인 이윤을 얻지만 한쪽만 광고하면 시장점유율을 크게 빼어올 수 있다. 결국 두 기업 모두 상대방에게 시장을 뺏길 것을 우려해 막대한 광고비를 지출한다. 사회적으로는 비효율적인 내시 균형에 도달하는 것이다. 이처럼 게임이론은 과점기업의 가격 경쟁, 광고 전쟁, 담합의 형성 및 붕괴 과정을 설명하는 핵심적인 분석 도구로 기능한다.

- 게임이론: 전략적 상호작용 분석 도구(참여자 · 전략 · 보수)
- 죄수의 딜레마: 개인의 합리성 → 사회적 비효율
- 내시 균형: 상대 전략 고정 시, 변경 유인 없음
- 반복게임: 단발과 달리 협력 가능성↑

17

생산요소시장

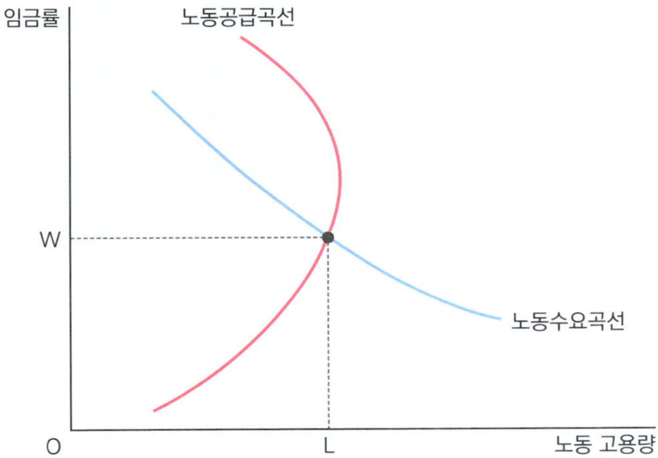

생산요소시장의 기본 구조

경제는 상품과 서비스가 거래되는 재화시장과 노동, 토지, 자본 같은 생산의 재료가 거래되는 생산요소시장이라는 두 개의 큰 축으로 움직인다. 이 두 시장은 동전의 양면처럼 긴밀히 연결돼 있다. 기업은 재화시장에서 상품을 팔아 얻은 수입으로 생산요소시장에서 노동자를 고용하고 자본을 빌린다. 반대로 가계는 생산요소시장에 노동력을 제공하여 얻은 소득으로 재화시장에서 상품을 구매한다.

재화시장에서 가계는 수요자이고 기업은 공급자이지만 생산요소시장에서는 그 역할이 정반대로 바뀐다. 가계가 노동, 토지, 자본의 공급자가 되고, 기업이 수요자가 되는 것이다. 이때 생산요소에 대한 기업의 수요는 상품 자체를 원해서가 아니라 다른 상품을 만들기 위한 것이므로, 이를 파생수요라고 부른다.

노동시장

생산요소 가운데 가장 중요한 것은 단연 노동이다. 기업의 입장에서 '몇 명의 직원을 고용할 것인가'라는 문제는 이윤과 직결된다. 그 결정의 핵심 기준은 '노동의 한계생산가치(VMP, Value of Marginal Product)'에 있다. 이는 노동자 한 명을 추가로 고용했을 때 기업이 얻게 되는 추가 수입을 의미한다. 노동자의 한계생산물(MP)에 그들이 만들어낸 상품의 시장가격(P)을 곱하여 계산한다.

$$VMP = \text{한계생산물}(MP) \times \text{상품가격}(P)$$

합리적인 기업은 노동자의 한계생산가치(VMP)가 임금(W)과 같아지는 지점까지 고용을 늘린다. 만약 VMP가 임금보다 크다면 추가 고용이 이익이므로 직원을 더 뽑고, 반대로 VMP가 임금보다 작다면 인건비 부담이 더 크므로 고용을 줄인다. 결국 VMP 곡선은 한계생산 체감의 법칙에 따라 우하향하며, 이것이 바로 개별 기업의 노동수요곡선이 된다.

개별 기업의 노동수요가 모여 시장 전체의 노동수요를 형성한다. 이 노동수요곡선과 가계의 노동공급곡선이 만나는 지점에서 시장 전체의 균형임금과 균형고용량이 결정된다. 만약 임금이 균형점보다 높으면 일하려는 사람은 많은데 기업은 고용을 줄여 실업이 발생하고, 임금이 균형점보다 낮으면 기업은 더 많은 직원을 원하지만 일하려는 사람이 부족해 구인난이 발생한다. 물론 노동수요는 임금에만 영향을 받지 않는다. 기업이 만드는 상품의 가격이 오르거나 생산성을 높이는 새로운 기술이 도입되면 노동수요곡선 자체가 오른쪽으로 이동하여 고용과 임금이 함께 상승하기도 한다.

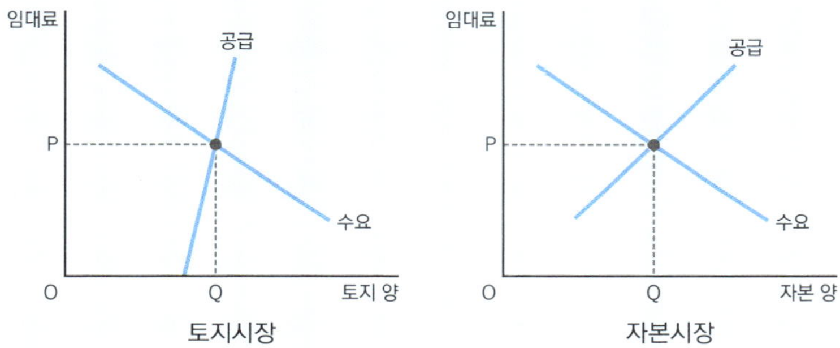

토지와 자본시장

노동 외의 대표적인 생산요소로는 토지와 자본이 있다. 토지시장의 가장 큰 특징은 공급이 거의 고정되어 있다는 점이다. 따라서 토지의 사용료인 지대는 주로 토지에 대한 수요에 따라 결정된다. 자본시장에서 자본은 기계, 설비, 건물과 같은 생산수단을 의미하며, 그 사용료는 이자다. 자본시장의 균형은 가계의 저축과 기업의 투자가 만나는 지점에서 이자율이 결정되는 방식으로 설명된다.

노동, 토지, 자본시장은 독립적으로 움직이는 것 같지만 서로 긴밀하게 영향을 주고받는다. 예를 들어 기업이 기계에 대한 투자를 늘리면 노동자의 생산성이 올라가 임금이 상승할 수 있다

각 생산요소시장에서 결정되는 가격은 가계 소득의 원천이 된다. 노동시장의 임금은 근로소득, 토지시장의 지대는 임대소득, 자본시장의 이자는 이자소득으로 이어진다. 생산요소시장은 단순히 생산을 위한

자원을 배분하는 기능을 넘어 우리 사회의 소득 분배 구조를 결정하는 매우 중요한 역할을 수행한다.

- 노동시장: VMP = W에서 고용 결정
- 토지시장: 공급이 비탄력 → 수요 변화가 지대 변동으로 반영
- 자본시장: 저축 · 투자 균형에서 이자율 결정
- 생산요소시장 전체 상호 연계 → 소득분배 구조 형성

18

소비자 · 생산자잉여

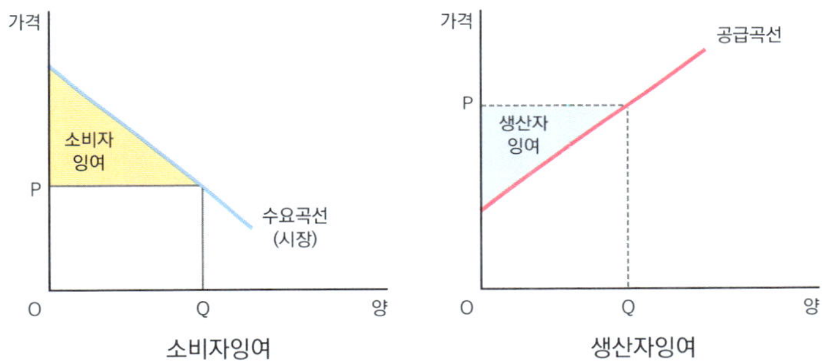

소비자의 숨은 이득

시장의 균형은 단순히 가격과 수량이 만나는 지점을 넘어 경제적 이득이 사회 전체에 어떻게 분배되는지를 보여준다. 그 이득을 측정하는 개념이 '소비자잉여'와 '생산자잉여'다. 두 잉여는 시장 참여자가 거래를 통해 얻는 눈에 보이지 않는 혜택을 의미하며, 총잉여는 사회 전체의 경제적 후생을 측정하는 핵심 지표가 된다.

소비자는 어떤 상품을 구매할 때 마음속으로 최대 얼마까지 지불할 의사가 있다는 기준인 지불용의를 가지고 있다. 실제 시장가격이 이보다 낮을 때 소비자는 지불할 용의가 있던 금액보다 돈을 아끼게 되면서 심리적 이득을 얻게 된다.

예를 들어 커피 한 잔에 6,000원까지 낼 생각이 있었지만 실제 가격이 4,000원이라면 소비자는 2,000원만큼의 잉여를 얻은 셈이다. 시장 전체의 소비자잉여는 모든 소비자의 잉여를 합한 값이다.

그래프에서 소비자잉여는 수요곡선 아래 그리고 실제 가격선 위의 삼각형 면적으로 나타난다.

비싸게 팔아서 얻는 이윤

생산자는 최소 얼마를 받아야 한다는 기준인 비용을 갖고 있다. 실제 시장가격이 이 비용보다 높을 때 생산자는 최소한 받고자 했던 금액보다 돈을 더 벌게 되면서 이득을 얻는다.

예를 들어 농부가 사과 한 상자를 생산하는 데 드는 비용이 1만 원인데 시장가격이 1만 3,000원이라면 3,000원만큼의 잉여를 얻는다. 그래프에서 생산자잉여는 공급곡선 위, 그리고 실제 가격선 아래의 면적으로 나타난다.

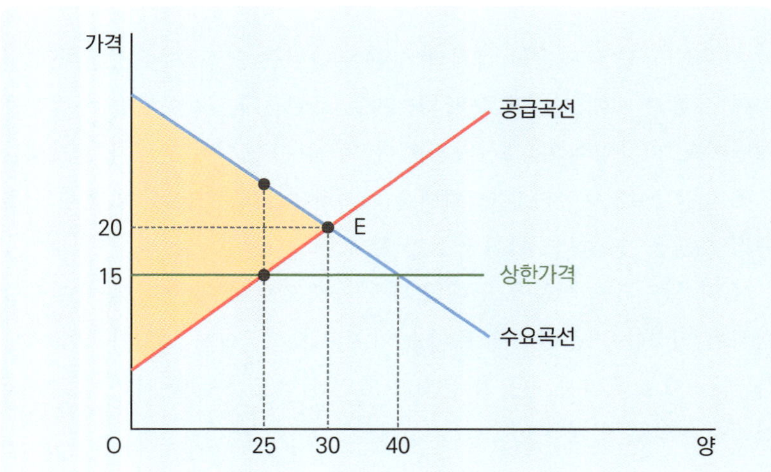

총잉여와 시장의 효율성

총잉여는 소비자잉여와 생산자잉여를 합한 값으로, 시장 거래를 통해 사회가 얻는 총체적인 후생을 의미한다. 효율적인 시장이란 총잉여가 극대화되는 시장을 말한다. 자유로운 경쟁시장에서 수요와 공급에 의해 결정되는 균형점은 가장 효율적인 상태다. 만약 이 균형점을 인위적으로 벗어나면 거래량이 줄어들어 총잉여는 반드시 감소하게 된다.

정부가 세금, 보조금, 가격 규제 등으로 시장에 개입하면 잉여의 크기와 분배가 달라진다. 대부분의 경우 시장의 효율성은 감소하며 사중손실이 발생한다. 사중손실이란 정부 개입으로 인해 시장 거래가 위축되면서 누구에게도 돌아가지 않고 그냥 사라져 버리는 사회적 후생의 손실분을 의미한다.

예를 들어 정부가 가격 상한제를 실시하면 가격이 낮아져 일부 소비자는 이득을 보지만 생산자들은 공급을 줄인다. 이로 인해 물건을 사고 싶어도 사지 못하는 소비자가 생겨나고, 시장 전체의 거래량이 균형점보다 줄어들어 결국 총잉여는 감소하고 손실이 발생한다.

- 소비자잉여: 지불용의 - 실제가격
- 생산자잉여: 실제가격 - 최소수용가격
- 총잉여: 소비자잉여 + 생산자잉여 → 균형점에서 최대화
- 정부개입: 세금 · 보조금 · 규제 → 총잉여 감소, 사중손실 발생

19

외부효과

외부효과

시장은 본래 보이지 않는 손을 통해 자원의 효율적 배분을 가능하게 한다. 완전경쟁시장의 균형은 소비자와 생산자의 총잉여가 극대화되는 지점이다. 하지만 현실의 시장은 언제나 그렇게 매끄럽게 작동하지 않는다. 어떤 경우에는 시장을 그대로 두었을 때 오히려 자원이 낭비되거나 잘못 배분되는 일이 발생한다. 시장실패가 발생하면 정부가 개입해야 할 필요성이 제기된다. 정부의 개입은 시장의 자율적 기능을 교정하거나 보완해 사회 전체적으로 더 나은 결과를 이끌어내려는 시도다.

'외부효과'는 어떤 경제 주체의 행위가 거래에 참여하지 않은 제3자에게 의도치 않은 영향을 미치지만 그에 대한 대가가 시장가격에 반영되지 않는 경우를 말한다. 거래 당사자가 아닌 외부의 사람들에게 이익이나 피해가 발생하는데도 아무런 보상이 이뤄지지 않는 현상이다.

외부효과는 이론 속에만 존재하지 않는다. 새로운 버스정류장이 생기자 주변 상점은 유동인구가 늘어 매출이 오르는 혜택을 얻는다(긍정적 외부효과). 반면 택시 운전사는 손님이 줄어드는 불이익을 경험한다(부정적 외부효과). 이처럼 시장은 외부효과를 자동으로 조정하지 못하기 때문에 효율적인 자원 배분이 이뤄지지 않는다.

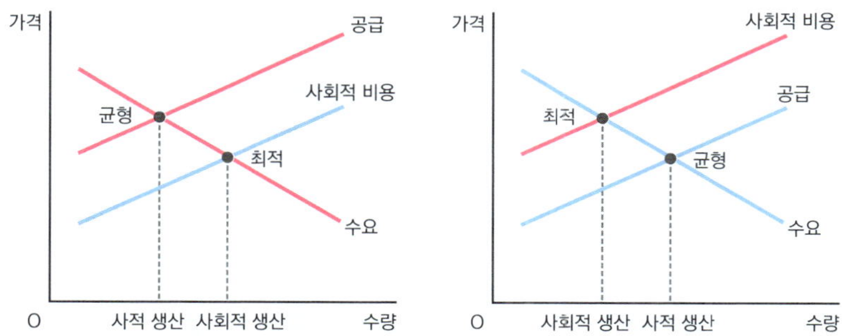

긍정적 외부효과 부정적 외부효과

과잉 · 과소생산

외부효과는 사회적으로 바람직한 생산 수준을 벗어나게 만든다. 부정적 외부효과는 사회 전체가 부담해야 할 비용(사회적 비용)이 생산자가 부담하는 비용(사적 비용)보다 클 때 발생한다. 대표적으로 공장의 매연이 있다. 공장은 제품 생산 비용만 고려할 뿐 주민들이 겪는 환경오염의 피해 비용은 가격에 포함하지 않는다. 따라서 시장에 맡겨두면 사회적 최적 수준보다 더 많은 양이 과잉 생산된다.

긍정적 외부효과는 반대로 사회 전체가 누리는 편익(사회적 편익)이 개인이 누리는 편익(사적 편익)보다 클 때 발생한다. 예방접종이나 연구개발이 대표적이다. 개인은 자신이 직접 얻는 이익만 고려하기 때문에 사회적으로 바람직한 수준보다 더 적은 양이 과소 생산된다. 부정적 외부효과에서는 시장 균형 생산량이 사회적 최적 생산량보다 많고, 긍정적 외부효과에서는 그 반대다.

해결책

정부는 외부효과로 인한 비효율을 교정하기 위해 시장에 개입한다. 이러한 개입의 목표는 사적 비용이나 편익을 사회적 비용·편익과 일치시켜 외부효과를 내부화하는 것이다. 가장 대표적인 방법은 부정적 외부효과를 유발하는 활동에는 그 외부 비용만큼 세금(피구세)을 부과해 생산량을 줄이도록 유도하고, 긍정적 외부효과를 유발하는 활동에는 보조금을 지급해 생산량을 늘리도록 장려하는 것이다. 정부가 오염물질 배출 총량을 법으로 정하는 등 직접적으로 양을 통제하는 직접 규제 방식을 사용하기도 한다.

'코즈의 정리'는 다른 관점을 제시하는데 소유권을 명확히 설정해주고 거래 비용이 없다면 정부 개입 없이도 이해당사자 간의 자발적인 협상을 통해 외부효과 문제를 해결할 수 있다고 본다. 결론적으로 외부효과는 시장의 보이지 않는 손이 제 역할을 하지 못하는 전형적인 사례다. 이 문제를 해결하기 위해 정부가 개입할 수 있다. 하지만 잘못된 개입은 오히려 새로운 비효율을 낳을 수 있으므로 신중한 접근이 필요하다.

- 시장실패: 외부효과 등으로 자원이 비효율적으로 배분되는 현상
- 부정적 외부효과: 사회적 비용 > 사적 비용 → 과잉생산
- 긍정적 외부효과: 사회적 편익 > 사적 편익 → 과소생산
- 정부 개입: 피구세 · 보조금, 직접 규제, 코즈 정리 등을 통해 외부효과 내부화

20

공공재 · 공유지 · 정보비대칭

공공재와 무임승차

외부효과만이 시장실패의 유일한 원인은 아니다. 시장은 보이지 않는 손을 통해 자원을 효율적으로 배분하지만 어떤 재화나 상황에 대해서는 이 손이 아예 닿지 않는 경우도 있다. 대표적으로 공공재, 공유자원, 정보 비대칭의 문제다. 이들은 모두 시장 메커니즘이 제 역할을 하지 못하는 전형적인 사례이며, 정부 개입의 필요성을 뒷받침하는 중요한 논거가 된다.

재화는 그 속성에 따라 네 가지로 분류할 수 있는데 가장 중요한 기준은 소비에 있어 다른 사람과 다투어야 하는지 여부와 돈을 내지 않은 사람을 막을 수 있는지 여부다. 우리가 일상적으로 소비하는 빵이나 옷 같은 사적재는 경합성과 배제성이 모두 있지만 공공재는 그 반대다.

공공재는 비경합적이고 비배제적인 재화를 말한다. 국방 서비스를 내가 받는다고 해서 다른 사람이 못 받는 것이 아니며, 세금을 안 낸 사람이라고 해서 국방의 혜택에서 제외할 수도 없다. 이 비배제성 때문에 시장에서는 심각한 무임승차 문제가 발생한다. 모든 사람이 비용은 지불하지 않으면서 혜택만 누리고 싶어 하므로, 민간 기업은 이윤을 낼 수 없어 공공재를 공급할 유인을 잃는다. 따라서 국방, 소방, 치안, 가로등 같은 공공재는 시장에 맡겨둘 수 없으며 정부가 세금을 걷어 직접 공급하는 방식으로만 유지될 수 있다.

공유지의 비극

공유자원은 공공재와 비슷하게 배제성은 없지만 한 사람이 사용하면 다른 사람이 사용할 몫이 줄어든다는 점에서 경합성을 가진 재화다. 대표적으로 주인이 없는 바닷속 물고기나 공용 목초지가 있다.

문제는 소유권이 명확하지 않아 아무나 자원을 이용할 수 있다 보니, 모든 사람이 자신의 단기적 이익만을 극대화하기 위해 경쟁적으로 자원을 남획한다는 점이다. 그 결과 장기적으로는 자원이 완전히 고갈되어 모두가 피해를 보는 비극적인 상황에 이르게 되는데, 이를 공유지의 비극이라 부른다. 이 문제를 해결하기 위해서는 정부가 어획량을 규제하거나, 이용권을 할당하거나, 공유자원에 사적인 소유권을 설정해주는 등의 개입이 필요하다.

정보의 비대칭 문제

시장 거래는 판매자와 구매자가 상품에 대한 정보를 충분히 알고 있을 때 가장 효율적으로 작동한다. 하지만 현실에서는 어느 한쪽이 다른 쪽보다 훨씬 더 많은 정보를 갖는 정보의 비대칭 상황이 빈번하게 발생한다.

정보 비대칭은 역선택과 도덕적 해이라는 문제를 낳는다. 역선택은 정보가 부족한 쪽이 자신에게 불리한 상대방과 거래하게 될 가능성이 높아지는 문제다. 중고차 시장에서 판매자는 차의 결함을 알지만 구매자는 모른다. 결국 좋은 중고차는 시장에서 자취를 감추고 질 낮은 차들만 남게 되는 현상이 나타난다.

도덕적 해이는 정보를 가진 쪽이 상대방이 자신의 행동을 관찰할 수 없다는 점을 이용해 바람직하지 않은 행동을 하는 문제다. 자동차 보험에 가입한 운전자가 사고가 나도 보험사가 처리해 줄 것을 믿고 이전보다 운전을 험하게 하는 사례가 해당한다.

정보 비대칭은 시장에 대한 신뢰를 무너뜨리고 거래 자체를 위축시키는 심각한 시장실패를 유발한다. 이 문제를 해결하기 위해 신용평가 제도, 상품 품질 보증, 정교한 보험 설계, 정부의 소비자 보호 규제 등이 필요하다.

- 공공재: 비경합 · 비배제 → 무임승차 → 정부 공급 필요
- 공유자원: 경합 · 비배제 → 공유지의 비극 → 규제 · 소유권 설정 필요
- 정보 비대칭: 역선택 · 도덕적 해이 발생 → 신용평가 · 품질보증 · 규제 등 교정

II

01 거시경제의 기본 지표
02 GDP의 정의와 측정
03 명목 GDP와 실질 GDP
04 경제성장률과 성장회계
05 물가지표와 인플레이션
06 디플레이션과 스태그플레이션
07 경기순환
08 총수요와 총공급
09 수요·공급충격과 조정
10 승수효과와 구축효과
11 재정정책과 자동안정화
12 국가부채와 지속가능성
13 화폐와 신용창조
14 중앙은행과 통화정책
15 금리와 투자
16 필립스 곡선
17 실업
18 경제성장이론
19 소득분배와 불평등
20 거시정책의 한계

국가경제

01

거시경제의 기본 지표

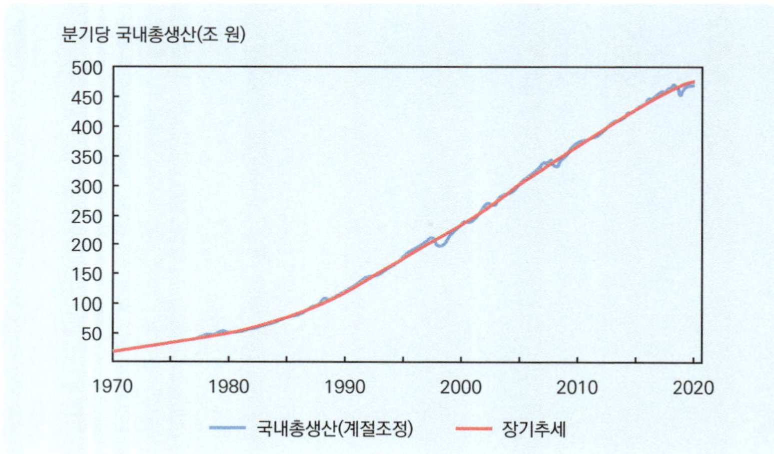

숲을 바라보는 시선

경제학의 세계를 탐험하는 일은 지도를 펼치는 것과 같다. 때로는 한 도시의 골목길과 상점들을 샅샅이 훑는 정밀 지도가 필요하다. 개별 기업이 가격을 어떻게 결정하고, 소비자가 어떤 선택을 하는지를 분석하는 미시경제의 시선이다. 그러나 때로는 도시의 불빛 분포를 한눈에 조망하는 위성 사진이 필요하다. 전체 지형의 윤곽을 파악해야 비로소 개별 도시의 위치와 역할을 이해할 수 있다. 이것이 거시경제학의 시선이다.

거시경제학은 나무 한 그루가 아니라 숲 전체를 바라보는 학문이다.

숲은 왜 어떤 시기에는 무성하게 뻗어 나가고, 또 다른 시기에는 시들거나 병드는 것일까. 왜 숲 전체에 불길이 번지는 것처럼 물가가 치솟고, 어느 순간 수많은 나무들이 동시에 쓰러지는 것 같은 대규모 실업이 발생하는 것일까. 거시경제학은 바로 집단적 현상과 국가 경제 전체의 운명에 관한 거대한 질문에 답하려는 시도다.

이 거대한 숲의 상태를 파악하려면 몇 가지 핵심 신호를 읽어야 한다. 의사가 환자의 징후를 확인하듯 경제의 건강을 진단할 땐 국내총생산(GDP), 물가, 실업률, 국제수지 등 기본 지표를 살핀다.

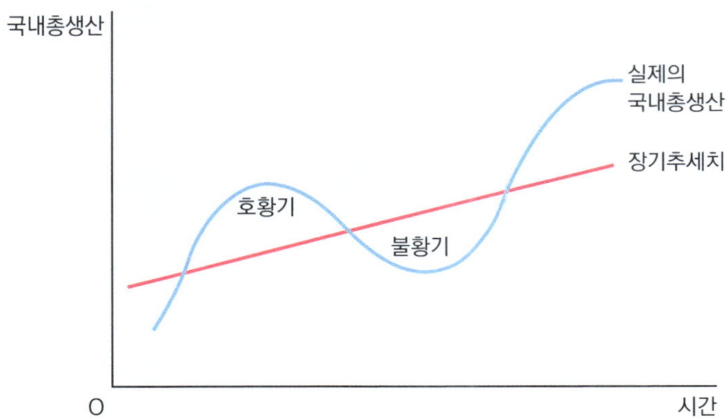

경제를 읽는 네 가지 축

네 가지 지표는 각각 경제라는 거대한 유기체의 서로 다른 측면을 보여준다. GDP는 경제의 덩치와 근육량을 보여주는 가장 기본적인 체격 측정치다. 물가는 화폐 가치가 얼마나 안정적으로 유지되는지를 알려주는 체온계 역할을 한다. 체온이 너무 높거나 낮으면 몸에 이상이 생긴 것처럼 물가 역시 급격하게 오르거나 내리면 경제에 심각한 문제가 발생했다는 신호다. 실업률은 사회 구성원들이 얼마나 안정적인 삶을 꾸려가는지를 보여주는 사회적 맥박과도 같다. 국제수지는 한 나라가 세계의 다른 나라들과 어떤 방식으로 교류하고 있는지를 기록한 종합 건강검진 기록부라 할 수 있다.

이 지표들은 절대 따로 움직이지 않는다. 체온과 맥박, 혈압이 서로 얽혀 있듯 거시경제 지표들은 하나의 네트워크를 이룬다. 경제가 힘차게 성장하면 고용이 늘어 실업률이 낮아지지만 과열된 수요가 물가 상승을 부추길 수 있다. 반대로 수출 부진으로 국제수지가 악화되면 국내 생산과 일자리에 곧바로 충격이 전해진다. 이처럼 네 가지 지표들은 서로 밀고 당기며 경제 전체의 흐름을 만들어낸다. 거시경제학의 진정한 묘미는 바로 이 복잡한 상호작용의 원리를 해석하는 데 있다.

이 숫자와 그래프는 추상적인 데이터에 머물지 않는다. 국가의 성장률은 나의 소득과 일자리 기회에, 물가 상승률은 내가 모은 돈의 미래 가치에, 환율 변동은 해외여행의 경비와 수입품 가격에 직접적인 영향을 미친다. 거시경제 지표를 읽는다는 것은 우리를 둘러싼 거대한 파도의 방향을 이해하는 일이며, 그 속에서 더 합리적인 선택을 내리기 위한 지혜를 준비하는 과정이다.

우리는 이 네 가지 나침반을 차례로 살펴보며 국가 경제의 큰 그림을 그려나가야 한다. 각각의 지표는 경제의 한 단면을 보여주지만 그것들을 함께 읽어낼 때 비로소 숲 전체의 모습이 드러난다. 이 과정을 통해 복잡한 유기체의 맥박과 호흡을 이해하고, 그 움직임 속에서 스스로의 위치를 분명히 할 수 있게 될 것이다.

- GDP: 경제 규모와 생산 능력
- 물가: 화폐 가치와 생활비 수준
- 실업률: 노동시장과 사회적 안정성
- 국제수지: 세계와의 교류 성적표

02

GDP의 정의와 측정

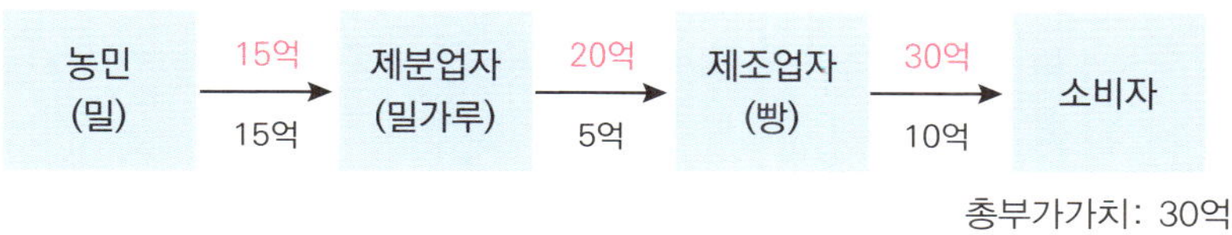

GDP의 약속

국가 경제의 규모와 성과를 가장 널리 드러내는 지표는 '국내총생산(GDP, Gross Domestic Product)'이다. 신문 경제면의 머리기사를 장식하는 숫자가 GDP이며, 정부의 정책 성과를 평가하는 첫 번째 기준 역시 GDP다.

GDP의 정의는 '한 나라의 경계 안에서, 일정한 기간 동안, 새롭게 생산된 최종 재화와 서비스의 시장가치 총합'이다. 이 정의 속에는 중요한 약속들이 담겨 있다. 국경을 기준으로 생산이 이루어진 장소를 따지고, 1년이나 1분기처럼 정해진 기간 동안의 흐름을 측정한다. 한국 기업이 미국 공장에서 생산한 자동차는 미국의 GDP에, 미국 기업이 한국 공장에서 생산한 제품은 한국의 GDP에 포함된다. 지난해에 만들어진 중고차는 올해 GDP 계산에서 제외된다.

핵심은 최종재만 계산해 중복을 피한다는 약속이다. 경제 활동에는 수많은 중간재가 포함되는데 이를 모두 합산하면 같은 가치가 여러 번 더해지는 문제가 생긴다. 예를 들어 제분업자가 빵집에 밀가루를 팔고, 빵집이 그 밀가루로 빵을 만들어 소비자에게 팔았다고 하자. 그러면 GDP에는 최종적으로 판매된 빵의 가격만 반영된다.

하지만 현실에서 최종재 원칙을 그대로 적용하기는 모호할 때가 많다. 똑같은 타이어라도 자동차 공장에 납품되면 중간재지만 소비자가 직접 교체용으로 구매하면 최종재가 되기 때문이다. 이러한 모호함을 명쾌하게 해결하는 개념이 바로 부가가치다. 부가가치는 각 생산 단계에서 새롭게 창출된 가치를 뜻하며, 이를 모두 더하면 최종재의 시장가치와 정확히 일치한다.

빵이 만들어지는 과정을 따라가 보면 쉽게 이해할 수 있다. 농부가 100원어치 밀을 생산하고, 이를 제분업자가 가공해 300원어치 밀가루를 만들었다면 제분업자의 부가가치는 200원이다. 제빵사가 다시 그 밀가루로 1,000원짜리 빵을 만들었다면 제빵사의 부가가치는 700원이 된다. 결국 농부(100원), 제분업자(200원), 제빵사(700원)의 부가가치를 모두 합한 1,000원은 최종재인 빵의 가격과 정확히 같아진다. 따라서 GDP는 경제 전체의 총부가가치를 합산한 값이라고 이해할 수 있다.

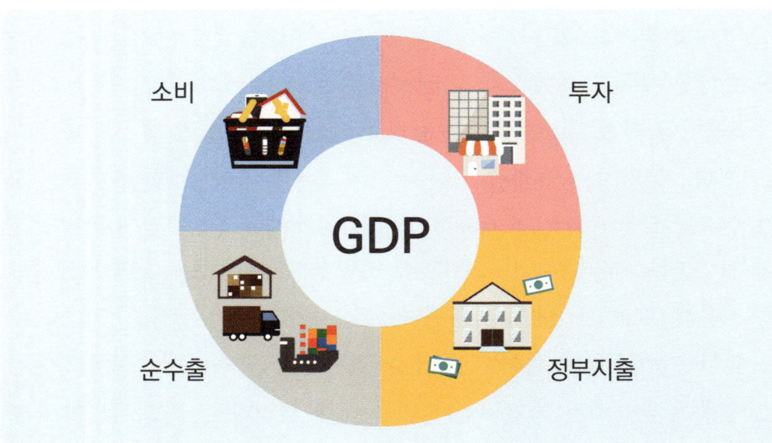

삼면등가의 원칙

GDP는 한 가지 방식으로만 계산되지 않는다. 경제학에서는 GDP를 생산, 지출, 소득이라는 세 가지 다른 측면에서 측정할 수 있으며 '삼면등가의 원칙'이라 부른다. 이론적으로 어떤 방식을 택하든 결과가 같아야 한다.

먼저 생산 측면에서는 방금 본 것처럼 기업과 산업이 창출한 모든 부가가치를 합산해 국가 전체의 GDP를 구한다. 다음으로 지출 측면에서는 생산된 재화와 서비스가 결국 누군가에 의해 사용된다는 점에 착안한다. 가계의 소비(C), 기업투자(I), 정부지출(G), 그리고 순수출(NX)을 모두 더하면 GDP가 된다. 우리가 흔히 보는 공식 'GDP = C + I + G + NX'가 도출되는 것이다. 마지막으로 소득 측면에서 보면 누군가의 지출은 반드시 다른 누군가의 소득이 된다. 생산 활동의 대가로 노동자에게 지급된 임금, 자본가에게 돌아간 이자, 그리고 기업가의 이윤 등을 모두 합산하면 역시 GDP와 일치한다. 생산된 것은 사용되고, 사용된 것은 소득으로 돌아간다. 이 세 가지 경로가 결국 하나의 같은 수치로 수렴한다는 점에서 GDP는 경제 순환의 완결성을 보여주는 대표적 지표다.

GDP는 단순한 숫자 이상의 의미를 갖는다. 경제의 크기와 흐름을 가늠하는 창이며 생산, 지출, 소득이 어떻게 맞물려 돌아가는지를 보여주는 거대한 순환의 지도다. GDP를 이해한다는 것은 경제가 어떤 방식으로 작동하고 성장하는지의 기본 구조를 파악한다는 뜻이다. 다만 여기까지는 GDP가 무엇이며, 어떻게 계산되는가라는 질문에 대한 답일 뿐이다. GDP의 값이 늘었다는 것이 곧 실질적 성장을 의미하는지는 별개의 문제다.

GDP와 GNI

GDP가 국경을 기준으로 한다면 '국민총소득(GNI)'은 국적을 기준으로 한다. GNI는 한 나라의 국민이 국내에서는 물론 해외에서 노동, 자본 등의 생산요소를 제공한 대가로 받은 소득의 합계다. 계산식은 다음과 같다.

GNI = GDP + 국외순수취요소소득

국외순수취요소소득은 우리 국민이 해외에서 벌어들인 소득에서 외국인이 우리나라에서 벌어간 소득을 뺀 값이다.

축구선수 손흥민이 영국에서 받는 연봉은 영국의 GDP에는 포함되지만 대한민국 국민이 벌어들인 소득이므로 한국의 GNI에는 포함된다. 반대로 국내 기업에서 일하는 외국인 근로자의 급여는 한국의 GDP에는 포함되지만 최종적으로는 그의 본국으로 송금될 소득이므로 한국의 GNI에서는 제외된다.

GNI는 한 나라 국민의 실질적인 구매력과 생활 수준을 보여주는 데 GDP보다 더 유용한 지표로 평가받기도 한다. 그래서 국가 간 소득 수준을 비교할 때 1인당 GNI가 널리 사용된다. GDP가 한 나라 경제의 생산 능력을 보여준다면 GNI는 그 나라 국민의 소득 능력을 보여주는 보완적인 지표인 셈이다.

- GDP: 한 나라의 경계 안에서, 일정한 기간 동안 새롭게 생산된 최종재와 서비스의 시장가치 총합
- GDP = C + I + G + NX
- GNI = 한 나라 국민이 국내 · 외에서 벌어들인 총소득

03

명목 GDP와 실질 GDP

순위	국가/지역	GDP (US$million)
1	미국	29,167,779
2	중국	18,273,357
3	독일	4,710,032
4	일본	4,070,094
5	인도	3,899,130
6	영국	3,587,545
7	프랑스	3,174,099
8	이탈리아	2,376,510
9	캐나다	2,214,796
10	브라질	2,188,419
11	러시아	2,184,316
12	대한민국	1,869,916
13	멕시코	1,848,125
14	호주	1,802,006
15	스페인	1,731,469

2024년 기준

물가라는 장막

국가의 경제 성과를 살펴볼 때 단순히 생산된 재화와 서비스의 시장 가치를 모두 더한 수치만 본다면 때때로 착각에 빠지기 쉽다. 월급이 두 배로 올랐지만 내가 사는 모든 물건의 가격 역시 두 배가 됐다면 과연 더 부유해진 것일까. 구매할 수 있는 물건의 양은 그대로이므로 실질적인 생활 수준은 변함이 없다. 국가 경제도 마찬가지다. 가격이 오르기만 해도 전체 생산액이 늘어난 것처럼 보이기 때문에 경제가 실제로 성장했는지 아니면 단순히 물가만 상승한 것인지 판별하기 어렵다. 그래서 경제학에서는 GDP를 '명목 GDP'와 '실질 GDP'라는 두 가지 개념으로 나눈다.

가격과 생산량

연도	핫도그 가격	핫도그 생산량	햄버거 가격	햄버거 생산량
2019	1,000원	100개	2,000원	50개
2020	2,000원	150개	3,000원	100개
2021	3,000원	200개	4,000원	150개

명목 GDP

2019년: (1,000원 × 100) + (2,000원 × 50) = 200,000원
2020년: (2,000원 × 150) + (3,000원 × 100) = 600,000원
2021년: (3,000원 × 200) + (4,000원 × 150) = 1,200,000원

실질 GDP

2019년: (1,000원 × 100) + (2,000원 × 50) = 200,000원
2020년: (1,000원 × 150) + (2,000원 × 100) = 350,000원
2021년: (1,000원 × 200) + (2,000원 × 150) = 500,000원

명목 GDP는 말 그대로 이름뿐인 금액을 나타낸다. 그 해의 시장가격을 그대로 적용하여 계산한 생산물의 총액으로, 가격의 변화와 생산

량의 변화가 모두 섞여 있다. 따라서 물가가 오르면 실제 생산량이 늘지 않아도 명목 GDP는 부풀려져 상승한다. 경제의 덩치를 보여준다고 할 수 있다.

반대로 실질 GDP는 물가 변동이라는 장막을 걷어내고 경제의 진짜 실력을 보여준다. 이를 위해 경제학자들은 특정 연도를 기준 연도로 정하고, 그 해의 가격을 잣대로 삼아 모든 연도의 생산량을 계산한다. 이렇게 기준 연도의 가격을 적용하면 오직 생산량의 변화만이 GDP 수치에 반영된다. 이것이 바로 실제 생산량의 변화다. 우리가 뉴스에서 듣는 경제성장률은 실질 GDP의 증가율을 의미한다.

숫자로 확인하는 착시 효과

가상의 국가가 핫도그와 햄버거, 두 가지 상품만 생산한다고 가정하고 그 차이를 직접 확인해 보자. 명목 GDP는 해당 연도의 가격과 생산량을 그대로 곱하는 방식이다. 이 숫자만 보면 2년 만에 GDP가 6배나 폭증한 것처럼 보인다. 하지만 눈부신 성과에는 생산량 증가 효과와 함께 물가 상승 효과가 뒤섞여 있다.

이제 물가라는 착시를 제거하고 진짜 성장을 살펴보자. 실질 GDP는 기준 연도인 2019년의 가격(핫도그 1,000원, 햄버거 2,000원)을 모든 연도에 동일하게 적용하여 계산한다. 실질 GDP의 증가 추이를 보면, 경제의 실제 생산량은 2019년 20만 원에서 2021년 50만 원으로 2.5배 성장했다. 명목 GDP가 보여준 6배 성장과는 상당한 차이가 있다. 이는 명목 GDP의 증가분 중 상당 부분이 물가 상승 때문에 과대평가된 것임을 명확히 보여준다.

이 사례는 경제학이 왜 명목 GDP와 실질 GDP를 구분하는지 잘 보여준다. 명목 GDP는 가격 변동이 포함된 경제의 겉모습을 드러내는 지표라면 실질 GDP는 물가라는 잡음을 제거하고 생산량의 변화만을 순수하게 드러내는 지표다. 두 지표를 비교함으로써 우리는 경제의 겉과 속을 동시에 들여다볼 수 있는 통찰력을 얻게 된다.

경제학자들이나 정책 당국이 경제의 장기적인 추세를 분석하거나 국가 간의 생산 능력을 비교할 때 실질 GDP를 사용하는 이유가 바로 여기에 있다. 단순히 화폐 단위로 표시된 규모가 크다고 해서 국민의 실질적인 풍요가 보장되는 것은 아니기 때문이다. 한 나라의 국민이 실제로 얼마나 더 많은 재화와 서비스를 누리게 되었는지를 알려주는 것은 오직 실질 GDP뿐이다. 경제의 진짜 성장을 이해하려면, 반드시 물가의 장막을 걷어낸 실질 GDP를 살펴보아야 한다.

- 명목 GDP: 해당 연도의 시장가격 × 생산량으로 계산
- 실질 GDP: 기준 연도의 가격을 적용해 계산
- 착시 효과: 물가 상승만으로도 명목 GDP는 실제보다 부풀려짐

04

경제성장률과 성장회계

경제성장률(1954~2024)

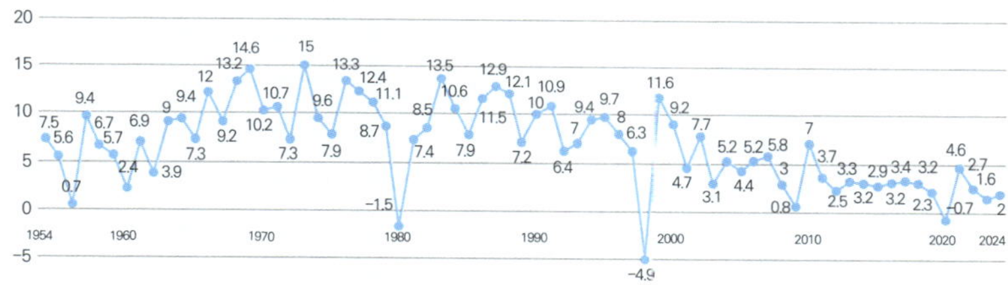

성장률이라는 나침반

우리의 삶이 작년보다 나아졌는지 평가할 때 우리는 소득이 얼마나 늘었는지, 자산이 얼마나 불어났는지를 떠올린다. 국가 경제도 마찬가지다. 경제가 커지고 있는지 줄어들고 있는지를 가장 직관적으로 보여주는 지표가 바로 '경제성장률'이다. 경제성장률은 단순히 GDP의 절대 수준을 비교하는 것이 아니라 물가 변동의 영향을 제거한 실질 GDP가 일정 기간 동안 얼마나 증가했는지를 백분율로 나타낸 값이다. 실질 GDP가 1년 사이에 1,000조 원에서 1,050조 원으로 늘었다면 그해의 경제성장률은 5%가 된다.

성장률은 단순한 통계 이상의 의미를 가진다. 성장률이 높다는 것은 국가의 총생산 능력이 확대되고, 새로운 부가가치가 창출되고 있음을 뜻한다. 반대로 성장률이 낮아지거나 마이너스를 기록하면 경제 활동이 위축되고 있음을 암시한다. 이는 곧 국민의 소득, 고용 기회, 생활 수준과 직결되기에 모든 경제 주체가 성장률의 움직임을 예의주시하는 것이다.

경제가 성장하는 경로는 크게 두 가지로 나눠볼 수 있다. 하나는 양적인 확대다. 더 많은 노동력을 투입하고, 더 많은 자본을 축적하면 총생산은 늘어난다. 새로운 공장이 세워지고 더 많은 인력이 채용되면 생산량이 늘어나는 것은 당연하다. 다른 하나는 질적인 향상이다. 같은 양의 노동과 자본을 사용하더라도 기술이 발전하고 생산 방식의 효율성이 높아지면 더 많은 산출을 얻을 수 있다. 경제성장은 단순히 얼마나 많이 투입했는가의 문제일 뿐만 아니라 얼마나 똑똑하게 생산했는지의 문제이기도 하다.

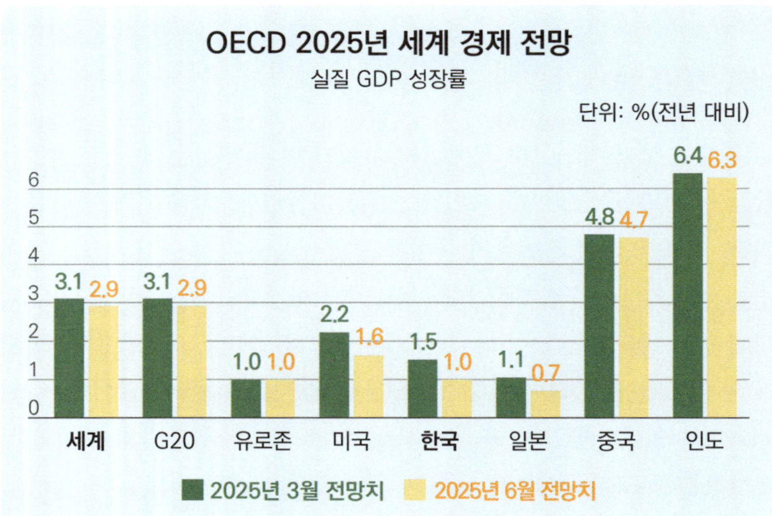

성장 동력 해부하기

경제학자들은 성장의 원인을 더 정밀하게 분석하기 위해 '성장 회계' 라는 도구를 사용한다. 이는 경제의 성장률을 노동, 자본, 그리고 기술 진보라는 세 가지 요인의 기여분으로 분해하는 방법이다.

노동 기여분은 근로자 수나 근로시간의 증가처럼 노동 투입량의 확대를 반영한다. 자본 기여분은 기계, 설비, 인프라 등 물적 자본의 축적 속도를 나타낸다. 그리고 노동과 자본 투입만으로는 설명되지 않는 성장의 나머지 부분이 바로 기술 진보의 효과인데, 이를 '총요소생산성(TFP, Total Factor Productivity)'이라고 부른다. 기술 혁신, 경영 효율, 제도 개선 등이 모두 여기에 포함된다.

예를 들어 어떤 나라의 연간 경제성장률이 5%라고 할 때, 성장 회계 분석을 통해 그중 2%는 자본 축적, 1%는 노동 투입 증가, 나머지 2%는 총요소생산성 향상 덕분이라고 설명할 수 있다. 이러한 분해 작업은 어떤 방식으로 성장했는가를 명확히 보여주고 향후 정책의 방향을 설정하는 데 중요한 기초 자료가 된다.

성장의 원인을 나눠보면 경제가 같은 속도로 성장했더라도 그 성격은 전혀 다를 수 있다. 노동과 자본 투입을 늘리는 데 의존하는 성장은 투입 주도 성장이라 불리며, 노동 인구가 줄거나 자본 축적이 둔화되면 금세 한계에 부딪힌다. 반면 총요소생산성이 이끄는 혁신 주도 성장은 훨씬 지속 가능하다. 같은 자원을 가지고도 더 많은 가치를 창출하는 힘이기 때문이다.

경제성장률을 볼 때는 그 숫자 자체만큼이나 그 내용이 중요하다. 고속 성장을 이뤘더라도 그것이 단순한 양적 확대에 기댄 것이라면 한계가 뚜렷하다. 반대로 성장률이 다소 낮아 보여도 총요소생산성이 꾸준히 향상되고 있다면, 그 경제는 장기적으로 더 탄탄한 성장 기반을 마련하고 있는 셈이다. 결국 성장률은 단순한 경기 성적표가 아니라 경제가 어떤 방식으로 진화하고 있는지를 보여주는 깊이 있는 창이다. 성장률 뒤에 숨은 노동, 자본, 총요소생산성의 삼각 구도를 이해할 때 비로소 눈앞의 숫자 너머에서 경제의 진짜 힘을 읽어낼 수 있다.

- 경제성장률: 실질 GDP가 일정 기간 얼마나 늘었는지를 보여주는 지표
- 성장경로: 양적 확대(노동 · 자본 투입), 질적 향상(기술혁신)
- 성장 회계: 성장률을 노동, 자본, 총요소생산성 기여도로 분해

05

물가지표와 인플레이션

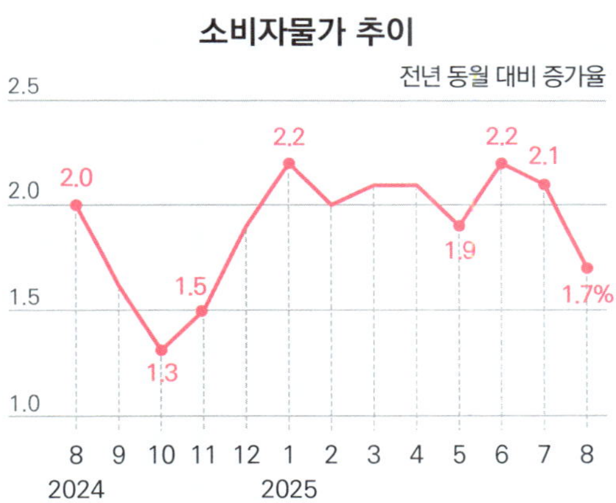

물가를 측정하는 방법

경제를 하나의 거대한 집이라고 비유한다면 그 집의 온도를 재는 것이 바로 '물가'다. 온도가 너무 높으면 생활하기 괴롭고, 너무 낮으면 몸이 굳어 활동하기 어렵다. 물가의 변동 역시 사회 전체의 심리와 생활 수준을 크게 흔든다는 점에서 이와 다르지 않다. 점심시간에 들른 식당에서 1만 원이었던 메뉴가 어느새 1만 5,000원이 된 것을 발견하는 순간 추상적인 물가 상승은 피부에 와닿는 현실이 된다. 경제학자들은 이 단순한 체감에서 출발해 물가를 객관적으로 측정하는 여러 지표를 개발했다. 그중 대표적인 두 개의 체온계가 바로 '소비자물가지수(CPI)'와 'GDP 디플레이터'다.

CPI는 우리가 생활하는 공간의 온도를 재는 실내 온도계와 같다. 가계가 실제로 소비하는 재화와 서비스의 가격 변화를 추적하는 지표다. 통계청은 매달 '보통 가정이 장바구니에 담는 품목들의 가격이 얼마나 변했는가'를 조사해 발표한다. 이 장바구니에는 쌀, 라면 등 식료품부터 집세, 교통비, 의료비, 통신비 등 서비스까지 수백 개의 품목이 일정한 가중치를 가지고 포함된다. 그래서 CPI는 소비자가 실제로 느끼는 생활비 변동을 비교적 충실하게 보여준다는 장점이 있다.

하지만 몇 가지 한계가 있다. 장바구니가 수년에 한 번씩만 업데이트되기 때문에 갑자기 인기를 끈 새로운 상품의 등장을 즉시 반영하기 어렵다. 또한 사과 가격이 오르면 사람들이 대체재인 귤을 더 많이 소비하는 대체효과나 같은 스마트폰이라도 성능이 계속 개선되는 품질 개선 효과를 완벽하게 측정하지 못하는 기술적인 문제도 있다. 그럼에도 CPI는 서민이 느끼는 물가를 가장 잘 드러내는 지표로서 중앙은행의 통화정책 방향을 결정하거나 노사 간의 임금 협상에서 중요한 기준으로 활용된다.

반면 GDP 디플레이터는 집 전체의 난방 시스템에 연결된 중앙 온도조절 장치와 같다. 한 나라에서 생산된 모든 최종재와 서비스의 가격 변화를 반영한다. CPI가 소비자의 장바구니만 보는 데 반해 GDP 디플레이터는 기업이 구매하는 기계 설비나 정부가 구매하는 물품의 가격까지 포함하므로 훨씬 포괄적이다.

두 지표의 가장 큰 차이는 측정 대상에서 비롯된다. 예를 들어 해외에서 수입한 스마트폰 가격이 오르면 우리 장바구니에는 영향을 주므로 CPI는 상승하지만 국내 생산품이 아니므로 GDP 디플레이터에는 포함되지 않는다. 반대로 국내에서만 생산되어 수출되는 반도체 가격이 오르면 GDP 디플레이터는 상승하지만 국내 소비자의 장바구니와는 직접적인 관련이 없어 CPI에는 즉각적인 영향을 주지 않는다. 이처럼 CPI와 GDP 디플레이터는 서로 다른 창을 통해 경제의 온도를 측정하며, 때로는 그 차이를 분석하는 것 자체가 경제의 구조 변화를 읽어내는 중요한 단서가 된다.

분기별 GDP 디플레이터

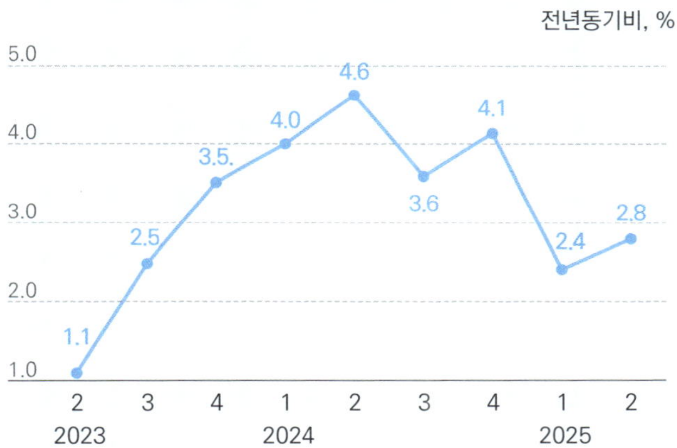

인플레이션의 비용

물가가 지속적으로 상승하는 현상을 인플레이션이라고 한다. 인플레이션은 단순히 물건값이 비싸지는 것을 넘어 사회 전체에 여러 가지 비용을 남긴다는 점에서 소리 없는 도둑에 비유되기도 한다. 그 비용은 크게 '예상된 인플레이션'의 비용과 '예상치 못한 인플레이션'의 비용으로 나눌 수 있다.

물가 상승을 어느 정도 예상하고 있더라도 비용은 발생한다. 대표적인 것이 구두창 비용과 메뉴 비용이다. 인플레이션 시기에는 현금의 가치가 계속 떨어지므로 사람들은 현금을 최소한으로 보유하고 은행에 자주 들러 돈을 찾아 쓰게 되는데 이때 드는 시간과 노력을 닳아 없어지는 구두창에 비유한 것이다. 마찬가지로 기업들은 변하는 물가에 맞춰 계속 가격표를 고쳐 붙여야 하므로, 이때 발생하는 유무형의 비용이 바로 메뉴 비용이다.

더 큰 문제는 예상치 못한 인플레이션이 발생할 때다. 가장 심각한 것은 부와 소득의 자의적인 재분배다. 만약 인플레이션이 예상보다 훨씬 높게 나타나면 고정된 이자로 돈을 빌려준 채권자는 손해를 보고 돈을 빌린 채무자는 이득을 본다. 화폐 가치가 떨어진 만큼 실질적인 빚의 부담이 줄어들기 때문이다. 이는 마치 성실하게 돈을 모은 사람의 부를 그렇지 않은 사람에게 임의로 옮겨주는 것과 같은 효과를 낳는다. 고정된 연금으로 생활하는 은퇴자처럼 소득이 정해진 사람들의 실질 구매력이 급격히 감소하는 것도 같은 이치다.

인플레이션은 경제의 불확실성을 키운다. 미래의 물가와 화폐 가치를 예측하기 어려워지면 기업은 장기적인 투자를 망설이게 되고 가계는 건전한 소비와 저축 계획을 세우기 어렵다. 결국 가격이라는 경제의 가장 중요한 신호 체계가 흔들리면서 자원이 비효율적으로 배분되고 경제의 장기적인 성장 잠재력까지 훼손될 수 있다.

- CPI: 소비자가 체감하는 생활물가
- GDP 디플레이터: 국내에서 생산된 모든 최종재 · 서비스 가격을 반영
- 인플레이션 비용: 불확실성 증가 → 투자 · 소비 위축, 자원 배분 왜곡, 성장 잠재력 약화

06

디플레이션과 스태그플레이션

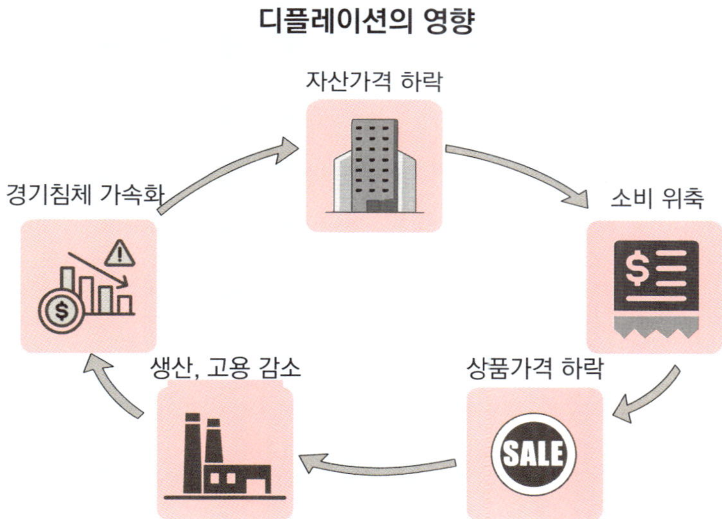

경제를 얼어붙게 하는 병

물가가 지속적으로 오르는 인플레이션이 경제의 고열이라면, 반대로 물가가 지속적으로 하락하는 '디플레이션'은 체온이 정상 이하로 떨어지는 저체온증에 비유할 수 있다. 당장은 물건값이 싸지니 소비자에게 좋은 일처럼 보일 수 있다. 하지만 경제 전체로 보면 디플레이션은 고열보다 더 무서운 병이 될 수 있다.

가격이 계속 내려갈 것이라는 기대가 퍼지면 사람들은 소비를 현재가 아닌 미래로 미루기 시작한다. 오늘보다 내일, 내일보다 모레 더 싸게 살 수 있다면 굳이 지갑을 열 이유가 없기 때문이다. 내일의 더 싼 가격에 대한 기대가 오늘의 소비를 마비시키는 것이다. 가계가 소비를 멈추고 기업이 투자를 연기하면서 경제의 엔진은 급속히 식어간다. 수요 부족은 다시 상품 가격의 하락을 부르고, 이는 기업의 매출 감소와 임금 삭감, 그리고 고용 축소로 이어진다. 이렇게 '소비 부진 → 가격 하락 → 경기 침체'가 끝없이 되풀이되는 악순환의 고리가 디플레이션의 본질이다.

디플레이션은 보이지 않는 빚의 덫을 놓는다. 명목상의 빚은 그대로인데 화폐 가치가 오르면서 실질적인 부채 상환 부담이 눈덩이처럼 불어나는 것이다. 1억 원의 빚은 그대로지만 내 월급과 내가 파는 물건의 가격이 모두 하락하면 빚의 무게는 이전과 비교할 수 없을 만큼 무거워진다. 가계와 기업이 이자 부담을 감당하지 못해 파산하고, 금융 시스템 전체가 부실해질 수 있다. 채무자들이 빚을 갚기 위해 허리띠를 졸라매면 총수요는 더욱 위축되고, 디플레이션을 더욱 심화시킨다. 일본 경제가 1990년대 이후 '잃어버린 20년'이라 불리는 장기 침체의 늪에 빠진 주된 원인도 바로 이 디플레이션의 덫 때문이었다.

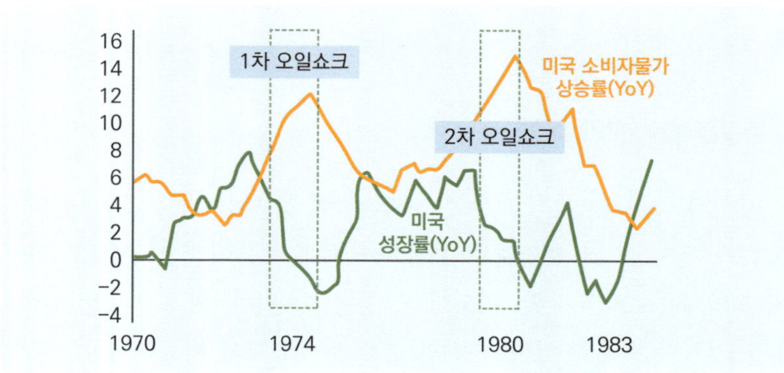

최악의 시나리오

경기는 침체하는데 물가는 치솟는 현상이 동시에 발생하는 '스태그플레이션'은 고열과 오한이 함께 오는 최악의 상황과 같다. 일반적으로 경기가 나빠지면 수요가 줄어 물가가 안정되는 것이 상식이지만, 스태그플레이션에서는 통하지 않는다. 소득은 줄어드는데 생활비 부담은 늘어나는 이중고에 시달리게 되는 것이다.

스태그플레이션이 세상에 본격적으로 알려진 계기는 1970년대 두 차례에 걸친 석유파동이었다. 중동 산유국들이 원유 공급을 줄이면서 국제 유가가 폭등하자 전 세계 경제가 동시에 충격을 받았다. 석유는 모든 산업의 혈액과도 같기에 유가 급등은 기업의 생산 비용을 직접적으로 끌어올렸다. 이는 총공급 곡선을 왼쪽으로 이동시키는 전형적인 부정적 공급 충격이었다. 비용 상승을 감당하지 못한 기업들은 생산을 줄이고 고용을 줄였다. 동시에 올라간 원가 부담을 상품 가격에 전가하면서 물가가 치솟았다.

스태그플레이션이 무서운 이유는 정책 대응을 극도로 어렵게 만들기 때문이다. 전통적인 거시경제 정책은 주로 총수요를 조절하는 데 초점이 맞춰져 있었다. 경기가 침체하면 정부 지출을 늘리거나 금리를 낮춰 총수요를 부양하고, 물가가 너무 오르면 반대르 총수요를 억제하는 방식이었다. 하지만 스태그플레이션은 총공급 측면에서 발생한 문제이므로, 총수요 조절 정책은 딜레마에 빠진다. 물가를 잡기 위해 긴축 정책을 쓰면 얼어붙은 경기가 더 깊은 침체의 늪으로 빠진다. 반대로 경기를 살리기 위해 확장 정책을 쓰면 이미 들끓는 물가에 기름을 붓는 꼴이 된다.

결국 디플레이션과 스태그플레이션은 물가 안정이 왜 경제 정책의 핵심 목표가 돼야 하는지를 명확히 보여준다. 디플레이션은 수요 부족을 통해, 스태그플레이션은 공급 충격을 통해 경제의 근간을 흔든다. 가격이라는 신호등이 고장 나면 경제라는 도시는 혼란에 빠질 수밖에 없다. 따라서 물가가 너무 빨리 오르지도, 너무 계속 떨어지지도 않도록 안정적으로 관리하는 것이 거시경제 운영의 핵심 과제인 것이다.

- 디플레이션: 물가 지속 하락 → 소비 · 투자 위축 → 경기 침체 악순환
- 스태그플레이션: 경기 침체, 물가 상승 동시에 발생
- 두 현상 모두 경제에 큰 위험, 정책 대응 어려움

07

경기순환

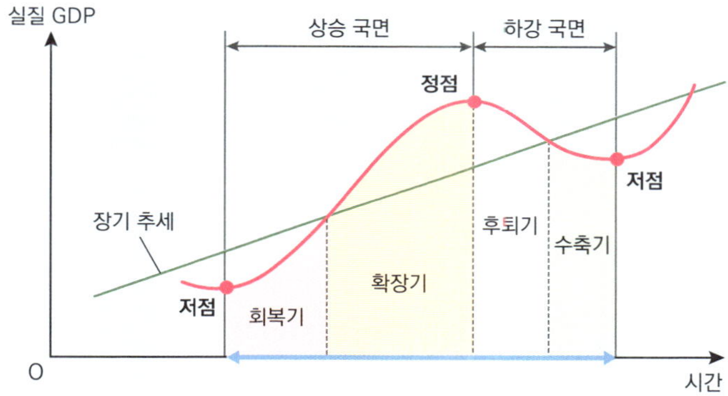

경기순환의 네 국면

한 나라의 경제는 장기적으로 성장하는 경향을 보인다. 인구의 증가, 기술의 발전, 자본의 축적 등으로 인해 경제의 총생산 능력은 시간이 지남에 따라 점차 확대된다. 이 장기적인 성장 경로를 잠재 성장 추세라고 한다. 하지만 실제 경제는 이 추세선을 따라 직선으로 움직이지 않는다. 현실의 경제는 이 장기 추세선을 중심으로 오르내림을 반복하는 단기적인 변동을 보인다.

경제 활동 수준의 단기적이고 반복적인 상승과 하강 움직임을 '경기순환'이라고 부른다. 경기순환은 명확한 규칙이나 주기를 가지고 있지는 않지만 대부분의 거시경제 변수들이 특정 국면에서 유사한 방향으로 움직이는 특징을 보인다. 생산, 소득, 고용, 투자와 같은 변수들은 경기가 좋을 때 함께 증가하고 경기가 나쁠 때 함께 감소하는 경향이 있다.

경기순환은 일반적으로 네 가지 국면으로 구분된다. 각 국면은 뚜렷한 특징을 가지며 순차적으로 나타난다. 첫 번째 국면은 확장기다. 이 시기에는 실질 GDP가 증가하고 경제 활동 전반이 활기를 띤다. 기업들은 생산을 늘리고 새로운 투자를 집행하며, 고용이 증가하고 실업률은 하락한다. 가계 소득이 늘어나면서 소비도 활발해진다.

두 번째 국면은 정점이다. 확장기가 마무리되면서 경제 활동이 최고조에 달한 상태다. 생산 능력이 거의 한계에 이르면서 추가적인 성장은 둔화되고, 과열된 수요로 인해 물가 상승 압력이 높아지는 경향이 나타난다.

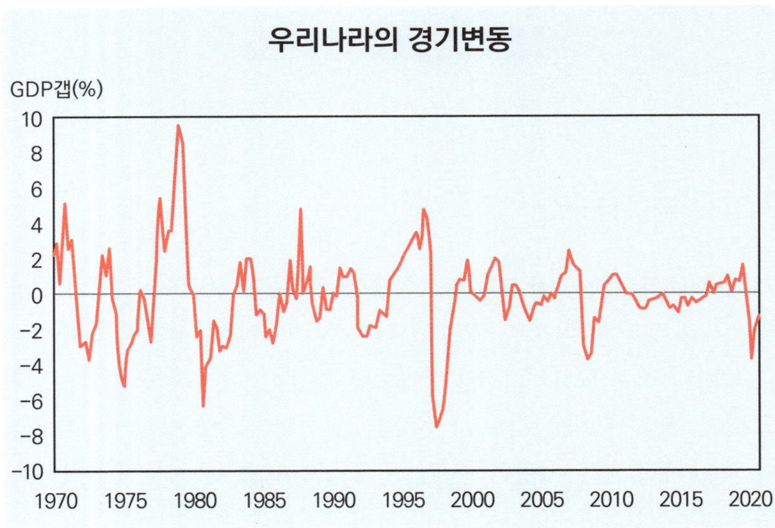

세 번째 국면은 후퇴기다. 정점을 지나 경제 활동이 위축되기 시작하는 시기다. 실질 GDP가 감소하고 기업의 투자와 생산이 줄어든다. 고용이 감소하고 실업률은 상승하며, 가계 소득과 소비도 위축된다. 일반적으로 실질 GDP가 2분기 연속으로 감소할 때 공식적인 경기 침체로 정의한다.

네 번째 국면은 저점이다. 경제 활동이 가장 낮은 수준까지 떨어진 상태다. 하지만 저점은 침체의 끝이자 새로운 확장의 시작을 알리는 전환점이기도 하다.

경기변동의 원인

현대 거시경제학에서는 대부분의 경기순환이 예기치 못한 경제적 충격에 의해 발생한다고 설명한다. 경제를 안정적인 경로에서 이탈하게 만드는 외부의 돌발 변수가 경기변동의 주된 요인이라는 것이다.

충격은 그 성격에 따라 수요 충격과 공급 충격으로 나눌 수 있다. 수요 충격은 가계, 기업, 정부의 지출 계획이 급격하게 변하는 것을 말한다. 예를 들어 통화정책이나 재정정책의 갑작스러운 변화 또는 미래에 대한 경제 주체들의 심리 변화가 여기에 해당한다. 공급 충격은 기업의 생산 비용이나 생산 기술에 영향을 미치는 사건을 의미한다. 국제 유가의 급등락, 혁신적인 신기술의 등장, 자연재해 등이 대표적이다.

정책 당국과 경제 주체들은 현재 경기가 어느 국면에 있는지, 그리고 앞으로 어느 방향으로 나아갈지를 판단하기 위해 다양한 경제지표를 활용한다. 이 지표들은 경기 변동에 반응하는 시점에 따라 세 가지로 분류된다.

선행지표는 실제 경기 변동보다 먼저 움직여 미래의 경기 방향을 예측하는 데 도움을 준다. 주가지수, 건축 허가 면적, 기업경기실사지수(BSI) 등이 속한다. 주식시장이 미래 기업 이익에 대한 기대를 반영하므로 경기에 앞서 움직이는 경향이 있기 때문이다.

동행지표는 경기 변동과 거의 동시에 움직여 현재의 경제 상태를 알려준다. 산업생산지수, 소매판매액, 취업자 수 등이 대표적이다. 이 지표들은 현재 경제가 확장 국면에 있는지 후퇴 국면에 있는지를 진단하는 데 사용된다.

후행지표는 경기 변동이 일어난 뒤에야 움직이는 지표로 이전의 경기 국면을 확인하는 역할을 한다. 실업률, 이자율, 기업 재고 등이 해당한다. 예를 들어 경기가 회복되기 시작한 후에도 기업들은 신규 채용을 주저하기 때문에 실업률은 한동안 높은 수준에 머무는 경향이 있다.

- 경기순환: 확장-정점-후퇴-저점 4단계 반복
- 경기 변동 원인: 예기치 못한 외부 충격
- 선행지표(주가 · 건축허가), 동행지표(산업생산 · 취업자), 후행지표(실업률 · 금리)

08

총수요와 총공급

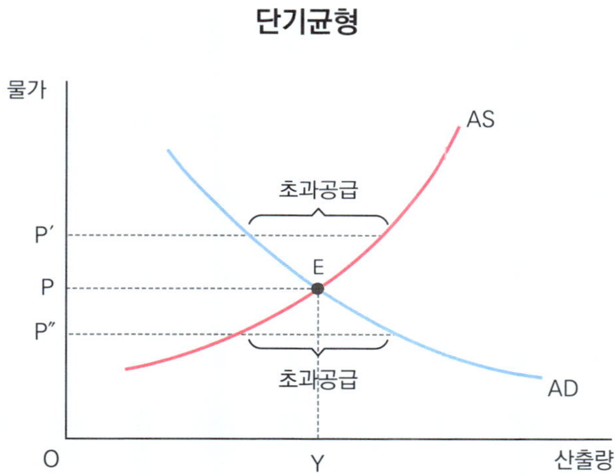

경제 전체의 지출 의향

경제학에서 가장 먼저 배우는 도구 중 하나가 수요와 공급 곡선이다. 특정 상품 시장에서 가격이 어떻게 결정되고 거래량이 얼마나 되는지는 이 간단한 모형으로 대부분 설명된다. 하지만 국가 경제 전체는 수많은 개별 시장이 복잡하게 얽혀 있는 거대한 시스템이다. 따라서 사과 한 개의 가격이나 거래량이 아니라 경제 전체의 종합적인 물가 수준과 모든 생산물을 합한 국민소득이 분석의 중심이 된다.

경제학은 개별 시장의 수요·공급 모형을 거시경제 차원으로 확장한 분석틀을 사용한다. 이것이 '총수요(AD, Aggregate Demand)와 총공급(AS, Aggregate Supply) 모형'이다. 이 모형은 가로축에 실질 국내총생산(GDP)을, 세로축에 물가 수준을 놓고 국가 경제 전체의 균형을 분석한다.

총수요는 한 나라의 모든 경제 주체가 주어진 물가 수준에서 구매하려는 재화와 서비스의 총량을 의미한다. 이는 앞서 GDP를 지출 측면에서 측정했던 공식인 'Y=C+I+G+NX'의 구성요소들과 같다. 따라서 총수요는 소비, 투자, 정부지출, 순수출의 합으로 이뤄진다.

개별 상품의 수요 곡선과 마찬가지로 총수요 곡선은 우하향하는 형태를 띤다. 물가 수준이 하락하면 총수요량이 증가하고, 물가 수준이 상승하면 총수요량이 감소하는 것이다. 이러한 관계는 물가 수준의 변화가 소비, 투자, 순수출이라는 총수요의 세 가지 주요 구성요소에 각각 영향을 미치기 때문에 나타난다.

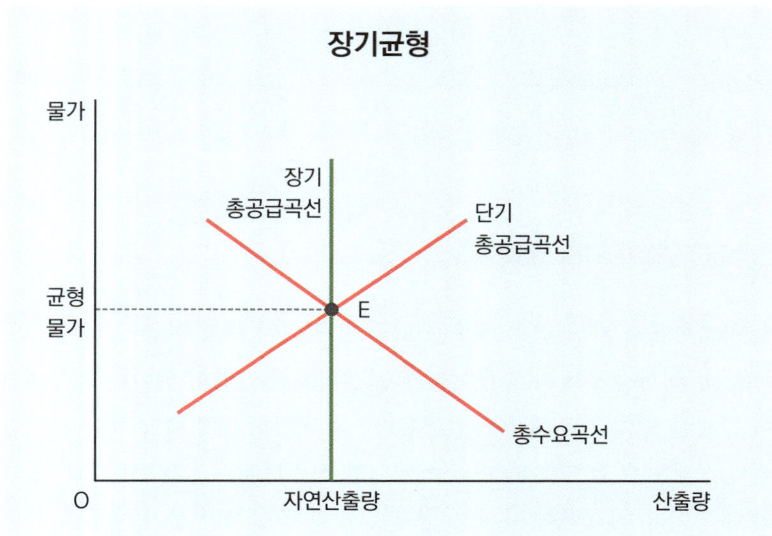

물가가 하락하면 사람들이 보유한 화폐나 자산의 실질적인 가치가 상승하므로 더 많은 소비를 하려는 자산 효과가 발생한다. 또한 물가 하락은 가계가 상품 거래에 필요한 돈을 덜 보유하게 만들어 여유 자금이 금융 시장으로 흘러가게 한다. 이는 시중의 이자율을 낮춰 기업의 투자를 촉진하는 이자율 효과로 이어진다. 낮아진 이자율은 해외로의 자본 유출을 유발하여 외환시장에서 자국 통화의 가치를 떨어뜨린다. 그 결과 국산품의 가격 경쟁력이 높아져 수출이 늘고 수입은 줄어드는 환율 효과까지 나타나게 된다.

경제 전체의 생산 능력

총공급은 주어진 물가 수준에서 국내의 모든 기업이 생산하고 판매하려는 재화와 서비스의 총량을 나타낸다. 총공급 곡선은 분석하는 기간에 따라 그 모습이 달라지는데, 가격 변화에 경제가 얼마나 신속하게 적응할 수 있는지와 관련이 있다.

단기 총공급곡선은 우상향한다. 단기적으로는 임금이나 원자재 가격 같은 생산 요소의 가격이 경직적인 경우가 많다. 이런 상황에서 물가가 상승하면 기업은 생산물의 가격은 올릴 수 있지만 비용은 그대로이므로 이윤이 늘어난다. 따라서 기업들은 생산량을 늘리려는 유인을 갖게 된다.

반면 장기 총공급곡선은 수직선의 형태를 띤다. 장기적으로는 임금을 포함한 모든 생산 요소의 가격이 물가 변화에 맞춰 신축적으로 조정된다. 따라서 물가 수준이 변하더라도 기업의 이윤에는 영향을 미치지 않으며 생산량은 변하지 않는다. 이때의 생산량 수준은 그 나라가 가진 노동, 자본, 기술을 모두 정상적으로 활용했을 때 달성할 수 있는 잠재 GDP 수준에서 결정된다.

총수요 곡선과 단기 총공급곡선이 교차하는 지점에서 한 경제의 단기 균형 물가 수준과 균형 산출량이 결정된다. 이 균형점은 외부의 경제적 충격에 의해 끊임없이 이동하며, 경기순환을 유발하는 직접적인 원인이 된다.

예를 들어 정부가 지출을 늘리거나 중앙은행이 통화량을 늘리면 총수요가 증가해 총수요 곡선이 오른쪽으로 이동한다. 그 결과 단기적으로 산출량은 증가하고 물가도 상승한다. 반대로 국제 유가가 급등하는 것과 같은 부정적 공급 충격이 발생하면 단기 총공급곡선이 왼쪽으로 이동한다. 이 경우 산출량은 감소하고 물가는 상승하는 어려운 상황인 스태그플레이션이 발생할 수 있다.

이처럼 총수요-총공급 모형은 경제성장, 실업, 인플레이션 등 다양한 거시경제 현상들이 어떻게 발생하는지를 분석하는 강력하고 기초적인 틀을 제공한다. 이 모형을 이해한다는 것은 국가 경제 전체가 어떻게 작동하는지를 파악하는 핵심적인 사고 도구를 갖추는 것과 같다.

- 총수요: 소비(C) · 투자(I) · 정부지출(G) · 순수출(NX)의 합
- 총공급: 단기 우상향(비용 경직성), 장기 수직선(잠재 GDP에서 결정)
- 균형 변화: 총수요 · 총공급의 교차점에서 산출량과 물가 결정

09

수요·공급충격과 조정

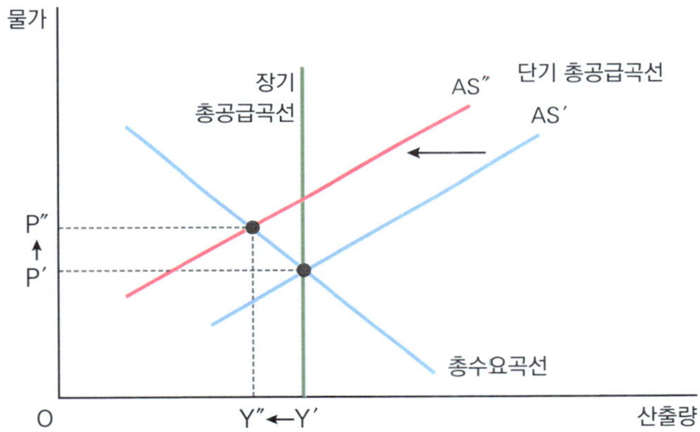

지출의 급격한 변화

현실 경제에서 총수요-총공급 균형점은 고요히 머물러 있지 않는다. 평온한 바다를 항해하던 배가 갑작스러운 폭풍을 만나 경로를 이탈하듯 경제 역시 예기치 못한 사건들로 인해 끊임없이 흔들린다. 거시경제학에서는 이러한 돌발 사건을 '충격'이라고 부른다.

충격은 경제의 수요 측면 혹은 공급 측면에서 발생하며, 총수요(AD) 곡선이나 총공급(AS) 곡선을 이동시켜 기존의 균형을 깨뜨린다. 수요 충격은 가계, 기업, 정부, 해외 등 경제 주체들의 총지출 의향이 갑자기 바뀌는 상황을 말한다. 예를 들어 2008년 글로벌 금융위기처럼 자산 가격이 폭락하고 미래에 대한 비관론이 확산되면 가계는 소비를 줄이고 기업은 투자를 연기한다. 이는 대표적인 부정적 수요 충격으로, 총수요 곡선을 왼쪽으로 이동시킨다.

이 충격의 단기적 효과는 명확하다. 총생산은 감소하고 전반적인 물가 수준은 하락한다. 경제는 생산 위축과 실업 증가라는 고통을 겪는 경기 침체에 빠진다. 반대로 1990년대 후반 IT 버블처럼 기술 혁신에 대한 낙관적인 전망이 퍼지면 기업 투자가 급증하고 주식 시장 호황으로 가계 소비가 늘어난다. 긍정적 수요 충격은 총수요 곡선을 오른쪽으로 이동시켜 단기적으로 생산과 물가를 모두 상승시키는 경기 확장 국면을 만들어낸다.

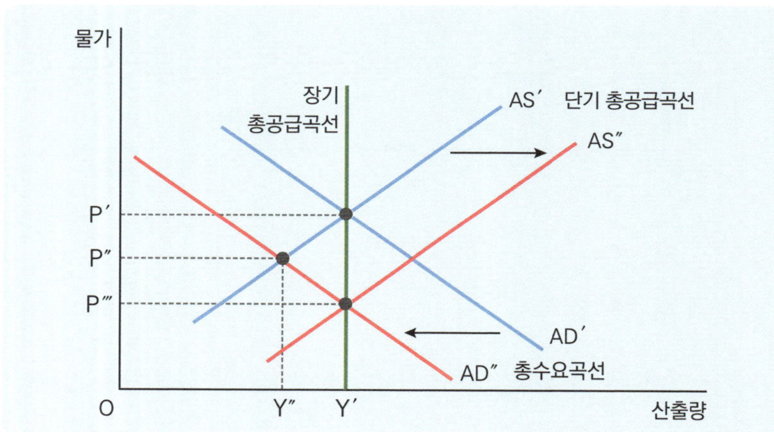

생산 조건의 변화

공급 충격은 기업의 생산 비용이나 생산 능력에 급격한 변화가 생기는 경우를 의미한다. 1970년대 석유파동처럼 국제 유가가 폭등하는 것은 기업의 주된 원자재 비용을 상승시켜 동일한 비용으로 생산할 수 있는 양을 줄인다. 이러한 부정적 공급 충격은 단기 총공급곡선을 왼쪽으로 이동시킨다.

이 경우 경제는 훨씬 고통스러운 상황에 처한다. 총생산은 감소하여 경기가 침체하는데 전반적인 물가 수준은 오히려 상승하는 스태그플레이션이 발생한다. 불황과 인플레이션이 동시에 나타나는 최악의 조합인 셈이다. 반대로 인터넷의 발명이나 셰일가스 혁명과 같은 긍정적 공급 충격은 기업의 생산성을 획기적으로 높여 단기 총공급곡선을 오른쪽으로 이동시킨다. 그 결과 물가를 안정시키면서 생산을 늘리는 가장 이상적인 경제 성장을 가져온다.

충격의 효과가 영원히 지속되지는 않는다. 단기적인 충격으로 경제가 잠재 GDP 수준을 벗어나면 시간이 지남에 따라 경제는 스스로 균형을 회복하려는 힘을 발휘한다. 부정적 수요 충격으로 경기 침체가 발생하면 높아진 실업률은 노동 시장에서 임금 하락 압력으로 작용한다. 처음에는 기존의 계약 때문에 임금이 경직적이지만 시간이 지나면서 새로운 임금 협상에서 하락한 물가와 낮아진 기대 인플레이션이 반영된다. 임금이 하락하면 기업의 생산 비용이 줄어들고, 단기 총공급곡선을 오른쪽으로 이동시켜 결국 생산량은 원래의 잠재 GDP 수준으로 돌아오게 된다. 이 과정의 핵심은 단기적으로는 경직적이었던 임금과 가격이 장기적으로는 경제 상황에 맞춰 신축적으로 조정된다는 데 있다.

하지만 장기라는 시간이 얼마나 길지는 아무도 모른다. 조정 과정은 수개월에서 수년이 걸릴 수 있으며, 그동안 사회는 높은 실업과 생산 감소라는 고통을 감내해야 한다. 바로 이 지점에서 정책 당국은 중요한 선택의 기로에 놓인다.

첫 번째 선택은 경제의 자기 치유 능력을 믿고 그대로 두는 것이다. 이 경우 단기적인 고통은 따르지만 정부의 개입으로 인한 부작용 없이 경제가 스스로 새로운 균형을 찾아갈 수 있다. 두 번째 선택은 적극적으로 개입하는 것이다. 정부가 재정지출을 늘리거나 중앙은행이 금리를 낮춰 감소한 총수요를 다시 원래 수준으로 되돌리는 정책이다. 이 경우 고통스러운 조정 과정을 거치지 않고 신속하게 경기 침체에서 벗어날 수 있다는 장점이 있다. 경기 안정화 정책은 단기적 고통을 줄이고, 경제가 장기 균형으로 더 빨리 복귀하도록 돕기 위한 목적을 가진다. 어떤 선택이 더 나은지에 대한 논쟁은 거시경제학의 오랜 화두다.

- 수요 충격: 지출 변동으로 총수요 곡선 이동 → 단기적 경기침체 · 회복 과정 발생
- 공급 충격: 비용 상승으로 총공급 곡선 이동 → 단기적 스태그플레이션 가능
- 장기 조정: 임금 · 가격이 조정되며 경제는 결국 잠재 GDP 수준으로 복귀

승수효과와 구축효과

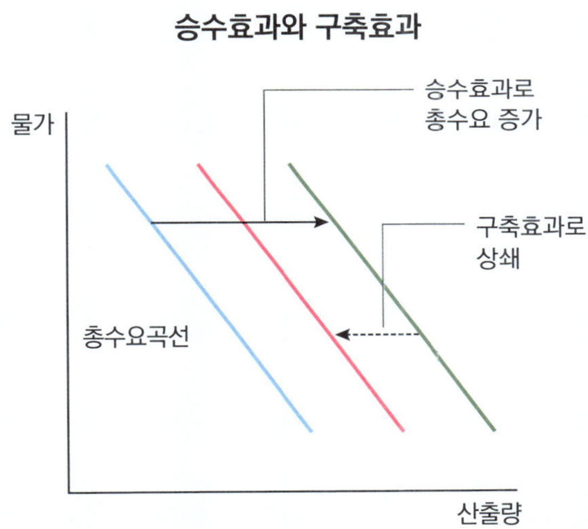

케인스 혁명

1930년대 세계를 휩쓴 대공황 시절 경제학은 깊은 무력감에 빠져 있었다. 시장은 보이지 않는 손에 의해 스스로 균형을 찾아간다는 고전학파의 믿음은 대규모 실업과 생산 붕괴라는 현실 앞에서 힘을 잃었다. 이때 케인스는 경제가 스스로 회복될 때까지 기다리는 것은 너무나 긴 고통을 요구한다고 주장하며 정부의 적극적인 개입을 촉구했다. 그가 제시한 핵심 개념이 '유효수요'와 '승수효과'다.

케인스는 불황의 원인을 공급 능력이 아니라 구매력을 갖춘 수요인 유효수요의 부족에서 찾았다. 정부가 재정지출을 통해 이 부족한 수요를 직접 메워주면 그 지출액의 몇 배에 달하는 총수요 창출 효과가 나타난다고 봤다. 이것이 바로 승수효과의 핵심이다.

승수효과의 원리는 간단하다. 누군가의 지출은 다른 누군가의 소득이 되기 때문이다. 예를 들어 정부가 도로 건설에 100억 원을 투입했다고 하자. 이 100억 원은 건설 노동자의 임금과 자재업체의 판매 수입으로 이어진다. 소득이 생긴 노동자와 자재업체는 그 돈의 일부를 식료품을 사거나 외식을 하는 데 소비한다. 그러면 식당 주인과 마트 주인은 새로운 소득을 얻게 되고, 이들 역시 그 소득의 일부를 또 다른 소비에 사용한다.

처음의 정부지출 100억 원이 꼬리에 꼬리를 무는 소비의 연쇄 반응을 일으키며 국가 경제 전체의 소득을 처음보다 훨씬 더 크게 증가시킨다. 이 배율을 정부지출승수라 하며, 그 크기는 소득 증가분 중 얼마나 많은 부분이 다음 소비로 이어지는지를 나타내는 한계소비성향(MPC)에 의해 결정된다. 한계소비성향이 높을수록 승수효과는 커진다.

승수효과는 정부의 지출 방식에 따라 그 크기가 달라진다. 정부가 직접 재화와 서비스를 구매하는 정부지출은 그 금액 전체가 총수요에 즉시 더해지므로 승수효과가 가장 크다. 반면 세금을 깎아주는 감세는 늘어난 가처분소득 중 일부가 소비되지 않고 저축될 수 있기 때문에 정부지출에 비해 승수효과가 작게 나타난다.

$$\text{정부지출승수} = \frac{1}{1 - \text{한계소비성향}}$$

$$\text{정부지출승수} \times \text{정부지출증가액} = \text{국내 GDP 증가액}$$

정부 지출의 이면

정부지출을 늘리는 것이 언제나 경제를 살리는 만능 열쇠는 아니다. 현실은 그렇게 간단하지 않다. 정부 지출의 긍정적 효과를 상쇄하는 그림자인 구축효과가 존재하기 때문이다.

구축효과는 정부의 재정지출 확대가 오히려 민간 부문의 소비와 투자를 위축시키는 현상을 말한다. 정부가 지출을 늘리기 위해 국채를 발행하면 금융시장에서 자금 수요를 증가시켜 이자율을 상승시킨다. 높아진 이자율은 대출을 받아 투자하려던 기업들에게 부담으로 작용하여 투자를 줄이게 만든다. 또한 개방경제에서는 높아진 이자율이 해외자본을 끌어들여 자국 통화의 가치를 상승시키고, 수출 감소와 수입 증가로 이어져 순수출을 감소시킨다. 결국 정부가 한 발짝 나아간 만큼 민간의 투자와 순수출이 뒷걸음질 치며 정책 효과를 갉아먹는 셈이다.

과거 중국의 사례처럼 정부 주도의 대규모 인프라 투자가 단기적으로는 높은 성장률을 이끌었지만 장기적으로는 과잉투자와 비효율을 낳고 민간 부문의 활력을 떨어뜨릴 수 있다는 비판이 바로 이 논리에서 나온다.

결국 승수효과와 구축효과는 서로 대립하는 개념이 아니라 경제 상황에 따라 그 힘의 크기가 달라지는 가속 페달과 브레이크에 가깝다.

대공황처럼 유휴 설비가 많고 실업률이 높은 극심한 불황기에는 구축효과가 거의 나타나지 않고 승수효과가 압도적으로 크게 나타난다. 이때 정부 지출은 경기 회복의 강력한 엔진이 될 수 있다.

반대로 경제가 이미 잠재 생산 능력에 가깝게 작동하는 호황기에는 정부 지출이 생산을 늘리기보다 물가를 자극하고 민간 부문을 밀어내는 구축효과를 더 크게 유발할 가능성이 높다. 따라서 재정정책의 효과를 논할 때는 승수효과가 존재하는지가 아니라 현재 경제 상황에서 승수효과와 구축효과 중 어느 쪽의 힘이 더 강하게 작용할 것인지를 묻는 것이 올바른 질문이다.

- 승수효과: 정부지출 → 소득 · 소비의 연쇄 증가 → 총수요 확대
- 구축효과: 정부지출 → 금리 상승 · 투자 · 순수출 위축 → 효과 상쇄
- 정부지출이 항상 성장 동력은 아니며, 상황에 따라 승수효과와 구축효과가 충돌

11

재정정책과 자동안정화

두 가지 도구

정부가 사용할 수 있는 가장 강력하고 직접적인 도구가 바로 '재정정책'이다. 국가 경제를 하나의 거대한 배라고 한다면 재정정책은 그 배의 항해 방향을 조절하는 키와 같다. 정부는 이 방향키를 이용해 세금의 징수 규모를 조절하거나 정부지출의 크기를 변화시켜 경제의 총수요에 직접적인 영향을 미친다.

경제가 침체에 빠져 항해 속도가 느려지면 정부는 지출을 늘리거나 세금을 깎아주는 확장적 재정정책을 사용한다. 이는 배의 엔진에 연료를 더 주입하는 것과 같다. 늘어난 정부지출이나 민간 소비는 승수효과를 통해 총수요 곡선을 오른쪽으로 이동시켜 생산을 늘리고 실업을 줄이는 효과를 낸다. 반대로 경제가 너무 빠르게 달려 과열의 조짐을 보이면 정부는 지출을 줄이거나 세금을 올려 속도를 늦추는 긴축적 재정정책을 사용한다. 이는 총수요 곡선을 왼쪽으로 이동시켜 물가 상승 압력을 완화하는 역할을 한다.

의도적인 키 조작에는 현실적인 어려움이 따른다. 가장 큰 문제는 바로 '정책 시차'다. 배가 항로를 이탈했다는 것을 깨닫는 순간과 실제로 키를 돌리는 순간 그리고 키를 돌린 효과가 배의 방향에 나타나는 순간 사이에는 시간적 간격이 존재한다.

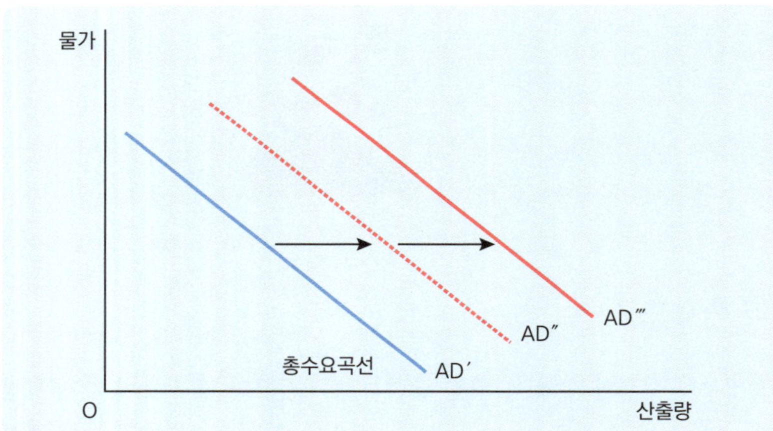

재정정책의 시차는 크게 세 가지로 나뉜다. 인지 시차는 경제에 문제가 발생했음을 인지하고 진단하는 데 걸리는 시간이다. 실행 시차는 정책을 입안하고, 국회의 동의를 얻어 법률을 통과시키고, 예산을 집행하는 데 걸리는 정치적·행정적 시간이다. 효과 시차는 정책이 실행된 후 그 효과가 실제 국민소득이나 고용에 나타나기까지 걸리는 시간이다. 이러한 시차 때문에 경기 침체를 막기 위해 고안된 정책이 이미 경기가 회복 국면에 접어든 뒤에야 효과를 내기 시작하여 오히려 경기를 과열시키는 부작용을 낳을 수도 있다.

자동안정화 기능

바로 이 지점에서 자동안정화 장치의 중요성이 드러난다. 이는 조타수가 일일이 키를 조작하지 않아도 배의 균형을 잡아주는 자동 항법 장치와 같다. 정부가 별도의 정책적 결정을 내리지 않아도 경제 시스템에 내장된 제도가 자동으로 경기 변동의 폭을 줄여주는 기능이다.

대표적인 자동안정화 장치는 누진세 제도다. 누진세는 소득이 높을수록 더 높은 세율을 적용하는 세금 체계다. 경기가 호황이 되어 국민소득이 증가하면 사람들은 더 높은 세율 구간으로 이동하여 소득 증가분보다 세금을 더 많이 내게 된다. 이는 가계의 가처분소득 증가 속도를 늦춰 과도한 소비 팽창을 자동으로 억제한다. 반대로 불황기에는 소득이 줄어 낮은 세율을 적용받게 되므로 세금 부담이 자동으로 줄어들어 가처분소득의 급격한 감소를 막고 소비 위축을 완화하는 효과를 낸다.

사회보장제도 역시 중요한 장치다. 경기가 침체해 실업자가 늘어나면 정부의 실업급여 지출은 자동으로 증가한다. 이는 실직한 가계의 소득 감소를 보전해주어 소비가 절벽으로 떨어지는 것을 막고, 총수요의 급격한 위축을 방어하는 역할을 한다.

이처럼 자동안정화 장치는 정책 시차 없이 즉각적으로 작동해 경기 변동의 진폭을 줄여주는 훌륭한 완충장치다. 하지만 대규모 경제 위기와 같은 큰 충격 앞에서는 그 효과가 제한적일 수밖에 없다. 따라서 현대의 재정정책은 의도적인 조타수의 역할과 자동 항법 장치의 기능이 서로의 약점을 보완하며 균형을 이룰 때 가장 효과적으로 작동할 수 있다.

- 재정정책: 세금 · 지출 조절로 총수요 관리(불황 = 확장, 과열 = 긴축)
- 문제점: 정책 효과는 시차 때문에 타이밍 오류 가능
- 자동안정화: 누진세 · 실업급여가 자동 완충, 대규모 위기에는 한계

12

국가부채와 지속가능성

분기별 GDP 대비 정부부채 비율 추이

비영리 공공기관과 비금융 공기업 등 제외

재정정책의 그림자

정부의 지출이 세금 수입보다 많아지면 필연적으로 재정적자가 발생하고, 정부는 이 부족분을 메우기 위해 돈을 빌려야 한다. 이렇게 매년 쌓인 적자의 누적 합계가 '국가부채'다. 국가부채는 단기적인 경기 부양을 위한 재정정책의 이면에 드리워진 긴 그림자인 셈이다.

국가부채의 절대적인 금액은 수백, 수천조 원에 달해 그 자체로 막연한 불안감을 주기도 한다. 하지만 경제학에서는 부채의 절대 규모보다 국내총생산(GDP) 대비 국가부채 비율을 훨씬 더 중요한 잣대로 삼는다. 연소득 1억 원인 가구의 빚 1억 원과 연소득 10억 원인 가구의 빚 1억 원의 무게가 전혀 다른 것처럼 국가 경제의 상환 능력 대비 부채 수준을 평가하는 것이 합리적이기 때문이다. 국제기구나 신용평가사들이 각국의 재정 건전성을 평가할 때 이 비율을 핵심 지표로 사용하는 이유다.

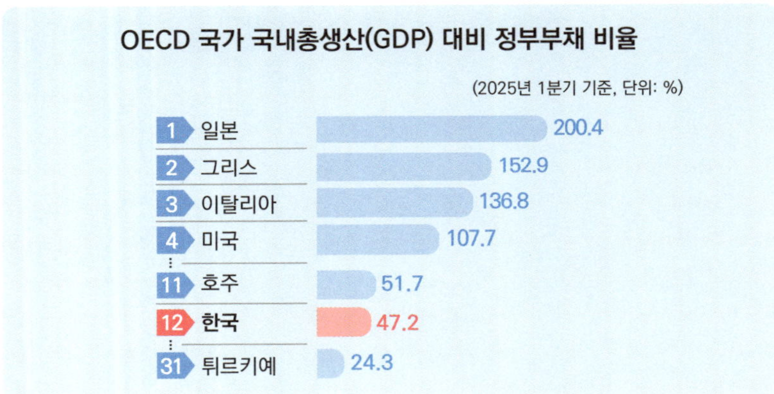

국가부채가 늘어날 때 항상 따라붙는 질문은 이 빚을 결국 누가 갚는가이다. 상식적으로는 지금 세대가 진 빚을 미래 세대가 세금을 더 내서 갚아야 할 것처럼 보인다. 하지만 일부 경제학자들은 정부가 지금 국채를 발행해 지출을 늘리더라도 합리적인 국민들은 언젠가 그 국채를 상환하기 위해 미래에 세금이 오를 것을 예상하고, 늘어난 소득을 소비하지 않고 저축할 것이라고 주장한다. 이를 '리카도 대등정리'라고 부른다. 이 이론에 따르면 재정적자는 현재의 조세이든 미래의 조세이든 본질적으로 같으므로 소비에 아무런 영향을 주지 못한다.

물론 현실에서는 모든 사람이 완벽하게 합리적으로 미래를 내다보지는 않으므로 이 정리가 그대로 들어맞지는 않는다. 하지만 이 논쟁은 국가부채가 단순히 미래 세대에게 빚을 떠넘기는 행위인지 아니면 현재 경제에 실질적인 영향을 미치는 정책 수단인지에 대한 깊이 있는 고민을 던져준다.

국가부채의 질

국가부채의 성격을 평가할 때 또 다른 중요한 기준은 그 돈이 어디에 쓰였는지다. 만약 정부가 빚을 내어 도로, 항만, 통신망 같은 사회 기반시설을 건설하거나 교육과 연구개발(R&D)에 투자했다면 미래 세대의 생산성을 높이는 미래를 위한 투자로 볼 수 있다. 이 경우 미래 세대는 더 커진 경제적 파이의 혜택을 누리므로 부채 상환 부담을 충분히 감당할 수 있다.

하지만 부채가 생산 능력 향상과 무관한 일시적인 소비나 복지 지출에 대부분 사용됐다면 미래 세대에게 아무런 자산을 물려주지 않은 채 빚이라는 청구서만 남기는 것과 같다. 국가부채를 평가할 땐 단순한 양적 규모뿐만 아니라 그 부채가 미래의 성장 잠재력을 높이는 데 기여했는지를 함께 따져보는 질적인 접근이 반드시 필요하다.

결국 국가부채 문제의 핵심은 지속가능성이다. 부채 비율이 통제 불가능한 수준으로 발산하지 않고 안정적으로 관리될 수 있는지가 관건이다. 그 조건은 경제 성장률과 국채 이자율 사이의 힘겨루기에 달려 있다.

만약 경제성장률이 이자율보다 높다면 경제가 커지는 속도가 빚이 늘어나는 속도보다 빠르므로 GDP 대비 부채 비율은 안정적으로 유지되거나 하락할 수 있다. 하지만 반대로 이자율이 성장률보다 높은 상황이 지속되면 특별한 노력 없이도 부채 비율은 눈덩이처럼 불어나 재정위기를 초래할 수 있다. 경기가 좋고 나쁨과 무관하게 지출이 수입보다 항상 많은 구조적 적자나 환율 변동에 취약한 높은 외화 부채 비중 역시 재정의 지속가능성을 위협하는 주된 요인이다.

국가부채에 대한 올바른 접근은 '빚은 좋다, 나쁘다'는 이분법을 넘어선다. 경제가 감당할 수 있는 속도인지, 미래를 위해 생산적으로 사용되고 있는지에 대한 종합적인 판단이 필요하다.

- 국가부채는 절대액이 아니라 GDP 대비 비율로 평가
- 생산적 투자는 미래 세대의 혜택, 단순 소비성 지출은 부담
- 지속가능성 조건: 성장률 > 이자율이면 안정

13

화폐와 신용창조

<table>
<tr><td rowspan="2">통화지표</td><td>M1
(협의통화)</td><td>= 현금통화 + 요구불예금 + 수시입출식 저축성예금</td></tr>
<tr><td>M2
(광의통화)</td><td>= M1 + 정기예 · 적금 및 부금* + 시장형 상품 + 실적배당형 상품*
+ 금융채* + 기타(투신증권저축, 종금사 발행어음)
* 만기 2년 이상 제외</td></tr>
</table>

돈이란 무엇인가

우리는 하루에도 수십 번 돈을 사용하며 살아가지만 막상 '돈이 무엇인가'라는 질문에는 쉽게 답하기 어렵다. 돈의 본질은 그 재질이 아니라 사회적 약속에 기반한 기능에 있다. 경제학에서는 화폐를 세 가지 핵심 기능으로 정의한다. 가장 근본적인 기능은 교환의 매개 역할이다. 화폐가 없던 물물교환 시대에는 내가 가진 것과 상대방이 원하는 것이 일치해야만 거래가 성립했다. 빵을 만드는 사람이 신발을 원하더라도 신발 장수가 빵이 아닌 생선을 원한다면 거래는 실패한다. 화폐는 이러한 욕망의 이중적 불일치 문제를 해결하고 모든 거래를 가능하게 만드는 사회적 윤활유 역할을 한다.

화폐는 가치를 측정하는 척도가 된다. 모든 재화와 서비스의 가치를 원이나 달러 등 공통의 단위로 표시함으로써 우리는 서로 다른 상품의 가치를 쉽게 비교하고 합리적인 선택을 내릴 수 있다.

화폐는 가치를 저장하는 수단이기도 하다. 오늘 벌어들인 소득의 가치를 내일 혹은 내년까지 보존할 수 있게 해준다. 물론 인플레이션이 이 가치를 훼손하기도 하지만 화폐는 여전히 가장 보편적이고 유동성이 높은 가치 저장 수단이다.

보이지 않는 돈의 창조

우리가 사용하는 돈의 대부분은 중앙은행이 찍어낸 지폐나 동전이 아니다. 그것은 은행 시스템 안에서 보이지 않게 창조된 예금 통화다. 경제학은 통화를 유동성에 따라 구분하는데 즉시 결제 가능한 현금과 요구불예금을 '협의통화(M1)'라고 부른다. 여기에 정기예금, 적금 등 금융자산을 더한 것을 '광의통화(M2)'라고 한다. 실제 유통되는 현금은 M2 전체 통화량의 극히 일부에 불과하다. 이 막대한 양의 보이지 않는 돈은 은행의 신용창조 과정에서 생겨난다. 은행은 단순히 돈을 보관하는 금고가 아니다. 은행의 핵심 기능은 예금을 받아 그중 일부만 남겨두고 나머지를 대출해주는 것이다. 이때 남겨두는 돈의 비율을 지급준비율이라고 한다. 예를 들어 A가 은행에 100만 원을 예금하고 지급준비율이 10%라고 가정하자. 은행은 10만 원만 남겨두고 나머지 90만 원을 B에게 대출해줄 수 있다. B가 이 90만 원을 사용하여 물건을 사고, 그 돈을 받은 C가 다시 다른 은행에 90만 원을 예금하면, 이 은행 역시 지급준비금 9만 원을 제외한 81만 원을 또 다른 사람에게 대출해준다.

이 과정이 은행 시스템 전체에서 연쇄적으로 반복되면 최초의 예금 100만 원은 이론적으로 최대 1,000만 원까지 불어난다. 이처럼 예금과 대출이 꼬리를 물고 이어지며 통화량을 부풀리는 과정을 '신용창조'라고 하며, 이때 원래의 예금 대비 늘어난 배율을 '통화승수'라고 한다.

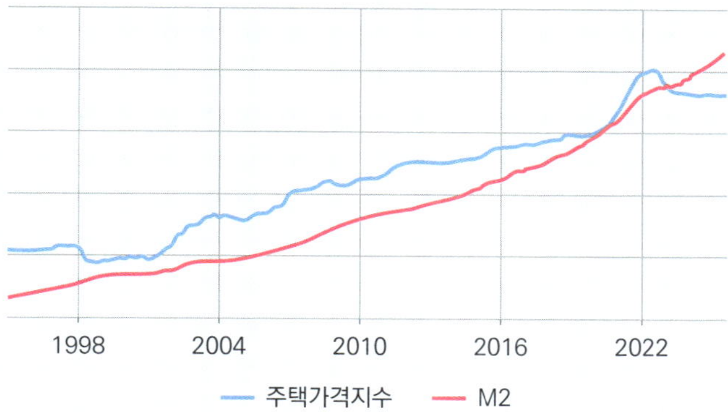

신용창조와 자산 버블

은행의 신용창조는 기업에 투자 자금을 공급하고 가계의 내 집 마련을 돕는 등 경제에 활력을 불어넣는 순기능을 한다. 하지만 이 과정이 통제를 벗어나 과도해지면 심각한 부작용을 낳는다. 특히 넘쳐나는 통화량이 생산적인 실물 경제가 아닌 비생산적인 자산 시장으로 흘러 들어갈 때 문제가 커진다.

중앙은행이 경기를 부양하기 위해 금리를 낮추면 기업과 가계는 더 낮은 비용으로 돈을 빌릴 수 있게 되어 신용창조는 더욱 활발해진다. 이렇게 불어난 통화량은 식료품이나 옷 같은 소비재 시장으로만 흘러가지 않는다. 상당량의 유동성은 더 높은 수익을 좇아 주식이나 부동산 같은 자산 시장으로 향한다.

자산 시장으로 돈이 몰리면 자산 가격은 본질적인 가치 이상으로 급등하기 시작한다. 이는 위험한 되먹임 고리를 만든다. 자산 가격 상승은 더 많은 대출을 가능하게 하고, 그 대출금은 다시 자산 시장으로 유입돼 가격을 더욱 밀어 올린다. 이렇게 신용 팽창이 자산 가격 상승을 이끌고, 가격 상승이 다시 신용 팽창을 부추기는 순환 과정 속에서 자산 버블이 형성된다.

결국 신용창조는 현대 경제의 동력이자 동시에 잠재적 위험 요인이 되는 양날의 검이다. 이 돈의 흐름이 생산적 투자로 이어져 경제의 파이를 키우는지 아니면 자산 시장의 거품으로 흘러가 금융 불안의 씨앗이 되는지는 거시경제의 안정성을 좌우하는 핵심적인 문제다.

- 화폐의 기능: 교환의 매개, 가치 척도, 가치 저장 수단
- 은행은 예금 중 일부만 남기고 대출 → 연쇄적으로 통화량(M2) 확대, 통화승수 작동
- 신용창조는 성장의 동력이지만 과도하면 자산시장 버블 초래

14

중앙은행과 통화정책

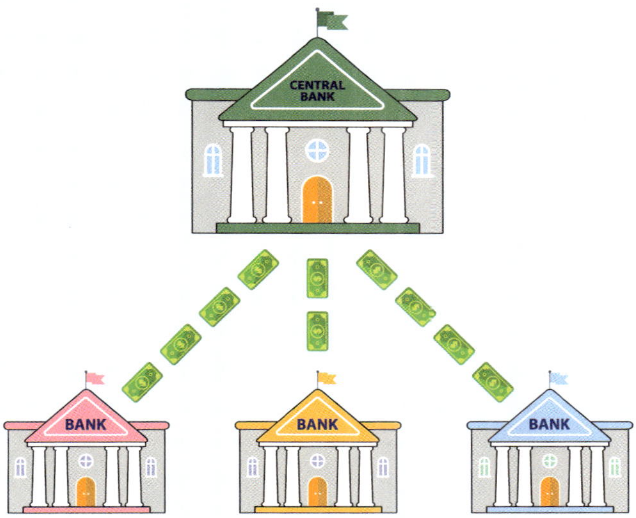

경제의 심장

국가 경제를 하나의 유기체로 본다면 중앙은행은 그 심장에 해당한다. 심장이 혈액을 순환시켜 신체 활동을 유지하듯 중앙은행은 화폐와 신용의 흐름을 조절하여 경제 전체의 맥박을 관리한다. 중앙은행의 결정은 국민 개개인의 삶에도 직접적인 영향을 미친다. 우리가 은행에서 받는 대출의 이자, 예금의 금리, 나아가 자산 가격의 움직임까지도 중앙은행의 정책 방향에 따라 크게 달라진다.

중앙은행이 수행하는 가장 중요한 역할은 통화정책이다. 이는 경제의 총수요에 영향을 미쳐 물가 안정과 완전 고용이라는 두 가지 목표를 달성하기 위해 통화량과 이자율을 관리하는 일련의 행위를 의미한다. 경제가 침체에 빠져 있으면 중앙은행은 금리를 낮추어 시중에 돈을 풀고, 이를 통해 소비와 투자를 촉진하는 확장적 통화정책을 사용한다. 반대로 물가가 너무 빠르게 올라 경제가 과열될 조짐을 보이면, 금리를 올려 시중의 돈을 흡수함으로써 경제의 속도를 조절하는 긴축적 통화정책을 구사한다.

모든 금리의 기준

중앙은행의 여러 정책 수단 중 가장 핵심은 '기준금리'다. 기준금리는 중앙은행이 시중 은행들과 거래할 때 적용하는 정책금리로, 모든 금리의 출발점이자 기준점 역할을 한다. 중앙은행이 이 기준금리를 올리거나 내리면 은행 간 단기 자금시장을 시작으로 장기 금리, 예금 및 대출 금리 등 시장의 모든 금리에 연쇄적으로 파급된다.

예를 들어 기준금리가 인하되면 은행은 더 낮은 비용으로 자금을 조달할 수 있으므로 가계와 기업에 대한 대출 금리를 낮출 여력이 생긴다. 낮아진 금리는 가계의 주택이나 자동차 구매를 촉진하고 기업의 공장 증설이나 설비 투자를 늘리는 유인으로 작용한다. 그 결과 총수요가 증가하면서 경제 활동이 활발해진다. 반대로 기준금리가 인상되면 이 모든 과정이 반대로 움직이며 총수요를 위축시킨다. 이처럼 기준금리는 경제의 엔진을 조절하는 가속 페달이자 브레이크와 같다.

한미 기준금리 추이

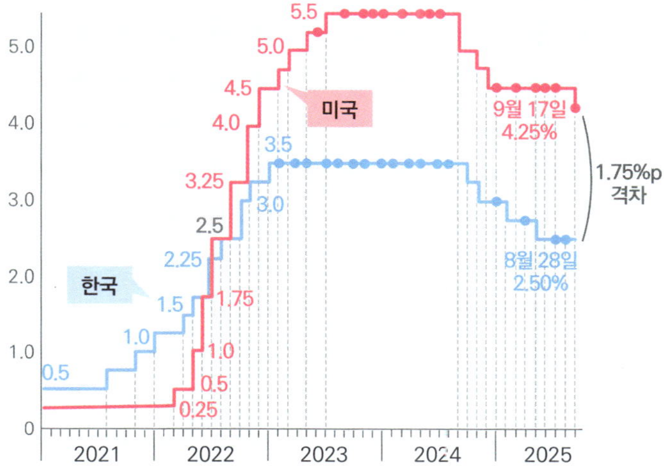

다양한 정책 수단

중앙은행은 기준금리 목표를 달성하고 통화량을 조절하기 위해 다양한 정책 수단을 활용한다. 가장 일상적이고 정밀하게 사용되는 도구는 공개시장조작이다. 이는 중앙은행이 금융시장에서 국채 등의 증권을 사거나 팔아 시중의 통화량을 직접 조절하는 방식이다. 중앙은행이 국채를 매입하면 그 대금이 시중은행으로 흘러 들어가 통화량이 늘고 금리가 하락하는 효과를 낸다.

과거에는 지급준비율 정책도 강력한 수단으로 활용됐다. 지급준비율은 은행이 예금 중 일정 비율을 의무적으로 중앙은행에 예치해야 하는 돈이다. 이 비율을 낮추면 은행은 더 많은 돈을 대출할 수 있게 되어 신용창조가 활발해지고 통화량이 늘어난다. 하지만 이는 은행 시스템 전체에 미치는 영향이 너무 강력하여 오늘날에는 미세 조정을 위한 도구로 자주 사용되지는 않는다.

2008년 글로벌 금융위기 이후 많은 선진국 중앙은행들은 기준금리가 거의 0%에 도달하는 상황에 직면했다. 전통적인 금리 인하 방식이 더 이상 효과를 발휘하기 어려워지자 비전통적인 새로운 정책 수단들이 등장했다. 대표적인 것이 선도지침과 양적완화다. 선도지침은 중앙은행이 앞으로의 통화정책 방향을 시장에 미리 명확하게 알려줌으로써 불확실성을 줄이고 경제 주체들의 기대를 안정시키는 역할을 한다. 양적완화는 기준금리가 제로 수준에 도달했을 때 중앙은행이 장기 국채나 다른 자산을 대규모로 매입해 시중에 직접 막대한 유동성을 공급하고 장기 금리를 낮추는 정책이다. 이처럼 통화정책은 단순히 금리를 움직이는 수준을 넘어 시장의 기대와 신뢰를 관리하는 고도의 심리적 정책으로 진화했다.

통화정책의 한계

중앙은행의 힘이 무한한 것은 아니다. 통화정책에는 분명한 한계가 존재한다. 우선 정책 시차 문제다. 중앙은행이 금리를 조정하더라도 그 효과가 실제 소비와 투자에 영향을 미치고, 최종적으로 물가와 고용에 나타나기까지는 수개월에서 길게는 수년이 걸릴 수 있다.

경제 주체들의 심리적 요인이 강하게 작용한다. 아무리 금리를 낮춰 돈을 빌리기 쉽게 만들어주어도 기업들이 미래 경제를 비관적으로 전망해 투자를 꺼린다면 정책 효과는 반감될 수밖에 없다. 극심한 불황기에는 금리를 거의 0%까지 낮추어도 가계와 기업이 돈을 빌려 쓰지 않고 현금을 쌓아두기만 하는 유동성 함정 상황이 발생할 수도 있다. 이는 통화정책이 홀로 모든 경제 문제를 해결할 수 없으며, 정부의 재정정책과의 조화가 중요함을 시사한다.

- 기준금리: 시중 금리 전반을 움직이는 핵심 도구
- 공개시장조작: 국채 매매로 시중 유동성 흡수 · 공급
- 지급준비율: 은행의 신용창조 능력을 직접 제어
- 재할인율: 상업은행의 중앙은행 차입 비용 조절
- 비전통 수단: 선도지침(기대 관리), 양적완화(대규모 자산 매입)

15

금리와 투자

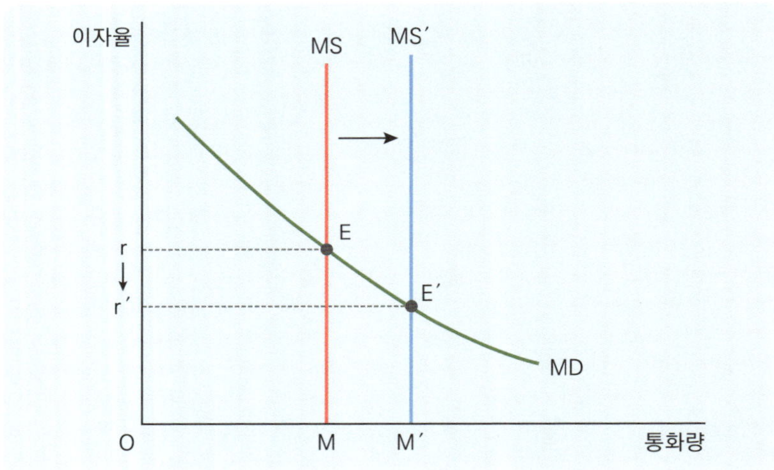

기업의 결정과 자본 비용

중앙은행이 기준금리를 결정하면 그 파급효과는 금융시장을 넘어 경제 전체로 퍼져나간다. 중앙은행의 결정이 기업의 투자, 가계의 소비, 국가 경제의 성장률까지 바꾸는 것이다. 이처럼 통화정책이 실물경제에 영향을 미치는 일련의 과정을 '통화정책의 파급경로'라고 부른다. 그 과정의 중심에는 금리가 있다. 이자율은 금융 세계와 실물 세계를 잇는 가장 중요한 다리 역할을 한다.

기업이 새로운 공장을 짓거나 기계를 구입하는 투자를 결정할 때 가장 먼저 고려하는 것은 그 투자로부터 얻게 될 미래의 예상 수익이다. 하지만 수익이 아무리 커 보여도 그 투자를 위해 자금을 조달하는 데 드는 비용보다 높아야만 의미가 있다. 여기서 자금을 조달하는 비용을 경제학에서는 자본비용이라고 하며, 그 핵심이 이자율이다.

기업은 은행 대출을 통해 투자 자금을 마련할 수도 있고, 이미 보유한 자금을 사용할 수도 있다. 어떤 경우든 이자율은 중요한 기준이 된다. 은행에서 돈을 빌린다면 이자율은 직접적인 비용이 된다. 자기 자금을 사용하더라도 그 돈을 투자 대신 은행에 예금했다면 얻을 수 있었을 이자 수익을 포기하는 셈이다. 여기서 이자율은 투자의 기회비용이 된다.

결국 기업의 입장에서 이자율은 투자의 문턱 역할을 한다. 중앙은행이 금리를 인하하면 이 문턱이 낮아진다. 이전에는 수익성이 낮아 보류했던 투자 계획들이 이제는 실행 가능한 것으로 평가된다. 그 결과 경제 전체의 투자 지출이 확대된다. 반대로 금리가 높아지면 문턱이 높아져 웬만큼 높은 기대수익률을 가진 프로젝트가 아니고서는 투자가 위축된다. 이처럼 이자율과 투자 지출 사이의 역(-)의 관계는 거시경제 분석의 기본을 이룬다.

화폐 공급량 증가 ⇒ 이자율 하락 ⇒ 투자 증가 ⇒ 총수요 증가 ⇒ 국민소득 증가
화폐 공급량 감소 ⇒ 이자율 상승 ⇒ 투자 감소 ⇒ 총수요 감소 ⇒ 국민소득 감소

가계의 소비와 자산시장 경로

금리 변화는 기업의 투자뿐만 아니라 가계의 소비 결정에도 중요한 영향을 미친다. 이자율이 낮아지면 주택담보대출이나 자동차 할부금융의 이자 부담이 줄어들어 가계는 내구재 소비를 늘릴 여력이 생긴다. 동시에 저축을 통해 얻는 이자 수익이 줄어들기 때문에 미래를 위해 저축하기보다는 현재의 소비를 늘리려는 유인이 커진다. 이렇게 증가한 가계의 소비는 기업의 매출 증대로 이어져 다시 기업의 투자를 자극하는 선순환을 만들 수 있다.

금리는 주식이나 부동산과 같은 자산 가격을 통해 간접적으로 소비에 영향을 미친다. 자산의 현재 가치는 미래에 그 자산이 벌어들일 것으로 예상되는 수익을 현재 시점의 이자율로 할인해 계산된다. 따라서 이자율이 하락하면 미래 수익의 현재가치가 높아져 주식이나 부동산 가격이 상승하는 경향이 있다. 이렇게 자산 가격이 오르면 사람들은 자신이 더 부유해졌다고 느끼고, 부의 효과를 통해 소비 지출을 늘리는 결과로 이어진다.

하지만 중앙은행이 금리를 낮춘다고 해서 항상 투자가 기대만큼 늘어나는 것은 아니다. 금리 인하라는 정책적 처방이 효과를 발휘하지 못하는 경우가 있다.

가장 중요한 변수는 경제 주체들의 기대다. 만약 기업들이 미래 경기를 극도로 비관적으로 전망한다면 아무리 금리가 낮아도 선뜻 새로운 투자에 나서지 않을 것이다. 불확실성이 높은 상황에서는 위험을 감수하기보다 현금을 보유하려는 심리가 강해지기 때문이다.

금융기관의 역할도 중요하다. 중앙은행이 금리를 낮추더라도 금융기관이 대출 심사를 강화하거나 부실 문제로 대출 여력이 부족하다면 그 효과는 기업과 가계에 제대로 전달되지 않는다. 극심한 불황기에는 금리를 거의 0%까지 낮추어도 소비나 투자가 전혀 늘지 않는 '유동성 함정' 상황이 발생할 수도 있다.

결국 중앙은행의 금리 정책은 경제 전체의 흐름을 바꾸는 강력한 도구이지만 그것이 만능은 아니다. 금리와 투자의 관계는 기계적인 연결이 아니라 미래에 대한 기대, 금융 시스템의 건전성, 경제 주체들의 심리 등 복합적인 요인에 의해 결정된다. 금리는 실물경제로 이어지는 중요한 다리이지만 그 다리가 얼마나 튼튼하고 넓은지는 경제의 전반적인 건강 상태에 달려 있는 셈이다.

- 금리 = 자본비용 → 투자 결정의 기준
- 금리 인하 → 투자 · 소비 · 자산 상승 → 총수요 확대
- 불확실성 · 과잉설비 · 유동성 함정에서는 효과 제한

16

필립스 곡선

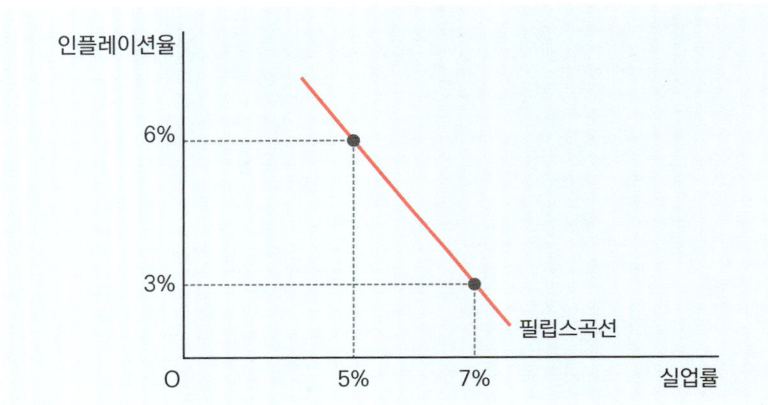

물가 안정과 완전고용

거시경제 정책을 운용하는 정부와 중앙은행은 크게 두 가지 목표를 추구한다. 하나는 물가의 안정이고, 다른 하나는 가능한 한 많은 사람이 일자리를 갖는 완전고용이다. 하지만 이 두 가지 목표는 단기적으로 서로 상충하는 관계에 놓일 때가 많다. 실업률을 낮추기 위해 경기를 부양하면 물가가 들썩이고, 반대로 물가를 잡기 위해 경기를 진정시키면 실업이 늘어나는 경향이 있기 때문이다.

인플레이션과 실업률 사이에 존재하는 단기적인 역(-)의 관계를 그래프로 나타낸 것이 '필립스 곡선'이다. 필립스 곡선은 정책 당국이 마주한 선택의 메뉴판과 같다. 낮은 실업률이라는 메뉴를 선택하면 높은 인플레이션이라는 가격을 치러야 하고, 낮은 인플레이션이라는 메뉴를 고르면 높은 실업률이라는 대가를 감수해야 함을 보여준다.

단기적으로 필립스 곡선은 우하향하는 모습을 보인다. 그 배경에는 총수요의 변화가 있다. 예를 들어 정부가 지출을 늘리거나 중앙은행이 금리를 인하하는 확장 정책을 사용하면 총수요가 증가한다. 늘어난 수요를 맞추기 위해 기업들은 생산을 늘리고 더 많은 노동자를 고용하므로 실업률은 하락한다. 하지만 경제 전반에 걸쳐 수요가 공급을 초과하는 압력이 커지면서 인플레이션율이 상승한다.

반대로 물가를 잡기 위해 긴축 정책을 사용하면 총수요가 감소한다. 기업들은 줄어든 수요에 맞춰 생산과 고용을 줄이게 되므로 실업률은 상승하고, 수요 압력이 완화되면서 인플레이션율은 하락한다. 이처럼 단기적으로는 총수요의 변동이 인플레이션과 실업률을 서로 반대 방향으로 움직이게 만들며, 정책 당국은 이 필립스 곡선 위에서 어떤 조합을 선택할 것인지 고민하게 된다.

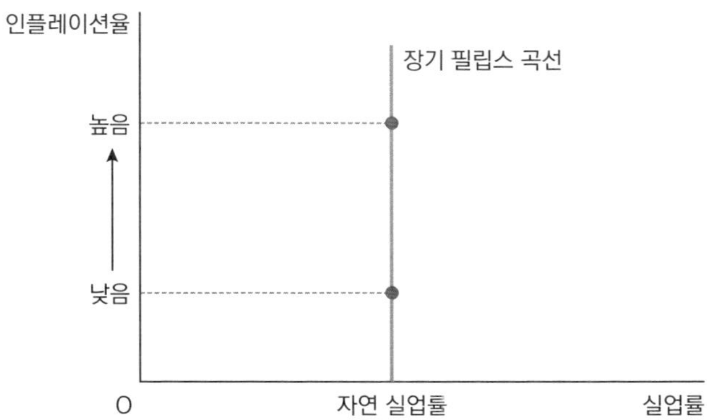

장기적 한계

상충관계가 영원히 지속되는 것은 아니다. 장기적으로 보면 인플레이션과 실업률 사이의 안정적인 선택 관계는 사라진다. 그 열쇠를 쥔 것이 바로 사람들의 '기대 인플레이션'이다.

만약 정부가 낮은 실업률을 유지하기 위해 지속적으로 확장 정책을 사용한다고 생각해보자. 처음에는 실업률이 낮아지겠지만 노동자들과 기업들은 점차 매년 물가가 오른다는 사실을 학습하고 이를 미래의 임금 협상과 가격 결정에 반영하기 시작한다. 노동자들은 실질임금 하락을 막기 위해 더 높은 명목임금을 요구하고, 기업들은 이를 받아들이는 대신 상품 가격을 더 올린다.

결과적으로 동일한 실업률 수준을 유지하기 위해 더 높은 인플레이션을 감수해야 하는 상황이 온다. 이는 필립스 곡선 자체가 위쪽으로 이동했음을 의미한다. 이러한 과정이 반복되면 인플레이션율만 계속 높아진 채 실업률은 정책 이전의 수준으로 되돌아가게 된다.

장기적으로는 실업률이 통화정책에 의해 체계적으로 변하지 않고 노동시장의 효율성, 실업보험 제도 등 구조적 요인에 의해 특정 수준으로 회귀하는 경향이 있다. 이를 자연실업률이라고 부른다. 장기 필립스 곡선은 이 자연실업률 수준에서 수직선의 형태를 띤다. 이는 장기적으로 인플레이션을 희생해 실업률을 낮추려는 정책은 효과가 없으며, 오직 물가만 상승시킬 뿐이라는 중요한 정책적 함의를 담고 있다.

필립스 곡선은 정책 당국자들에게 중요한 교훈을 준다. 단기적으로는 경기를 부양하여 실업률을 낮추려는 유혹에 빠질 수 있지만 그 효과는 일시적이다. 결국 더 높은 인플레이션이라는 비용만 남길 수 있다는 것이다. 진정으로 실업 문제를 해결하기 위해서는 단기적인 총수요 조절 정책을 넘어 노동시장의 구조를 개선하고 경제의 생산성을 높이는 장기적인 구조개혁이 필요함을 필립스 곡선은 명확하게 보여준다.

- 단기: 실업률↓ ↔ 인플레이션↑
- 장기: 기대 인플레이션 반영 → 실업률은 자연실업률로 회귀
- 단기 총수요 정책은 일시적, 장기 고용 개선은 구조개혁 필요

17

실업

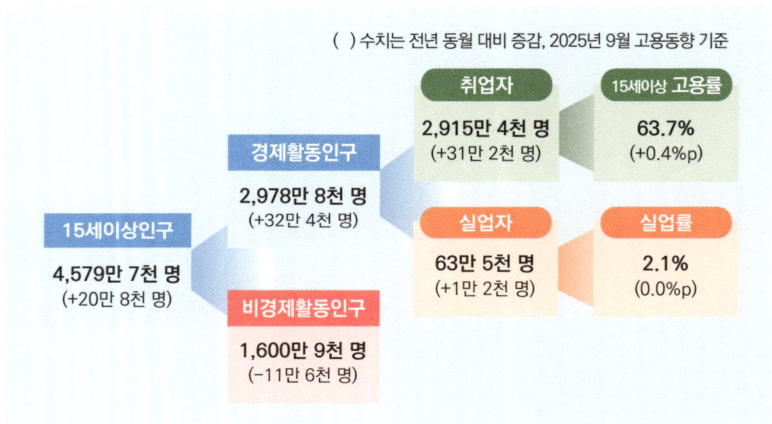

숫자가 말하지 못하는 현실

뉴스에서는 매달 실업률 통계를 발표하며 노동시장의 건강 상태를 진단한다. 하지만 많은 사람이 체감하는 고용 현실과 공식 실업률 사이에는 큰 간극이 존재한다. 실업률이라는 숫자 하나만으로는 노동시장의 복잡한 현실을 모두 담아내기 어렵기 때문이다.

'실업률'은 일할 의사와 능력이 있지만 일자리가 없어서 적극적으로 구직 활동을 하는 사람의 비율을 뜻한다. 이 정의에는 두 가지 중요한 함정이 숨어 있다. 오랫동안 일자리를 구하지 못해 구직 활동 자체를 포기해버린 실망실업자는 아예 통계에서 실업자로 잡히지 않는다. 또한 생계를 위해 어쩔 수 없이 아르바이트나 단기 계약직으로 일하는 불완전 고용 상태의 사람들도 통계상으로는 온전한 취업자로 분류된다. 실업률이 낮게 나와도 청년들이 느끼는 취업난이 심각하게 느껴지는 이유가 바로 여기에 있다.

실업률은 중요한 지표지만 그것만으로는 충분하지 않다. 전체 인구 중 취업자의 비율을 보여주는 고용률, 일할 의사가 있는 인구의 비중을 나타내는 경제활동참가율 등 다양한 보조 지표를 함께 살펴야 비로소 노동시장의 진짜 모습을 입체적으로 이해할 수 있다.

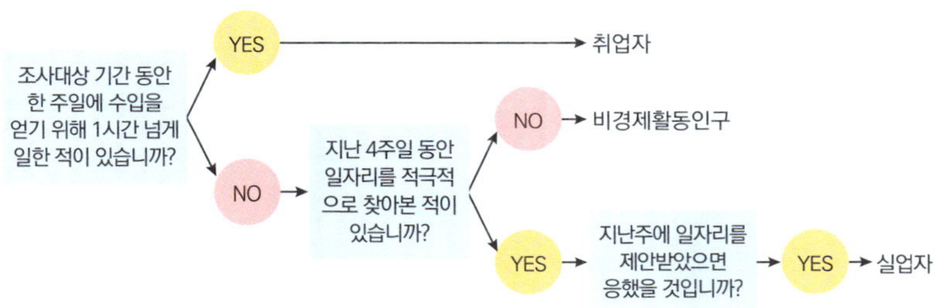

실업의 세 가지 얼굴

실업은 발생 원인에 따라 세 가지로 나뉜다. '마찰적 실업'은 새로운 직장을 찾거나 다른 직장으로 옮기는 과정에서 발생한다. 졸업 후 첫 직장을 구하거나 더 나은 조건을 찾아 이직하는 경우가 여기에 해당한다. 노동자와 기업 사이에 정보가 불완전하기 때문에 서로를 찾는 데 시간이 걸리는 것은 당연하다.

'구조적 실업'은 기술의 발전이나 산업 구조의 변화로 인해 특정 산업이나 직종이 쇠퇴하면서 나타난다. 예를 들어 자동화 기술의 발전으로 단순 조립 일자리가 줄어들거나 해외와의 경쟁 심화로 특정 제조업이 어려워지는 상황이 대표적이다. 이는 노동자의 기술과 기업이 요구하는 기술 사이의 불일치가 근본적인 원인이다.

이 두 가지 실업을 합쳐 자연실업률이라고 부른다. 경제가 완전고용 상태에 있더라도 사라지지 않는 자연스럽고 구조적인 수준의 실업률을 의미한다.

'경기적 실업'은 경기 침체로 인해 경제 전반의 총수요가 부족해지면서 일어난다. 불황기에는 기업들이 생산과 고용을 줄이면서 일자리가 급격히 감소한다. 경기적 실업은 경기가 회복되면 자연스럽게 해소되는 경향이 있다.

각각의 실업은 해결책이 다르다. 마찰적 실업은 구인·구직 정보 시스템을 효율적으로 만들어 노동자와 기업이 더 빨리 연결되도록 도우면 완화할 수 있다. 구조적 실업은 시대에 뒤처진 기술을 가진 노동자들을 위한 직업 훈련과 재교육 프로그램을 통해 해결해야 한다.

반면 경기적 실업은 개별 노동시장의 문제가 아닌 거시경제 전체의 문제다. 정부의 재정정책이나 중앙은행의 통화정책을 통해 총수요를 부양하는 거시경제적 처방이 필요하다. 거시경제 정책의 주된 목표는 바로 이 경기적 실업을 자연실업률 수준까지 낮추는 것이다.

실업은 단순히 개인의 불행을 넘어 사회 전체의 손실이다. 한 사회가 가진 가장 중요한 생산요소인 노동력이 제대로 활용되지 못하고 있다는 신호이기 때문이다. 실업률이 높아지면 가계 소득이 줄어 소비가 위축되고, 다시 기업의 투자와 생산을 줄이는 악순환으로 이어진다. 따라서 실업률이라는 숫자 뒤에 가려진 다양한 원인을 정확히 진단하고 그에 맞는 정책적 처방을 내리는 것은 거시경제학의 가장 중요한 과제 중 하나다.

- 통계의 한계 : 실망실업자 · 불완전고용은 반영되지 않음
- 실업의 종류: 마찰적(구직 과정), 구조적(산업 변화), 경기적(경기 침체)
- 고용률 · 경제활동참가율 등 보조지표 함께 살펴야 노동시장 이해 가능

18

경제성장이론

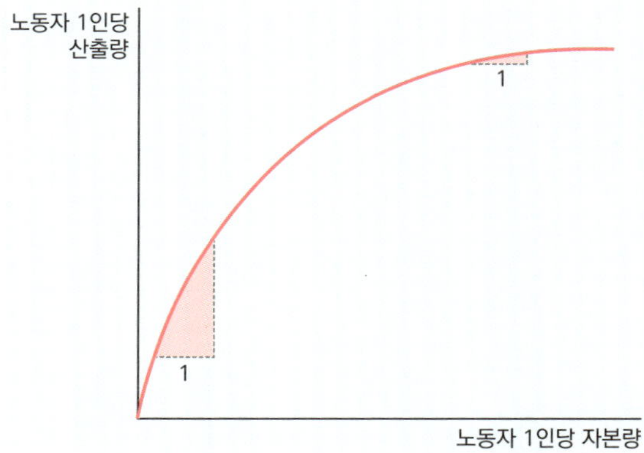

풍요로 가는 길

100여 년 전만 해도 오늘날 우리가 누리는 물질적 풍요는 상상하기 어려웠다. 대부분의 인류는 빈곤 속에서 짧은 생을 마감했다. 무엇이 이 놀라운 변화를 이끌었을까. 경제학은 근본적인 질문에 '장기 경제성장'이라는 주제로 답한다. 단기적인 경기 변동이 바다 표면의 파도와 같다면 장기 성장은 해수면 자체를 끌어올리는 거대한 조류와 같다. 국가의 부와 국민의 생활 수준을 근본적으로 결정하는 이 거대한 조류의 원인을 이해하는 것은 경제학의 가장 중요한 과제 중 하나다.

경제성장의 원천을 분석하기 위해 경제학자들은 먼저 생산함수를 설정한다. 이는 한 나라의 총생산량(Y)이 투입된 노동(L), 자본(K), 기술 수준(A)에 의해 결정된다는 관계를 보여준다. 장기적인 경제성장은 더 많은 노동자를 투입하거나, 더 많은 기계와 공장을 가동하거나, 같은 자원으로 더 많이 생산해내는 기술을 발전시킴으로써 이뤄진다.

솔로우 성장모형

1950년대 로버트 솔로우는 현대 경제성장 이론의 기초를 세운 성장모형을 제시했다. '솔로우 모형'의 핵심 논리는 저축과 자본 축적에서 시작된다. 국민이 소득의 일부를 저축하면 투자의 재원이 되어 공장과 기계 같은 자본이 늘어난다. 늘어난 자본은 노동자 한 명당 더 많은 장비를 갖추게 하므로 생산성을 높여 1인당 소득을 증가시킨다.

하지만 이 과정은 무한히 계속되지 않는다. 자본에는 수확체감의 법칙이 적용되기 때문이다. 농부가 맨손으로 일하다가 쟁기 1대를 가졌을 때 생산성은 극적으로 증가하지만 이미 쟁기 10대를 가진 농부에게 새로운 쟁기 한 대가 추가되는 효과는 미미하다. 마찬가지로 자본이 계속 축적될수록 추가적인 자본 투입으로 인한 생산량 증가분은 점차 줄어든다. 결국 경제는 더 이상 1인당 자본량이 늘지 않는 정상상태에 도달하게 된다.

이 모형은 중요한 예측을 낳는다. 다른 조건이 같다면 가난한 나라는 자본이 부족해 자본수익률이 높기 때문에 부자 나라보다 더 빠른 성장률을 보일 수 있다. 이를 수렴 가설 또는 따라잡기 효과라고 한다. 그러나 솔로우 모형에 따르면 저축률을 높이는 것만으로는 일시적인 성장은 가능하지만 지속적인 성장은 불가능하다. 장기적으로 1인당 소득을 계속해서 성장시키는 유일한 동력은 바로 생산성 자체를 끌어올리는 기술 진보뿐이다.

구분	수식	의미
일반적 생산함수	$Y = F(K, L)$	산출량(총생산, Y)은 자본(K)과 노동(L)에 의해 결정
기술수준 반영	$Y = AF(K, L)$	기술수준(A)이 높아질수록 같은 K · L로 더 많은 생산 가능
인적자본 포함	$Y = AF(K, H, N)$	물적자본(K), 인적자본(H), 자연자원(N), 기술(A)을 모두 고려
1인당 생산	$\frac{Y}{L} = AF(\frac{K}{L}, \frac{H}{L}, \frac{N}{L})$	노동자 1인당 산출량을 자본 · 인적자본 · 자원 대비 노동 비율로 표현

내생적 성장이론

솔로우 모형은 기술 진보의 중요성을 밝혔지만 그 기술 진보가 어디서 오는지는 설명하지 못하고 외부에서 주어진 것으로 가정했다는 한계가 있었다. 대안으로 1980년대 이후 등장한 것이 '내생적 성장이론'이다. 이 이론은 이름 그대로 기술 진보가 경제 시스템 내부의 의식적인 노력과 선택에 의해 결정된다고 본다.

내생적 성장이론은 특히 인적자본과 연구개발(R&D)의 역할을 강조한다. 교육과 훈련을 통해 축적된 인적자본은 노동의 질을 높일 뿐만 아니라 새로운 기술을 개발하고 확산시키는 원동력이 된다. 또한 한번 창출된 지식이나 아이디어는 여러 사람이 동시에 사용할 수 있고, 다른 지식과 결합해 새로운 지식을 낳는 수확체증의 특성을 가진다. 이는 수확체감의 법칙에 묶여 있는 물적 자본과 근본적으로 다른 점이다.

따라서 내생적 성장이론은 기술 진보는 운이 아니라 투자와 선택의 결과라는 강력한 메시지를 던진다. 정부와 기업이 교육과 연구개발에 얼마나 투자하고, 지적재산권을 얼마나 잘 보호해주며, 혁신적인 아이디어가 자유롭게 확산될 수 있는 제도를 갖췄는지가 그 나라의 장기 성장률을 결정한다는 것이다.

경제성장이론의 발전은 장기 성장의 동력에 대한 우리의 시각을 전환시켰다. 단순히 공장을 많이 짓는 것을 넘어 사람에 투자하고, 혁신을 장려하며, 아이디어가 자유롭게 교류하는 사회 시스템을 만드는 것이 진정한 풍요로 가는 길임을 이 이론들은 명확하게 보여준다.

- 솔로우 모형: 저축 · 투자로 자본이 축적되지만 체감 수익 때문에 성장 한계 존재. 장기 성장은 기술 진보에 달려 있음
- 내생적 성장: 인적자본 투자와 지식의 확산이 기술 발전을 내적으로 이끌어 지속 성장 가능
- 장기 성장의 본질: 자본 · 노동의 양보다 기술 · 지식 · 인적자본이 핵심 동력

19

소득분배와 불평등

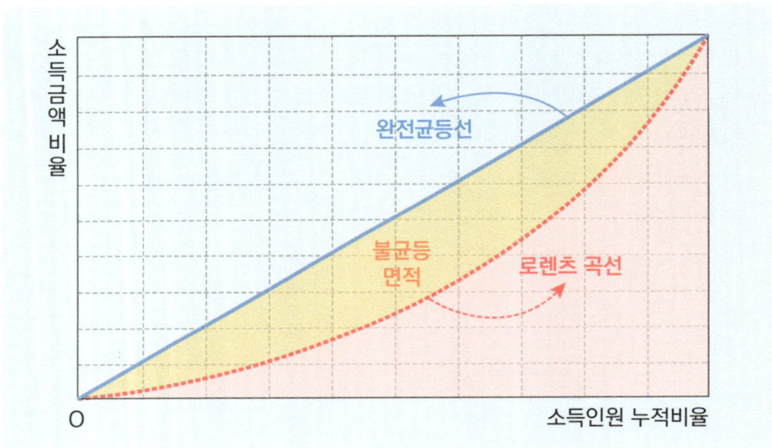

불평등을 재는 잣대들

국내총생산(GDP)이 커지면 경제가 성장한 것이고, 국민의 평균적인 생활 수준이 나아졌음을 의미한다. 하지만 평균이라는 숫자 뒤에는 종종 불편한 진실이 숨어 있다. 한 나라의 총소득을 보여주는 GDP는 그 소득이 각 개인에게 어떻게 돌아가는지까지는 말해주지 않는다. 파이의 크기만 보여줄 뿐 파이를 어떻게 나눌 것인가라는 분배의 문제는 드러내지 못하는 것이다.

소득 분배의 문제는 단순히 도덕적 차원에 머무르지 않는다. 소득이 특정 계층에 과도하게 집중되면 다수 가계의 소비 여력이 줄어들어 총수요가 위축되고, 다시 경제 성장의 발목을 잡을 수 있다. 사회적 갈등이 심화돼 경제 시스템의 안정성을 해치는 요인이 되기도 한다. 경제학에서는 성장의 문제만큼이나 분배의 문제를 중요하게 다루며, 이를 객관적으로 측정하고 분석하는 다양한 도구를 사용한다.

소득 불평등 상태를 시각적으로 가장 명확하게 보여주는 도구가 '로렌츠 곡선'이다. 가로축에 소득이 낮은 순서대로 인구를 누적하고, 세로축에 이들이 차지하는 소득의 누적 비중을 표시하여 그 관계를 선으로 연결한 것이다. 만약 모든 사람의 소득이 완벽하게 똑같다면 하위 20%의 인구가 전체 소득의 20%를, 하위 50%가 50%를 차지하게 되므로 로렌츠 곡선은 원점을 지나는 대각선의 형태를 띤다. 이를 완전균등선이라 부른다. 현실에서는 소득 불평등이 존재하므로 로렌츠 곡선은 항상 이 대각선 아래쪽으로 활처럼 휘어진 모습을 보인다. 이 곡선이 대각선에서 멀리 떨어져 아래로 처질수록 소득 분배가 불평등하다는 의미다.

로렌츠 곡선이 보여주는 불평등의 정도를 0과 1 사이의 숫자로 요약한 지표가 '지니계수'다. 완전균등선과 로렌츠 곡선 사이의 면적을 전체 삼각형 면적으로 나눈 값으로, 0에 가까울수록 평등하고 1에 가까울수록 불평등하다. 지니계수는 국가 간 또는 시기별 불평등 정도를 비교하는 데 널리 사용되는 지표다.

지니계수 외에도 소득 격차를 보여주는 다양한 지표가 있다. 소득 상위 20% 계층의 소득을 하위 20% 계층의 소득으로 나눈 5분위 배율은 양극단의 격차를 직접적으로 보여준다. 이 배율이 클수록 소득 격차가 심하다는 뜻이다. 또한 중위소득의 50% 미만을 버는 인구의 비율을 나타내는 상대적 빈곤율은 사회 내에서 기본적인 생활 수준을 누리지 못하는 인구의 비중을 보여주는 중요한 지표다.

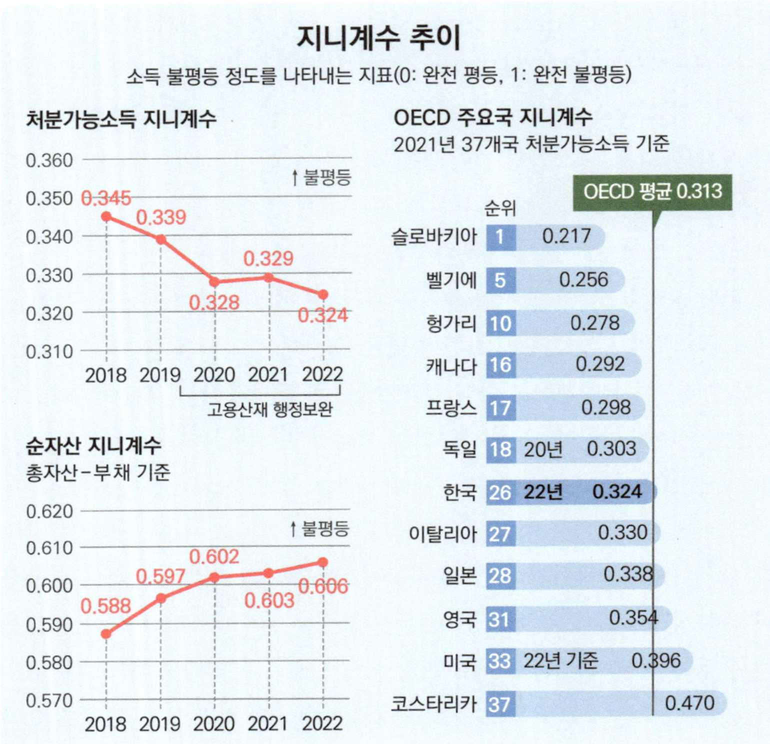

성장과 분배

경제 성장과 소득 분배의 관계는 경제학의 오랜 논쟁거리다. 과거에는 먼저 성장을 통해 파이의 크기를 키우는 데 집중하면 그 과실이 자연스럽게 아래로 흘러내려 분배 문제도 해결된다는 선성장 후분배 논리가 힘을 얻었다.

하지만 심화되는 불평등과 성장 둔화를 겪으며 이러한 시각은 도전을 받게 되었다. 최근에는 공정한 분배가 단지 성장의 결과물이 아니라 오히려 지속 가능한 성장을 위한 전제 조건이라는 인식이 확산되고 있다. 소득 격차 완화는 사회 통합을 촉진할 뿐만 아니라 저소득층의 소비 여력을 높여 총수요를 확대하고, 교육 기회의 균등을 통해 인적자본을 확충해 장기적인 성장 잠재력을 높이는 동력이 될 수 있다는 것이다. 이러한 관점을 포용적 성장이라고 부른다.

결국 성장과 분배는 대립하는 두 가치가 아니라 함께 굴러가야 하는 수레의 두 바퀴와 같다. 성장이 멈춘 경제에서는 분배를 둘러싼 제로섬 게임만 남게 되며, 분배가 극도로 불평등한 사회에서는 성장의 동력이 꺼지기 쉽다. 따라서 현대 거시경제학의 중요한 과제는 성장의 과실이 사회 전반에 공정하게 공유되어 다시 성장의 동력으로 이어지는 선순환 구조를 만드는 것이다.

- 로렌츠 곡선: 완전균등선과의 괴리가 클수록 불평등 심화
- 지니계수: 0은 완전평등, 1은 극단적 불평등
- 보조 지표: 5분위 배율(상위 20%/하위 20%), 상대적 빈곤율(중위소득 50% 미만 비중)

20

거시정책의 한계

정책 시차의 함정

정부의 재정정책과 중앙은행의 통화정책은 경제를 안정시키는 강력한 도구로 여겨진다. 마치 숙련된 조타수가 키를 조작해 거친 파도를 헤쳐나가듯 정책 당국은 경기를 조절하고 물가를 안정시킬 수 있는 것처럼 보인다. 하지만 현실의 경제 정책은 종종 의도치 않은 결과를 낳거나 예상보다 효과가 미미하기도 하다.

정책이 효과를 발휘하기까지는 상당한 시간이 걸리는데, 이를 '정책 시차'라고 한다. 일단 경제에 문제가 발생했음을 공식적인 통계로 확인하고 진단하는 데까지 수개월이 걸리는 인지 시차가 있다. 문제를 인지하더라도 어떤 정책을 사용할지 결정하고 복잡한 정치적·행정적 절차를 거쳐 실행에 옮기기까지 실행 시차가 발생한다. 특히 정부의 재정정책은 국회의 예산 심의와 법률 개정 과정 때문에 실행 시차가 매우 긴 편이다. 정책이 실행된 후 그 효과가 기업의 투자나 가계의 소비에 영향을 미쳐 실제 국내총생산(GDP)이나 물가에 나타나기까지 효과 시차가 존재한다. 이러한 시차 때문에 정책은 종종 뒷북을 치기 쉽다. 경기 침체를 막기 위해 설계된 확장 재정정책이 긴 실행 시차를 거쳐 효과를 발휘할 때쯤 경제는 이미 스스로 회복 국면에 접어들었을 수 있다. 이 경우 정책은 경기를 안정시키는 것이 아니라 오히려 과열시켜 불필요한 인플레이션을 유발하는 부작용을 낳을 수 있다.

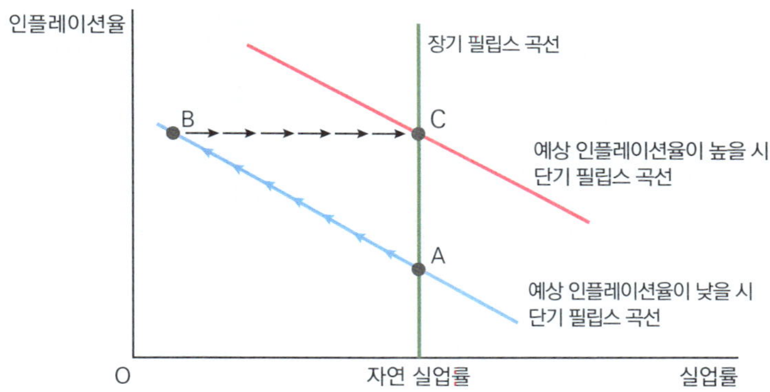

예측과 행동의 문제

경제 주체들은 정책에 수동적으로 반응만 하는 존재가 아니다. 그들은 미래를 예측하고, 그 예측을 바탕으로 자신의 행동을 바꾸는 능동적인 존재다. 사람들의 기대는 정책 효과를 크게 제약하는 중요한 변수다.

특히 합리적 기대 가설에 따르면 사람들은 과거의 경험뿐만 아니라 현재 이용 가능한 모든 정보를 활용해 미래를 예측하고 정책의 의도를 꿰뚫어 본다. 정부가 단기적인 경기 부양을 위해 통화량을 늘릴 것이라고 발표했다고 하자. 합리적으로 기대하는 사람들은 이것이 결국 인플레이션을 유발할 것임을 즉시 예측한다. 노동자들은 실질임금 하락을 막기 위해 미리 임금 인상을 요구하고, 기업들은 원자재 가격 상승을 예상하여 상품 가격을 미리 올린다.

정책이 채 실행되기도 전에 임금과 물가가 상승하여 총공급곡선이 왼쪽으로 이동해 버린다. 결국 정부의 확장 정책은 생산이나 고용을 늘리는 효과 없이 오직 인플레이션만 높이는 결과를 낳을 수 있다. 이를 정책 무력성 명제라고 한다. 이는 정책이 성공하기 위해서는 시장의 기대를 뛰어넘는 '깜짝쇼'가 필요하지만 그런 정책은 반복될 수 없음을 시사한다.

신뢰의 문제

정책 당국은 현재의 유혹 때문에 장기적으로 더 나은 결과를 포기하게 되는 딜레마에 빠지기도 한다. 이것을 시간 비일관성 문제라고 한다. 중앙은행이 어떤 일이 있어도 물가를 안정시키겠다고 굳게 약속했다고 가정하자. 이 약속을 시장이 믿는다면 기대 인플레이션은 안정되고, 실제 물가도 쉽게 잡힐 것이다. 하지만 막상 실업률이 조금 높아지면 중앙은행은 단기적인 경기 부양을 위해 약속을 어기고 몰래 돈을 풀고 싶은 유혹에 빠질 수 있다. 만약 시장이 중앙은행의 속마음을 미리 예측하고 있다면 애초에 중앙은행의 약속을 믿지 않을 것이다. 그 결과 중앙은행은 신뢰를 잃고, 경제는 더 높은 인플레이션에 시달리게 된다.

그 결과 현대 거시경제학에서는 정책 당국자의 재량적인 판단보다 법이나 제도로 정해진 명확한 준칙에 따라 정책을 운용해야 한다는 주장이 힘을 얻고 있다. 정책의 일관성과 예측 가능성을 높여 시장의 신뢰를 얻는 것이 단기적인 경기 대응보다 장기적으로 더 중요하다는 것이다. 거시정책은 강력한 도구이지만 그 힘은 경제 주체들의 신뢰와 예측 가능한 제도적 틀 안에서만 제대로 발휘될 수 있다.

- 정책 시차: 인지 · 집행 · 효과 단계에서 시간 지연이 발생
- 기대 효과: 경제 주체들이 정책 의도를 예상하면 효과 무력화
- 시간 비일관성: 단기 유혹에 정책 신뢰가 깨지면 장기적으로 악영향

III

국제경제

01

국제무역의 의의

비교우위의 발견

우리는 매일 무언가를 다른 사람과 교환하며 살아간다. 내가 가진 돈으로 커피를 사고, 나의 노동력을 제공해 월급을 받는다. 개인 간의 교환이 우리 삶을 풍요롭게 하듯 국제무역은 참여하는 모든 국가를 더 부유하게 만드는 힘을 지닌다. 만약 한 나라가 필요한 모든 것을 스스로 만들어야 한다면 그 나라는 자신이 가진 자원과 기술의 한계 안에 갇히게 될 것이다. 하지만 각 나라가 자신이 가장 잘 만드는 것에 특화하고, 나머지는 다른 나라와 교환하면 모든 나라는 자신의 생산 능력을 뛰어넘는 수준의 풍요를 누릴 수 있다.

이 거대한 이익의 원천을 설명하는 경제학의 가장 강력한 개념이 '비교우위'다. 중요한 것은 다른 나라보다 모든 것을 더 잘 만드는 절대우위가 아니다. 여러 생산물 중에서 상대적으로 더 적은 기회비용으로 생산할 수 있는 것이 무엇인지를 파악하는 것이 핵심이다.

비교우위의 원리를 이해하기 위해 간단한 예를 들어보자. 한 명의 유능한 의사가 있다고 가정하자. 이 의사는 환자를 진료하는 능력뿐만 아니라 진료 기록을 정리하는 서류 작업 능력까지 동료 간호사보다 뛰어나다. 의사는 진료와 서류 작업 모두에서 간호사보다 절대우위를 가진다. 그러나 이 의사가 모든 일을 혼자 다 하는 것은 효율적이지 않다. 여기서 기회비용의 개념이 등장한다. 의사가 한 시간 동안 서류 작업을 할 때 포기해야 하는 것은 한 시간 동안 진료해서 벌 수 있었던 높은 수입이다. 반면 간호사가 한 시간 동안 서류 작업을 할 때 포기해야 하는 것은 상대적으로 낮은 가치의 다른 업무다. 따라서 서류 작업의 기회비용은 의사가 간호사보다 훨씬 크다. 이 경우 의사는 진료에, 간호사는 서류 작업에 '비교우위'를 가진다고 말한다. 의사가 자신의 모든 시간을 기회비용이 가장 낮은 진료에 집중하고, 서류 작업은 간호사에게 맡긴 뒤 그 대가를 지불하는 것이 병원 전체의 생산성을 극대화하는 길이다.

국가 간의 무역에도 그대로 적용된다. 한 나라가 모든 상품에서 다른 나라보다 생산성이 높더라도 두 나라가 각자 비교우위를 가진 상품에 특화하여 교환하면 양국 모두 이전보다 더 많은 양을 소비할 수 있게 된다. 이는 무역이 한쪽이 이기면 다른 쪽은 지는 '제로섬 게임'이 아니라 모두가 함께 이기는 '윈윈 게임'임을 보여준다.

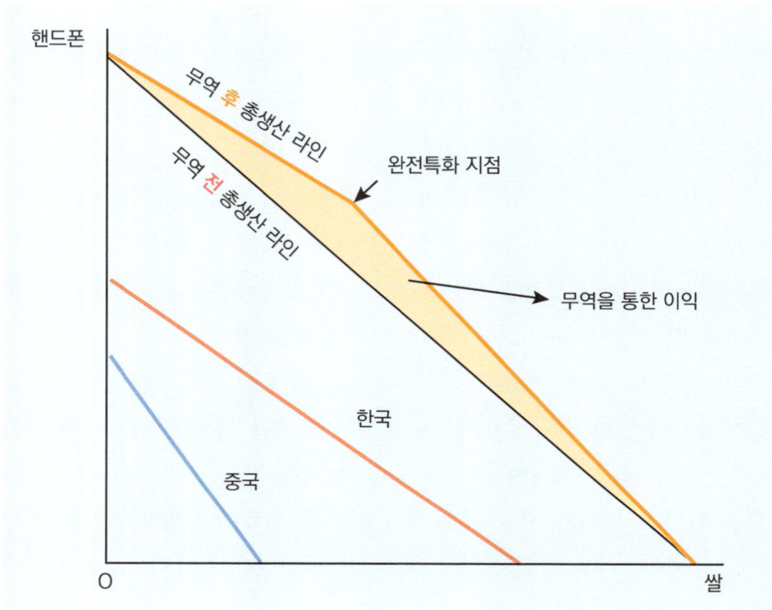

생산의 한계를 넘어서

무역이 주는 이익은 생산가능곡선을 통해 명확하게 시각화할 수 있다. 생산가능곡선은 한 나라가 주어진 모든 자원과 기술을 효율적으로 사용하여 생산할 수 있는 재화의 최대 조합을 나타내는 경계선이다. 무역이 없다면 한 나라는 이 곡선 위나 또는 그 안쪽에서만 생산하고 소비할 수 있다. 생산가능곡선은 그 나라의 생산의 한계이자 소비의 한계가 된다.

무역은 이 한계를 뛰어넘게 해준다. 두 나라가 각자 비교우위를 가진 상품 생산에 특화하면 전 세계의 총생산량 자체가 이전보다 늘어난다. 두 나라는 자신들이 생산한 것을 교환함으로써 무역이 없었다면 결코 도달할 수 없었던 생산가능곡선 바깥의 한 점에서 소비하는 것이 가능해진다. 이는 마치 교환이라는 행위 자체가 새로운 기술 발전처럼 작동해 각국의 소비 가능한 영역을 마법처럼 확장시키는 것과 같다.

결국 국제무역은 단순히 국경을 넘어 물건이 오가는 현상이 아니다. 그것은 비교우위라는 강력한 원리를 통해 전 세계의 자원을 가장 효율적으로 재배치하는 과정이다. 이 과정을 통해 각 나라는 자국의 생산 능력이라는 족쇄에서 벗어나 더 높은 수준의 생활을 누릴 수 있게 된다. 이것이 바로 경제학자들이 자유무역을 옹호하는 근본적인 이유다.

- 무역의 이익은 절대우위가 아니라 비교우위에서 발생
- 무역은 제로섬이 아닌 윈윈 게임으로 모두의 소비 영역을 확장
- 무역 후에는 생산가능곡선 바깥 소비점 도달 가능→ 생활수준 향상

02

절대우위와 비교우위

절대우위

국가	스마트폰 생산량(1인당/1일)	쌀 생산량(1인당/1일)
한국	**10대**	5톤
미국	6대	**8톤**

애덤 스미스의 질문

애덤 스미스는 『국부론』에서 국제무역이 발생하는 가장 기본적인 원리를 분업에서 찾았다. 개인이 모든 일을 혼자 하는 것보다 각자 잘하는 일에 집중하는 것이 훨씬 효율적이듯 국가 간의 관계도 마찬가지라는 것이다. 각 나라가 다른 나라보다 더 적은 자원으로 더 많이 생산할 수 있는 상품인 '절대우위'를 가진 상품에 생산을 집중하고, 그렇지 않은 상품은 다른 나라로부터 수입하면 양국 모두가 이로워진다고 봤다.

예를 들어 한국은 노동자 한 명이 하루에 스마트폰 10대를, 미국은 6대를 생산할 수 있다고 하자. 반면 미국은 노동자 한 명이 하루에 쌀 8톤을, 한국은 5톤을 생산할 수 있다. 이 경우 한국은 스마트폰 생산(10대 > 6대)에서, 미국은 쌀 생산(8톤 > 5톤)에서 절대우위를 가진다. 스미스의 논리상 한국은 스마트폰 생산에만 집중하고 미국은 쌀 생산에만 집중해 서로 교환하는 것이 양국 모두에게 이익이다. 이처럼 절대우위 이론은 국제무역이 상호 이익이 될 수 있다는 직관적인 원리를 처음으로 명확히 제시했다.

하지만 이 이론은 한 가지 어려운 질문에 부딪힌다. 만약 어떤 한 나라가 모든 상품 생산에서 다른 나라보다 절대우위를 가진다면 무역이 발생할 수 없다는 문제가 생긴다.

리카도의 해답

데이비드 리카도는 무역의 진정한 원동력은 절대적인 생산성이 아니라 상대적인 생산성에 있다고 주장했다. '비교우위'의 핵심은 기회비용이라는 개념이다. 기회비용이란 어떤 것을 선택하기 위해 포기해야 하는 다른 선택의 가치를 의미한다. 따라서 어떤 상품을 다른 나라보다 더 적은 기회비용으로 생산할 수 있다면 그 나라는 그 상품에 비교우위를 가진다.

모든 상품 생산에서 절대적으로 비효율적인 나라일지라도 반드시 다른 나라보다 기회비용이 낮은 상품이 존재한다. 이것이 리카도가 발견한 무역의 마법이다.

비교우위

구분	스마트폰 생산 (1대당 노동시간)	쌀 생산 (1톤당 노동시간)	기회비용 (스마트폰 기준)
한국	100시간	120시간	0.83톤의 쌀(100/120)
미국	90시간	80시간	1.125톤의 쌀(90/80)

한 단위를 생산하는 데 필요한 노동 시간이 다음과 같다고 가정하자. 이 수치만 보면 미국이 두 상품 모두 더 적은 시간으로 생산하므로 스마트폰과 쌀 모두에서 한국에 대해 절대우위를 가진다. 스미스의 이론만으로는 두 나라 사이에 무역이 발생하기 어렵다.

하지만 기회비용의 관점에서는 달라진다. 스마트폰 생산의 기회비용을 계산해보자. 한국이 100시간을 투입해 스마트폰 1대를 만드는 동안 포기해야 하는 것은 그 시간으로 생산할 수 있었던 쌀의 양, 즉 0.83톤(100시간/120시간)이다. 반면 미국이 90시간을 투입해 스마트폰 1대를 만드는 동안 포기해야 하는 쌀은 1.125톤(90시간/80시간)에 달한다. 따라서 스마트폰 1대를 생산하는 대가(기회비용)는 한국이 미국보다 더 작으므로 한국은 스마트폰 생산에 비교우위를 가진다.

이번에는 쌀 생산의 기회비용을 보자. 미국이 80시간을 들여 쌀 1톤을 생산할 때 포기해야 하는 것은 그 시간으로 만들 수 있었던 스마트폰 약 0.89대(80시간/90시간)다. 같은 방식으로 계산하면 한국의 쌀 1톤 생산에 대한 기회비용은 스마트폰 1.2대(120시간/100시간)다. 쌀 생산의 기회비용은 미국이 한국보다 더 작으므로, 미국은 쌀 생산에 비교우위를 가진다.

결론적으로 미국이 모든 상품 생산에서 절대우위를 가지더라도 한국은 기회비용이 더 낮은 스마트폰 생산에 특화하고 미국은 기회비용이 더 낮은 쌀 생산에 특화해 서로 교환하면 양국 모두 이익을 얻을 수 있다. 무역은 각국의 생산가능곡선을 넘어서는 소비를 가능하게 함으로써 참여하는 모두를 이전보다 더 부유하게 만든다. 국제무역이 제로섬 게임이 아니라 모두가 이기는 플러스섬 게임이 되는 이유이며, 자유무역을 옹호하는 가장 강력한 경제학적 논리다.

- 절대우위: 한 나라가 더 적은 자원으로 더 많은 생산이 가능할 때
- 비교우위: 한 나라가 더 낮은 기회비용으로 생산할 수 있을 때
- 각국은 비교우위를 가진 상품에 특화하면 무역을 통해 이익을 얻을 수 있음

03

무역정책

보호무역의 현실

현실 세계의 국경은 결코 완전히 열려 있지 않다. 거의 모든 나라가 관세, 수입쿼터 등 다양한 형태의 보호무역 정책을 사용하며 자국 산업을 보호하려 한다.

무역은 분명 국가 전체의 파이를 키우지만 분배는 모두에게 공평하지 않기 때문이다. 값싼 수입품은 소비자에게는 이익이지만 국내의 경쟁 생산자에게는 생존의 위협이 된다. 무역으로 인해 일자리를 잃는 노동자와 어려움에 처한 기업의 목소리는 수입품을 조금 더 싸게 사게 된 수많은 소비자의 작은 이익보다 정치적으로 더 크게 들리는 경우가 많다. 이처럼 무역정책은 순수한 경제 논리가 아닌 복잡한 정치경제학적 현실 속에서 결정된다.

'관세'는 수입품에 부과하는 세금으로, 가장 전통적인 무역 장벽이다. 관세가 부과되면 해당 상품의 국내 가격은 '국제 가격+관세' 수준으로 상승한다. 이 가격 변화는 시장 참여자들에게 각기 다른 영향을 미친다.

일단 높아진 가격 덕분에 국내 생산자들은 이익을 본다. 가격 경쟁에서 한숨 돌릴 수 있게 되어 더 많은 양을 생산하고 판매할 수 있기 때문이다. 이를 생산자 잉여의 증가로 표현할 수 있다. 정부 역시 수입된 물량만큼의 관세를 거둬들여 정부 재정을 확보한다.

하지만 피해는 고스란히 소비자에게 돌아간다. 소비자들은 이전보다 더 높은 가격을 지불해야 하므로 소비량이 줄어든다. 이는 소비자 잉여의 감소를 의미한다. 관세로 인한 소비자 잉여의 감소분은 생산자 잉여 증가분과 정부 수입 증가분을 합친 것보다 항상 더 크다. 누구에게도 돌아가지 않고 사회 전체에서 사라져 버리는 비효율을 사중손실이라고 한다. 결국 관세는 특정 생산자를 보호하는 대가로 국가 전체적으로는 손실을 감수하는 정책인 셈이다.

'수입쿼터'는 특정 상품의 수입량을 물리적으로 제한하는 정책이다. 관세가 가격을 통제한다면 쿼터는 수량을 직접 통제한다. 예를 들어 한 해에 외국산 자동차를 10만 대만 수입할 수 있도록 상한선을 정하는 것이다. 수입량이 줄어들면 국내 시장에서는 공급 부족 현상이 발생하여 자동차 가격이 상승하게 된다.

수입쿼터 역시 국내 생산자를 보호하고 소비자에게는 손해를 끼친다는 점에서 관세와 효과가 유사하다. 하지만 결정적인 차이가 있다. 관세 정책에서는 정부의 몫이었던 세금 수입이, 수입쿼터 하에서는 수입 허가권을 가진 수입업자의 초과 이윤으로 귀속된다. 이 이윤을 쿼터 지대라고 부른다. 사회 전체적으로 볼 때 이 이윤이 정부 재정으로 환수되지 않기 때문에 수입쿼터는 관세보다 더 큰 사회적 후생 손실을 유발할 수 있다.

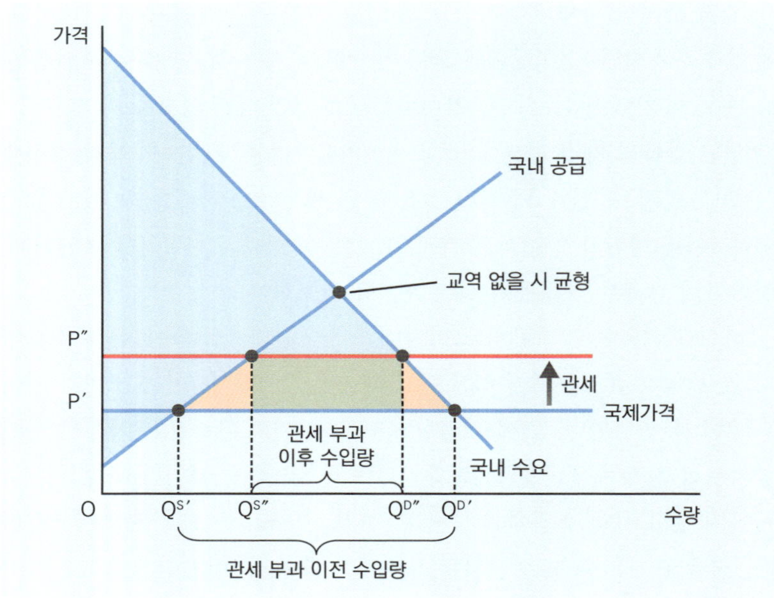

보호무역은 정당한가

보호무역은 경제적 비효율을 낳음에도 불구하고 사라지지 않는다. 가장 흔한 논리는 일자리 보호다. 값싼 수입품 때문에 국내 공장이 문을 닫고 노동자들이 일자리를 잃는다는 것이다. 하지만 경제학자들은 무역이 특정 산업의 일자리를 없애는 동시에 비교우위를 가진 다른 산업에서 새로운 일자리를 창출한다고 본다. 일자리를 보호하기 위해 모든 국민이 비싼 물건을 사야 하는 것은 더 큰 비효율을 낳는다는 것이다.

국가 안보의 차원도 있다. 철강이나 식량처럼 국가 방위에 필수적인 산업은 비효율적이더라도 국내 생산 기반을 유지해야 한다는 주장이다. 일리가 있지만 이 논리가 과도하게 사용돼 실제 안보와 무관한 산업까지 보호하는 수단으로 남용될 위험이 있다.

유치산업 보호론은 주로 개발도상국에서 주장된다. 지금은 경쟁력이 없지만 미래에 성장 잠재력이 있는 신생 산업을 일시적으로 보호해 국제 경쟁력을 갖출 때까지 키워야 한다는 논리다. 이론적으로는 타당하지만 일시적 보호가 종종 정치적 압력으로 영구적 보호가 되어 비효율적인 좀비 기업을 연명시키는 결과를 낳기도 한다.

결국 대부분의 보호무역 논리는 국가 전체의 이익보다는 특정 집단의 이익을 대변하는 경우가 많다. 무역정책은 사회 전체의 파이를 키우는 자유무역의 원칙과 그 과정에서 피해를 보는 특정 집단을 보호하려는 정치적 현실 사이의 끊임없는 줄다리기인 셈이다.

- 관세 · 쿼터 효과: 국내 생산자 보호하지만 소비자 손해와 사중손실 발생
- 보호무역 명분: 일자리 · 안보 · 유치산업 보호 논리이나 실상은 정치적 이해 대변
- 핵심 딜레마: 자유무역의 효율성과 특정 집단 보호 사이의 균형 문제

04

비관세장벽과 신보호무역주의

더 높고 교묘해진 벽

국제 사회는 오랜 협상을 통해 관세라는 명시적인 무역 장벽을 꾸준히 낮춰왔다. 하지만 국경의 장벽은 사라지지 않았다. 눈에 잘 띄던 벽돌담이 낮아진 자리에 눈에 잘 보이지 않는 유리벽이 더 높고 촘촘하게 세워졌을 뿐이다. 현대 국제무역에서 이 보이지 않는 유리벽의 역할을 하는 것이 바로 '비관세장벽'이다.

비관세장벽은 수입품에 직접 세금을 부과하지 않으면서도 복잡한 규제나 기준을 통해 사실상 수입을 어렵게 만드는 모든 제도적 장치를 의미한다. 이는 국민 안전이나 환경보호 등 합리적인 명분을 내세우기 때문에 그 의도를 파악하고 대응하기가 관세보다 훨씬 더 까다롭다.

가장 대표적인 비관세장벽으로는 무역기술장벽(TBT)과 위생 및 식물위생 조치(SPS)가 있다. 기술장벽은 각 나라가 서로 다른 기술 규정, 표준, 인증 절차를 만들어 사실상 수입을 제한하는 것이다. 예를 들어 특정 국가가 자국만의 독특한 자동차 안전 기준이나 전자제품 인증 절차를 고수한다면 외국 기업은 그 기준을 맞추기 위해 막대한 추가 비용을 지불해야 하므로 가격 경쟁력을 잃게 된다. 위생 및 식물위생 조치는 인간, 동물, 식물의 생명과 건강을 보호한다는 명분 아래 수입 농축산물에 대해 까다로운 검역 절차를 적용하는 것이다. 이 역시 합리적인 수준을 넘어서면 자국 농가를 보호하기 위한 수입 장벽으로 변질될 수 있다.

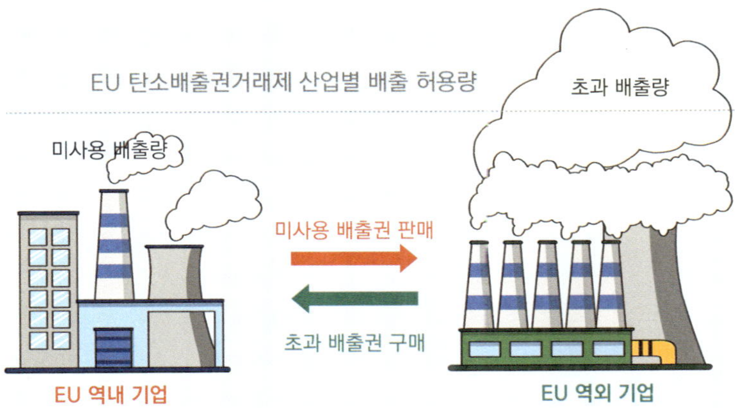

신보호무역주의

1980년대 이후 관세가 크게 낮아지자 선진국들을 중심으로 이러한 비관세장벽을 활용해 자국 시장을 보호하려는 움직임이 본격화됐다. 이를 신보호무역주의라고 부른다. 과거처럼 모든 산업을 무차별적으로 보호하는 것이 아니라 특정 전략 산업을 선별하여 집중적으로 보호하고 육성하는 특징을 보인다.

신보호무역주의는 다자간의 합의보다는 특정 국가를 겨냥한 일방주의나 '네가 우리 시장을 열어주는 만큼만 우리도 너의 시장을 열어주겠다'는 식의 상호주의를 앞세운다. 또한 정부가 자국의 특정 기업에 막대한 보조금을 지급하여 수출 가격 경쟁력을 인위적으로 높이는 방식도 핵심적인 수단이다. 이는 국제 무대에서 공정한 경쟁의 규칙을 둘러싼 끊임없는 무역 분쟁의 불씨가 된다.

21세기 들어 가장 강력한 신보호무역주의의 흐름은 환경보호를 명분으로 내세우는 그린 보호무역주의다. 기후변화 대응이라는 누구도 반박하기 어려운 대의를 앞세우지만 그 이면에는 자국 산업의 경쟁력을 강화하려는 계산이 깔려 있다.

유럽연합(EU)이 도입한 탄소국경조정제도(CBAM)가 대표적이다. 이는 EU보다 탄소 배출 규제가 약한 국가에서 생산된 철강, 시멘트 등의 제품이 수입될 때, EU 내에서 생산된 제품과 동등한 수준의 탄소 비용을 부과하는 제도다. 표면적으로는 공정한 경쟁 환경을 만드는 것이지만 실질적으로는 환경 규제가 강한 유럽 기업들을 보호하는 효과를 낳는다.

미국의 인플레이션 감축법(IRA) 역시 유사한 성격을 띤다. 북미에서 최종 조립된 전기차에만 보조금 혜택을 주는 조항은 친환경 산업을 육성한다는 명분과 함께 자국 내에 전기차 생산 기지를 유치하고 동맹국 중심의 공급망을 구축하려는 전략적 목적을 동시에 추구한다.

현대의 무역 장벽은 과거의 관세처럼 단순하지 않다. 안보, 환경, 기술 표준이라는 복잡한 옷을 입고 있으며 그 정당성을 판단하기도 쉽지 않다. 분명한 것은 보이지 않는 장벽들이 높아질수록 비교우위의 원리가 작동하기 어려워지고 세계 경제 전체의 효율성은 저하된다는 점이다. 자유무역의 이상과 보호무역의 현실 사이의 긴장은 새로운 형태의 장벽을 통해 오늘날에도 계속되고 있다.

- 비관세장벽: 복잡한 규제 · 표준 · 검역으로 수입을 사실상 차단하는 방법
- 신보호무역주의: 보조금 · 기술기준 · 상호주의 등 활용한 전략적 산업 보호 방식
- 그린 보호무역주의: 환경 · 탄소 규제를 명분으로 한 새로운 형태의 무역 장벽

05

경제통합과 무역협정

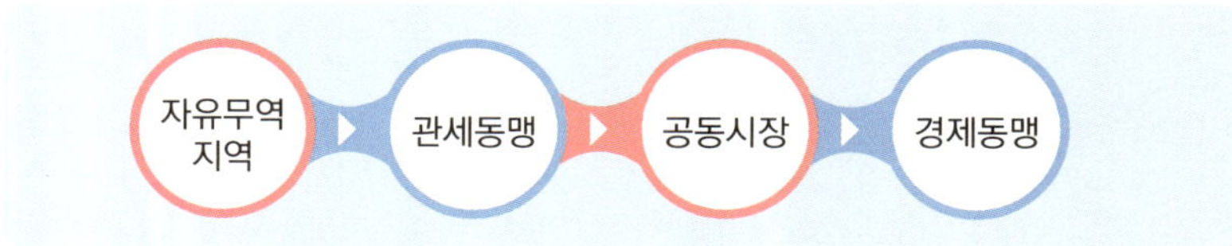

국경을 허무는 선택

국제무역은 국가 간의 효율성을 높이지만 국경이라는 장벽이 존재하는 한 거래 비용과 불확실성은 사라지지 않는다. 일부 국가들은 단순히 무역장벽을 낮추는 것을 넘어 아예 경제의 국경을 허물고 하나의 거대한 시장을 만들려는 시도를 한다. '경제통합'은 여러 나라가 상품, 서비스, 자본, 노동의 자유로운 이동을 보장하고 공동의 경제정책을 수립해 나가는 과정이다. 그 깊이와 범위에 따라 여러 단계로 발전한다.

가장 낮은 단계는 양자 혹은 다자간에 특정 품목의 관세를 낮추는 특혜무역협정에서 시작된다. 더 나아가 대부분의 상품 관세를 없애기로 약속하면 자유무역협정(FTA)이 된다. 회원국들은 역내에서는 무관세 혜택을 누리지만 한국과 미국이 각자 베트남에 대해 서로 다른 관세율을 적용하듯 비회원국에 대한 무역정책은 각자 독립적으로 유지한다.

한 단계 더 발전하면 관세동맹이 된다. 회원국 간 무관세는 기본이고, 비회원국에는 공동 대외관세를 설정해 공동으로 대응한다. 관세동

맹에서 상품뿐 아니라 노동, 자본과 같은 생산요소의 자유로운 이동까지 보장하면 공동시장이 된다. 유럽연합(EU)의 전신이었던 유럽경제공동체(EEC)가 대표적이다.

재정·통화정책 등 주요 경제정책까지 공동으로 수립하고 조율하면 경제동맹 단계에 이른다. 유로화를 공동 통화로 사용하는 유로존 국가들이 해당한다.

유로존 지도(2025년 기준)

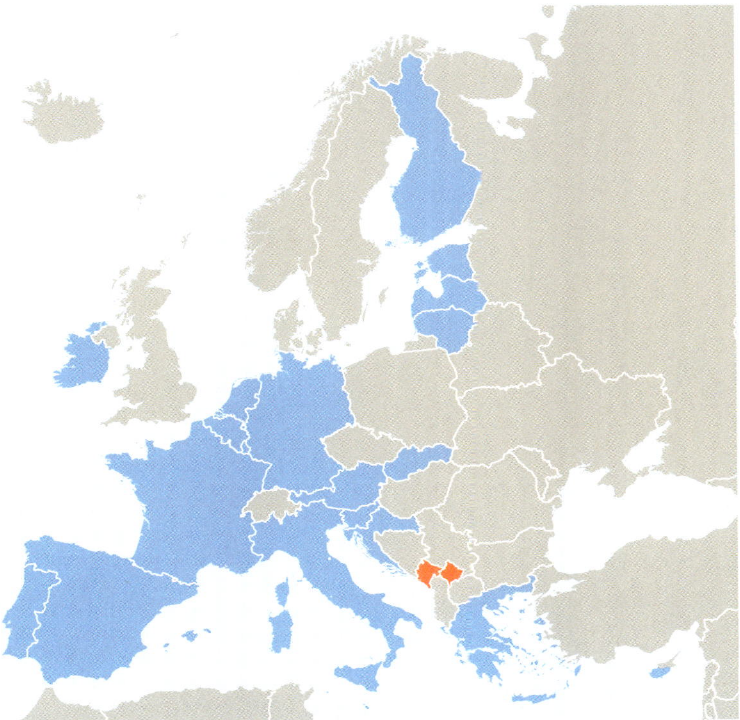

무역창출과 무역전환

경제통합이 항상 참여국 모두에게 이익만을 가져다주는 것은 아니다. 경제학에서는 통합의 경제적 효과를 무역창출 효과와 무역전환 효과라는 두 가지 측면에서 분석한다. 무역창출 효과는 긍정적인 측면이다. 경제통합으로 역내 관세가 철폐되면서 과거 자국 내에서 비효율적으로 생산하던 상품을 이제는 더 효율적인 역내 다른 회원국으로부터 값싸게 수입하게 되는 효과다. 이는 자원의 효율적 배분을 촉진해 참여국의 후생을 증대시킨다.

반면 무역전환 효과는 부정적인 측면이다. 통합 이전에 가장 효율적인 생산국이었던 역외 국가로부터 값싸게 수입하던 상품이 있었다고 하자. 하지만 경제통합 후 역외 국가에 대한 공동 대외관세가 부과되면서 이제는 그보다 비효율적이더라도 관세 혜택을 받는 역내 회원국으로부터 수입하게 되는 현상이 발생할 수 있다. 이는 효율적인 무역 파트너가 비효율적인 파트너로 전환되는 것으로 자원의 비효율적 배분을 낳아 후생을 감소시킨다. 따라서 한 경제통합이 성공적이라고 평가받기 위해서는 무역전환이라는 부정적 효과보다 무역창출이라는 긍정적 효과가 더 커야만 한다.

세계화와 지역주의

과거 국제무역 질서는 세계무역기구(WTO)를 중심으로 모든 회원국이 동등한 대우를 받는 다자주의를 이상으로 삼았다. 하지만 WTO 협상이 지지부진해지면서 2000년대 이후 세계는 마음 맞는 나라들끼리 먼저 시장을 여는 지역주의가 급속히 확산되는 추세다.

최근의 무역협정은 단순히 상품 관세를 넘어 투자, 지식재산권, 환경, 노동 등 광범위한 규범을 포괄하는 포괄적 경제동반자협정(CEPA)

의 형태로 진화하고 있다. 포괄적·점진적 환태평양경제동반자협정(CPTPP), 역내포괄적경제동반자협정(RCEP) 등 거대 FTA의 등장은 이러한 지역주의 흐름을 상징적으로 보여준다.

경제통합은 세계화의 흐름 속에서 국가들이 경제적 이익과 정치적 연대를 동시에 추구하는 전략적 선택이다. 이는 시장을 넓히는 기회인 동시에 더 높은 수준의 국제 기준과 경쟁에 직면해야 하는 도전이기도 하다. 현대 국제 통상 질서는 전 세계를 아우르는 거대한 세계화와 특정 지역을 중심으로 뭉치는 지역화가 복잡하게 공존하며 재편되고 있다.

- 경제통합: 여러 국가가 상품 · 서비스 · 생산요소의 이동을 자유롭게 하며 경제정책을 공동화하는 과정
- 무역창출 효과: 비효율적 국내 생산이 효율적 역내 생산으로 대체 → 후생 증가
- 무역전환 효과: 효율적 역외 수입이 비효율적 역내 수입으로 전환 → 후생 감소

06

국제수지의 구조

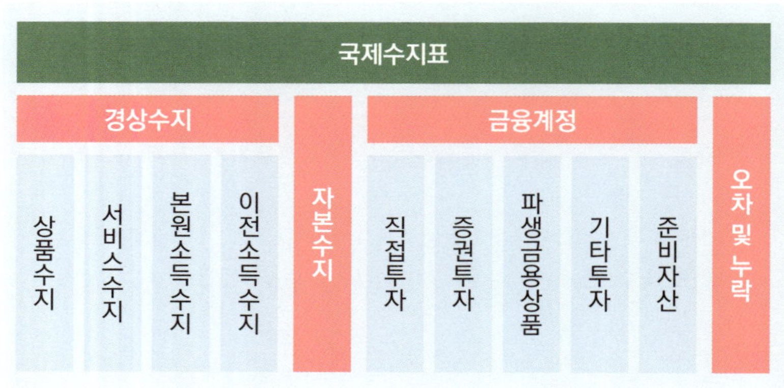

돈의 흐름으로 읽는 세계

개인이 한 달간의 수입과 지출을 가계부에 기록하듯 국가는 일정 기간 동안 세계의 다른 모든 나라와 거래한 내역을 '국제수지'라는 표에 기록한다. 여기에는 기업이 반도체를 수출하고 원유를 수입하는 것부터 해외여행객이 현지에서 쓰는 돈, 투자자가 외국 주식을 사고파는 행위까지 국경을 넘나드는 모든 경제활동이 담긴다. 국제수지는 한 나라가 세계와 어떻게 연결돼 있는지를 보여주는 종합 재무제표인 셈이다.

국제수지는 크게 두 부분으로 나뉜다. 첫째는 주로 상품과 서비스처럼 대가를 주고받는 실물 거래를 기록하는 '경상수지'이다. 둘째는 주식, 채권, 부동산 투자처럼 자산의 소유권이 오가는 금융 거래를 기록하는 '자본·금융계정'이다. 회계 원리에 따라 이 두 계정의 합은 항상 0이 되어야 한다. 만약 우리나라가 번 돈보다 쓴 돈이 더 많다면 그 부족분은 반드시 어딘가에서 빌려오거나 가지고 있던 외화를 꺼내 써야 하기 때문이다.

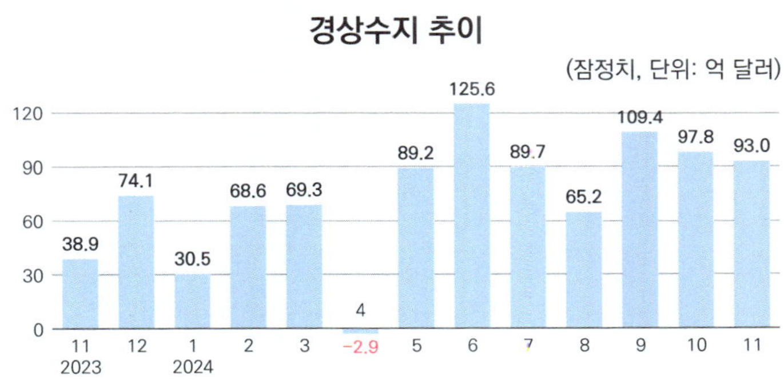

경상수지

경상수지는 한 나라가 상품과 서비스를 팔아 외화를 얼마나 벌어들였는지를 보여주는 핵심 지표다. 경상수지는 다시 네 개의 작은 항목으로 구성된다.

가장 큰 비중을 차지하는 것은 눈에 보이는 재화의 수출과 수입을 기록하는 상품수지다. 반도체, 자동차 수출이 원유, 소비재 수입보다 많으면 상품수지는 흑자를 기록한다. 다음으로 서비스수지는 운송, 여행, 건설, 지식재산권 사용료처럼 형태가 없는 서비스의 거래 내역을 담는다. 한국의 해운사가 외국 화물을 운송해주거나 외국인 관광객이 국내에서 지출하는 돈은 서비스 수출로 잡힌다.

본원소득수지는 노동과 자본을 제공한 대가를 기록한다. 우리 국민이 해외 기업에 투자하여 받은 배당금이나 해외에서 일하고 받은 급여는 여기에 포함된다. 마지막으로 이전소득수지는 해외 동포의 국내 송금이나 국제기구에 내는 분담금처럼 대가 없이 오가는 자금의 흐름을 나타낸다. 이 네 가지를 모두 합한 값이 흑자이면 국가는 외화를 벌어들인 것이고 적자이면 외화를 쓴 것이다.

자본·금융계정

자본·금융계정은 경상수지에서 발생한 흑자나 적자가 어떤 형태의 투자로 이어졌는지를 보여준다. 이 계정은 크게 세 부분으로 나뉜다.

직접투자는 외국 기업이 국내에 공장을 짓거나 국내 기업의 경영에 참여할 목적으로 투자하는 장기적 성격의 자본이다. 반면 증권투자는 주식이나 채권처럼 시세차익을 주된 목적으로 하는 단기적 성격의 금융투자다. 기타투자는 이 둘에 속하지 않는 대출, 무역신용 등의 자금 흐름을 포함한다.

자본·금융계정이 흑자라는 것은 해외에서 국내로 들어온 돈(자본유입)이 국내에서 해외로 나간 돈(자본유출)보다 많다는 의미다. 반대로 적자라면 순유출이 발생했음을 뜻한다.

거울과 같은 균형

경상수지와 자본·금융계정은 동전의 양면과 같다. 경상수지 흑자는 상품과 서비스를 팔아 외화를 벌어들였다는 뜻이다. 이 외화는 국내에 가만히 쌓여 있지 않고, 해외 주식이나 채권을 사거나 해외 공장을 짓는 등 다양한 형태의 해외투자로 이어진다. 즉, 경상수지 흑자는 반드시 순자본유출을 동반한다.

반대로 경상수지 적자는 우리가 번 것보다 더 많이 썼다는 의미다. 이 부족한 외화를 메우기 위해 우리는 해외에서 돈을 빌려오거나, 국내 자산을 해외에 팔아야 한다. 이는 경상수지 적자가 반드시 순자본유입을 동반해야 함을 의미한다.

이 관계는 거시경제의 중요한 항등식인 '저축=투자+순수출'로도 설명된다. 한 나라의 저축(S)이 국내 투자(I)보다 많으면 남는 저축분은 해외로 흘러가 순자본유출이 된다(S > I → NX > 0). 반대로 국내 투자가 저축보다 많으면, 부족한 투자 재원을 해외에서 차입해와야 하므로 순자본유입이 발생한다(S < I → NX < 0).

결국 국제수지는 세계 경제가 하나의 닫힌 시스템처럼 연결돼 있음을 보여주는 가장 명확한 증거다. 한 나라의 경상수지 흑자는 반드시 다른 나라의 경상수지 적자를 의미하며, 한 나라의 저축 초과는 다른 나라의 투자 재원이 된다. 국제수지표를 읽는다는 것은 이처럼 국경을 넘나드는 돈의 흐름을 통해 세계 경제의 거대한 연결망을 이해하는 첫걸음이다.

- 국제수지: 한 나라가 일정한 기간 동안 다른 나라와 거래한 것을 모두 집계한 계정
- 경상수지: 상품 · 서비스 · 소득 · 이전소득 구성
- 자본 · 금융계정: 해외 자산의 취득 · 매각 등 자금 흐름

07

환율의 기초 개념

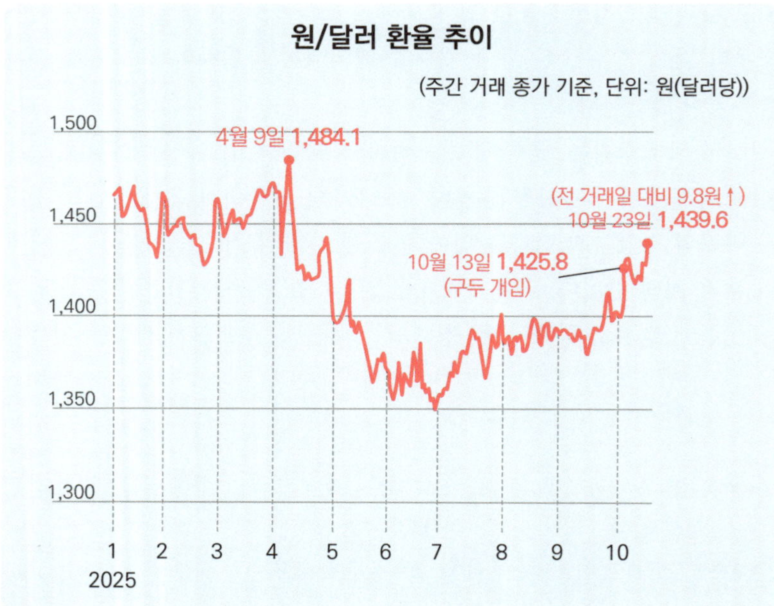

국경을 넘는 돈의 가격

해외 직구로 100달러짜리 운동화를 살 때 어떤 날은 13만 원, 다른 날은 14만 원을 내야 한다. 운동화의 달러 가격은 그대로인데 내가 내는 원화 가격은 매일 달라진다. 이는 두 나라 화폐의 교환 비율이 끊임없이 변하기 때문이다. 환율은 한 나라의 돈을 다른 나라의 돈으로 바꿀 때 적용되는 가격이다. 1달러=1,300원이라는 환율은 미국 돈 1달러의 가치가 한국 돈 1,300원과 같다는 의미다.

만약 이 환율이 1,400원으로 오른다면 같은 1달러를 사기 위해 더 많은 원화가 필요해졌다는 뜻이므로 원화의 가치는 하락한 것이다. 반대로 환율이 1,200원으로 내린다면 더 적은 원화로 1달러를 살 수 있게 되었으므로 원화의 가치는 상승한 셈이다. 이처럼 환율은 세계 경제 속에서 한 나라 화폐의 가치를 보여주는 중요한 지표다.

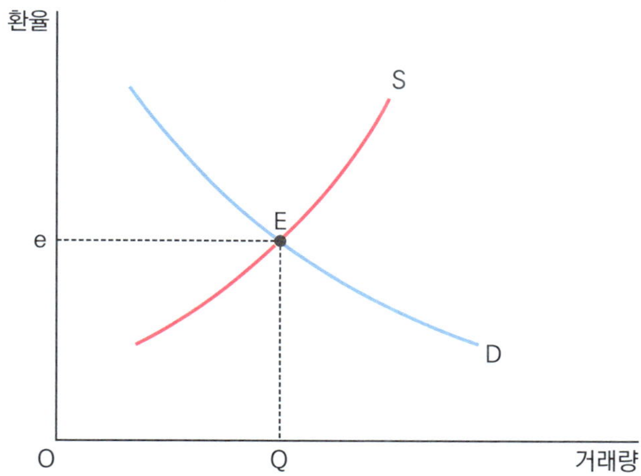

외환시장의 수요와 공급

환율은 사과 시장에서 사과 가격이 결정되는 원리와 같다. 외환을 사려는 수요와 팔려는 공급이 만나는 외환시장에서 결정된다. 달러 수요는 주로 우리나라 경제 주체들이 해외에 달러로 무언가를 지불해야 할 때 발생한다. 미국산 상품을 수입하려는 기업, 해외여행을 떠나는 사람,

미국 주식에 투자하려는 투자자 등이 모두 달러 수요를 구성한다. 이들은 원화를 팔고 달러를 사려고 한다.

달러 공급은 주로 해외 경제 주체들이 우리나라에서 무언가를 사기 위해 달러를 원화로 바꾸려 할 때 발생한다. 우리나라 기업이 반도체를 수출하고 받은 달러 대금을 원화로 바꾸거나 외국인이 국내 주식에 투자하기 위해 달러를 팔 때 달러 공급이 늘어난다.

외환시장에서 달러를 사려는 힘이 팔려는 힘보다 강하면 달러 가치는 상승하고 원화 가치는 하락한다. 반대로 달러를 팔려는 힘이 더 강하면 달러 가치는 하락하고 원화 가치는 상승한다. 이처럼 환율은 외환시장에서 달러의 수요 곡선과 공급 곡선이 만나는 균형점에서 결정된다.

환율을 움직이는 힘

균형점은 고정돼 있지 않고 다양한 경제 요인에 따라 끊임없이 움직인다. 가장 기본적인 요인은 경상수지, 특히 무역수지의 변화다. 반도체 수출이 잘 되어 국내로 들어오는 달러가 늘어나면 환율은 하락 압력을 받는다. 반대로 원유 수입이 급증하여 해외로 나갈 달러가 많아지면 환율은 상승 압력을 받는다.

자본의 이동 역시 환율에 즉각적인 영향을 미친다. 외국인 투자자들이 국내 주식 시장의 전망을 밝게 보고 대규모로 투자금을 들여오면, 이들은 달러를 팔고 원화를 사야 하므로 달러 공급이 늘어나 환율이 하락한다. 반대로 국내 투자자들이 해외 부동산이나 주식 투자를 늘리면 원화를 팔고 달러를 사야 하므로 달러 수요가 늘어나 환율이 상승한다.

각국의 이자율 차이도 중요한 변수다. 만약 한국의 이자율이 미국보다 상대적으로 높다면 더 높은 수익률을 좇는 글로벌 자금이 국내로 유입되면서 환율이 하락할 가능성이 커진다.

미래에 대한 기대 심리도 무시할 수 없다. 만약 많은 사람이 앞으로 원화 가치가 떨어질 것이라고 예상한다면, 그들은 실제로 원화를 팔고 달러를 사두려는 행동에 나선다. 이러한 행동이 모여 실제로 달러 수요를 증가시키고 환율을 상승시키는 자기실현적 예측이 나타나기도 한다. 이처럼 환율은 수많은 경제적 요인과 심리적 기대가 복합적으로 작용하여 결정되는, 살아 움직이는 가격이라 할 수 있다.

- 환율: 한 나라의 화폐와 외국 화폐의 교환 비율
- 외환시장에서 달러 수요와 공급이 만나는 균형점에서 환율 결정
- 변동 요인: 무역수지, 자본 이동, 이자율 차, 기대심리 등

08

구매력평가설

같은 물건 다른 가격

뉴욕의 맥도날드 매장에서 빅맥 햄버거는 5달러인데 서울의 같은 매장에서는 6,500원이다. 두 햄버거의 품질이 같다면 두 나라 돈의 교환 비율은 이론적으로 1달러에 1,300원이 돼야 두 햄버거의 가치가 같아진다. 하지만 실제 외환시장의 환율은 이와 다를 때가 많다. 이처럼 나라마다 동일한 상품의 가격이 다른 이유는 각국 화폐가 가진 구매력이 다르기 때문이다.

'구매력평가설(PPP, Purchasing Power Parity)'은 장기적으로 환율은 각국 화폐의 구매력이 같아지는 수준으로 수렴해 갈 것이라고 설명하는 이론이다. 이는 마치 물이 높은 곳에서 낮은 곳으로 흐르듯 화폐의 가치 역시 나라마다 동일한 구매력을 갖는 방향으로 조정된다는 것이다.

구매력평가설은 일물일가의 법칙이라는 단순하지만 강력한 원리에 자리 잡고 있다. 무역 장벽이나 거래 비용이 없다면 동일한 상품은 전 세계 어디에서나 하나의 가격으로 팔려야 한다는 것이다. 만약 어떤 상품이 한 나라에서는 싸고 다른 나라에서는 비싸다면 사람들은 싼 곳에서 사서 비싼 곳에 되파는 차익거래를 통해 이익을 얻으려 할 것이다. 이 과정에서 싼 나라의 수요는 늘어 가격이 오르고, 비싼 나라의 공급은 늘어 가격이 내리면서 결국 두 나라의 가격은 같아지게 된다.

절대적 구매력평가설

$$E = \frac{P}{P^*}$$

E: 균형환율(예: 원/달러 환율)
P: 국내 물가지수
P*: 해외 물가지수

상대적 구매력평가설

$$\triangle e \approx \pi - \pi^*$$

△e: 환율 상승률(국내통화 절하율)
π: 국내 인플레이션율
π*: 해외 인플레이션율

환율도 마찬가지다. 한국의 빅맥이 6,500원이고 미국의 빅맥이 5달러인데, 실제 환율이 1달러당 1,500원이라면 달러로 환산한 한국의 빅맥 가격은 약 4.33달러에 불과하다. 이는 원화의 구매력이 달러보다 강하지만 외환시장에서 원화가 저평가되어 있다는 신호다. 차익거래자들은 싼 한국의 빅맥을 사기 위해 달러를 팔고 원화를 사려 할 것이고, 이 과정에서 원화 가치는 상승해 점차 균형점인 1,300원에 가까워질 것이다.

빅맥지수와 PPP의 현실

영국의 경제 주간지 『이코노미스트』가 매년 발표하는 빅맥지수는 구매력평가설의 원리를 실생활에 적용한 재미있는 지표다. 빅맥은 전 세계 대부분의 나라에서 표준화된 품질로 판매되기 때문에 각국 통화의 구매력을 비교하는 훌륭한 기준점이 된다. 빅맥지수는 각국의 빅맥 가격을 달러로 환산하여 미국 내 가격과 비교함으로써 해당 국가의 통화가 달러 대비 고평가되었는지 혹은 저평가됐는지를 직관적으로 보여준다.

물론 구매력평가설이 현실 세계에서 완벽하게 들어맞는 것은 아니다. 미용 서비스나 부동산처럼 국가 간에 거래되지 않는 비교역재는 가격 차이가 계속 존재할 수 있다. 또한 국가마다 다른 세금, 관세, 운송비 등 거래 비용이 일물일가의 법칙을 방해한다. 아울러 단기적으로는 국가 간 이자율 차이에 따른 자본의 이동이 물가 수준보다 환율에 더 큰 영향을 미친다.

이러한 한계에도 구매력평가설은 중요한 통찰을 제공한다. 환율이 단기적으로는 금융 요인에 의해 급등락할 수 있지만 장기적으로는 각국 경제의 생산성과 물가 수준을 반영하는 방향으로 움직인다는 점이다. 각국의 실질적인 생활 수준을 비교하기 위해 시장 환율 대신 구매력평가에 기반한 PPP 환율을 사용하는 것도 마찬가지 이유다.

- 구매력평가설: 장기적으로 환율은 각국 통화의 구매력이 같아지는 방향으로 조정
- 일물일가의 법칙: 무역장벽이 없다면 같은 상품은 전 세계 어디서나 같은 가격을 가져야 함
- 빅맥지수: 각국 빅맥 가격을 달러로 환산해 통화의 고평가 · 저평가를 보여주는 지표

09

이자율평가설

단기 환율을 움직이는 힘

단기적으로 환율은 물가보다 훨씬 더 변덕스럽게 움직인다. 오늘 1,300원이던 원/달러 환율이 내일 갑자기 1,350원이 되는 현상은 물가 수준의 변화만으로는 설명하기 어렵다. 단기적인 환율 변동은 상품 시장이 아닌 국경을 넘나드는 자본의 흐름과 투자자들의 기대 심리에 있다.

국제 금융시장의 투자자들은 언제나 더 높은 수익률을 좇아 움직인다. 만약 미국의 예금 금리가 연 5%이고 한국의 예금 금리가 연 3%라고해도 모든 돈이 미국으로만 향하지 않는다. 투자자들은 현재의 이자율 차이뿐만 아니라 1년 뒤 투자금을 회수할 때의 환율 변동 위험까지 함께 고려하기 때문이다. 이처럼 국가 간 이자율 차이와 예상되는 환율 변동률이 서로 균형을 이뤄 어느 나라에 투자하든 기대수익률이 같아져야 한다는 원리를 '이자율평가설(IRP, Interest Rate Parity)'이라고 한다.

커버드 이자율평가설

$$(1 + i) = \frac{F}{E}(1 + i^*)$$

i: 국내 금리
i*: 해외 금리
E: 현재 현물환율(예: 원/달러)
F: 선물환율

언커버드 이자율평가설

$$(1 + i) = \frac{Ee}{E}(1 + i^*)$$

Ee: 미래 예상 환율

기대수익률의 균형

이자율평가설의 핵심은 국가 간 차익거래가 불가능한 균형 상태를 가정하는 데 있다. 예를 들어 한국의 1년 만기 이자율이 3%, 미국의 이자율이 5%라고 하자. 투자자가 1,300만 원을 갖고 있다면, 한국에 예금하면 1년 뒤 1,339만 원(1,300만×1.03)을 얻게 된다.

이 투자자가 미국에 투자한다면 1,300만 원을 현재 환율 1,300원/달러로 환전해 1만 달러를 만든다. 이 돈을 미국에 예금하면 1년 뒤 10,500달러(1만×1.05)가 된다. 이 투자자가 최종적으로 얻게 될 원화

수익은 1년 뒤의 예상 환율에 따라 달라진다. 만약 1년 뒤에도 환율이 그대로 1,300원을 유지할 것으로 예상된다면 원화 수익은 1,365만 원(10,500달러×1,300)으로 한국에 투자하는 것보다 이익이다.

이 경우 모든 투자자는 원화를 팔고 달러를 사서 미국에 투자하려 할 것이다. 이러한 행동은 외환시장에서 달러 수요를 급증시켜 현재의 원/달러 환율을 상승시킨다. 바로 두 나라의 투자 기대수익률이 같아지는 지점까지다. 미국의 높은 이자율(5%)에서 오는 이익이 앞으로 원화 가치가 상승할 것이라는 기대로 인한 환차손 예상분과 정확히 상쇄될 때까지 현재 환율이 조정된다. 이 원리를 정리하면 한 나라의 이자율이 상대국보다 높다면 그 나라의 통화 가치는 미래에 하락할 것으로 예상된다는 결론에 이른다.

미래 환율에 대한 기대가 현재 환율을 결정하는 중요한 변수가 되는 관계를 언커버드 이자율평가(UIP, Uncovered Interest Parity)라고 한다. 언커버드는 환율 변동의 위험에 노출돼 있다는 의미다.

위험을 제거하는 거래

실제 금융시장에서는 미래의 환율 변동이라는 불확실성을 제거하려는 거래가 활발하게 일어난다. 투자자는 현재 시점에서 미래의 특정 시점에 외화를 사고팔 환율을 미리 고정할 수 있는데, 이를 선물환 계약이라고 한다.

만약 투자자가 선물환 계약을 통해 1년 뒤 달러를 팔 환율을 미리 약정해둔다면 환율 변동 위험은 사라진다. 이 경우 두 나라의 이자율 차이는 정확히 현재의 현물환율과 선물환율의 차이와 일치해야 한다. 만약 그렇지 않다면, 투자자들은 위험 없이 돈을 빌리고 투자해 차익을 얻는 무위험 차익거래가 가능해진다. 수많은 투자자가 이 기회를 포착하여 거래에 나서면 환율과 이자율은 순식간에 조정되어 차익거래 기회는 사라진다.

선물환을 통해 환율 변동 위험을 제거한 상태에서의 균형 조건을 커버드 이자율평가(CIP, Covered Interest Parity)라고 한다. 자본 이동이 자유로운 현대 금융시장에서는 CIP가 거의 항상 성립하는 것으로 알려져 있다.

결국 단기적인 환율의 움직임은 상품의 가격 차이보다는 국가 간 금리 차이와 미래에 대한 기대가 빚어내는 자본의 흐름에 의해 좌우된다. 이자율평가설은 환율이 단순한 무역의 결과물이 아니라 그 자체로 미래를 예측하는 민감한 금융 가격의 성격을 지니고 있음을 명확하게 보여준다.

- 이자율평가설: 두 나라 간의 금리 차이는 환율 변동 기대와 일치
- 언커버드: 환율 위험이 존재하는 상태에서 이자율이 높은 통화는 미래 가치 하락이 예상됨
- 커버드: 선물환 계약으로 환위험을 제거하면 금리 차이는 현물환율과 선물환율의 차이로 설명됨

10

환율제도의 유형

시장과 정부 사이의 선택

환율은 한 나라 화폐의 대외적 가치지만 그 가격을 결정하는 방식은 나라마다 다르다. 어떤 나라는 환율을 외환시장의 자유로운 수요와 공급에 전적으로 맡기는 반면 어떤 나라는 정부와 중앙은행이 특정 수준으로 환율을 유지하기 위해 적극적으로 개입한다. 전자를 변동환율제도, 후자를 고정환율제도라고 부른다.

두 제도는 각각 뚜렷한 장점과 단점을 지닌다. 변동환율제가 경제 충격에 대한 유연한 대응을 가능하게 한다면 고정환율제는 국제 거래의 안정성을 제공한다. 어떤 제도를 선택할 것인가는 한 나라의 경제 구조와 정책 목표에 따라 달라지는 중요한 정책적 선택의 문제다.

변동환율제도

변동환율제도하에서는 외환시장에서 외환의 수요와 공급이 변함에 따라 환율이 매 순간 자유롭게 변동한다. 정부나 중앙은행은 환율의 움직임에 직접적으로 개입하지 않고 시장의 가격 결정 기능을 존중한다. 한국, 미국, 유럽, 일본 등 대부분의 선진국이 이 제도를 채택하고 있다.

이 제도의 가장 큰 장점은 통화정책의 독립성을 확보할 수 있다는 점이다. 중앙은행은 국제 자본 이동이나 환율 방어에 대한 부담 없이 오직 자국의 물가 안정이나 경기 조절이라는 목표를 위해 기준금리를 자유롭게 조절할 수 있다. 또한 환율 자체가 경제의 자동 안정화 장치 역할을 한다. 예를 들어 갑작스러운 수출 부진으로 경기가 침체하면 외환 공급이 줄어들어 환율이 자연스럽게 상승한다. 이는 수출품의 가격 경쟁력을 높이고 수입품의 가격을 비싸게 만든다. 결국 수출이 늘고 수입이 줄어드는 효과를 통해 경기 침체를 완화하는 데 도움을 준다.

유연성의 대가는 환율의 높은 변동성이다. 환율이 급등락하면 미래의 수출입 가격을 예측하기 어려워져 기업들의 국제 거래와 장기 투자를 위축시킬 수 있다. 특히 단기적인 국제 자본 이동이 빈번한 경우 투기적 요인에 의해 환율이 과도하게 변동하며 경제 전체에 불안정을 야기할 위험도 존재한다.

고정환율제도

고정환율제도는 정부와 중앙은행이 자국 통화의 가치를 특정 기준에 고정시키고, 그 환율을 유지하기 위해 외환시장에 적극적으로 개입하는 체제다. 예를 들어 1달러당 1,000원으로 환율을 고정하기로 약속했다고 하자. 이 경우 시장에서 달러가 부족해 환율이 오를 것 같으면 중앙은행은 보유한 달러를 팔아 환율을 낮추고 반대로 달러가 넘쳐 환율이 내릴 것 같으면 달러를 사들여 환율을 방어해야 한다.

가장 큰 장점은 환율의 안정성이다. 환율 변동의 불확실성이 제거되므로 기업들은 안심하고 국제 거래와 투자를 계획할 수 있다. 이는 특히 무역 의존도가 높고 금융 시스템이 취약한 개발도상국에게 매력적인 선택지가 될 수 있다.

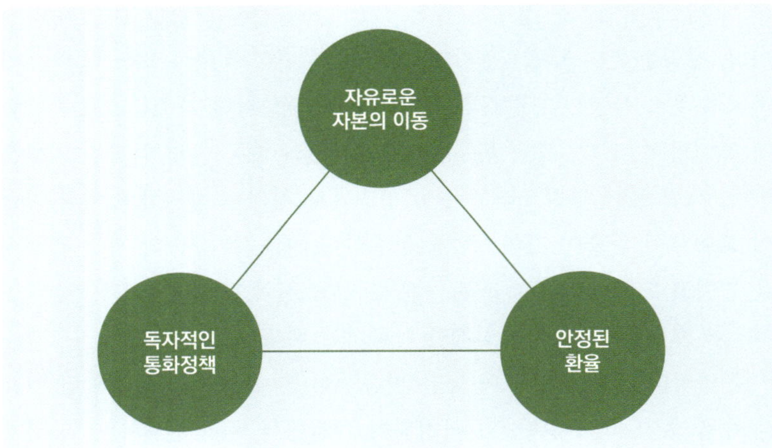

하지만 이 안정성을 유지하기 위해서는 값비싼 대가를 치러야 한다. 바로 통화정책의 독립성을 포기하는 것이다. 예를 들어 국내 경기가 침체해 중앙은행이 금리를 낮추고 싶다고 하자. 낮아진 금리는 해외로의 자본 유출을 유발하고, 이는 환율 상승 압력으로 작용한다. 고정환율을 유지해야 하는 중앙은행은 이 압력을 막기 위해 외환시장에서 달러를 팔아야 하는데, 이 과정에서 시중의 통화량이 다시 줄어들어 금리 인하

효과는 상쇄돼 버린다. 결국 중앙은행은 국내 경제 상황이 아닌 오직 환율 방어라는 단일 목표에 통화정책을 종속시킬 수밖에 없다. 또한 대규모 자본 유출이 발생할 때 중앙은행의 외환보유액이 바닥나면 고정환율을 포기해야 하는 외환위기에 직면할 수도 있다.

불가능의 삼각정리

고정환율제와 변동환율제의 장단점은 국제금융의 유명한 원리인 '불가능의 삼각정리'로 명쾌하게 정리된다. 이 이론에 따르면 한 국가는 자유로운 자본 이동, 안정적인 환율, 독자적인 통화정책이라는 세 가지 정책 목표를 동시에 달성할 수 없다. 세 가지 중 최대 두 가지만을 선택할 수 있을 뿐 나머지 하나는 반드시 포기해야 한다.

변동환율제를 채택한 현대 선진국들은 환율 안정을 포기하는 대신 자유로운 자본 이동과 독립적인 통화정책을 선택한 것이다. 반면 과거 중국처럼 고정환율제를 유지하면서 통화정책의 독립성도 지키고 싶었던 나라들은 자유로운 자본 이동을 엄격하게 통제하는 방식을 사용했다. 결국 어떤 환율제도를 선택할 것인가는 절대적인 정답이 있는 문제가 아니라 그 나라가 처한 경제 상황과 정책적 우선순위에 따른 전략적 선택의 문제인 셈이다.

- 변동환율제: 시장 결정, 통화정책 자율 ↑, 환율 변동성 ↑
- 고정환율제: 안정성 ↑, 통화정책 자율 ↓, 외환위기 위험 ↑
- 불가능의 삼각정리: 자본 자유 · 환율 안정 · 통화 독립성 중 둘만 선택 가능

11

글로벌 금리 사이클

이자율 따르는 자본

자본 이동이 자유로운 세계에서 돈은 국경을 가리지 않고 더 높은 수익률을 좇아 움직인다. 그 거대한 자본 흐름의 방향을 결정하는 가장 중요한 등대는 미국 중앙은행인 '연방준비제도(Fed)의 기준금리'다. Fed의 금리 결정은 단순히 미국 내의 정책이 아니라 전 세계 자금의 물꼬를 트거나 막는 거대한 파도와 같다.

Fed가 금리를 인상하면 미국 달러 자산의 이자 수익률이 높아지므로, 전 세계 투자 자금은 더 높은 수익을 찾아 미국으로 몰려든다. 이는 달러화 가치를 끌어올리고 신흥국 통화의 가치를 떨어뜨리는 압력으로 작용한다. 반대로 Fed가 금리를 인하하면 낮은 이자를 피해 더 높은 수익을 찾으려는 달러 자금이 신흥국의 주식, 채권, 부동산 시장으로 흘러들어와 자산 가격을 끌어올리는 경향이 있다. 이처럼 Fed의 금리 정책이 만들어내는 세계적인 금리 변동과 자본 흐름의 주기를 글로벌 금리 사이클이라고 부른다.

미국 금리 인상의 영향

미국의 금리 인상이 한국을 비롯한 신흥국 시장을 불안하게 만드는 과정은 크게 세 가지 경로를 통해 나타난다. 첫 번째는 자본 유출과 환율 상승이다. 미국 금리가 한국 금리보다 상대적으로 높아지면 국제 투자자들은 원화 자산을 팔아 달러 자산으로 바꾸려는 유인이 커진다. 이 과정에서 국내 주식 및 채권 시장에서 외국인 자금이 빠져나가고, 외환 시장에서는 원화를 팔고 달러를 사려는 수요가 급증한다. 그 결과 원화 가치는 하락하고 원/달러 환율은 상승한다. 환율 상승은 수입 물가를 끌어올려 국내 인플레이션 압력을 높이는 요인이 된다.

두 번째는 신흥국의 금융 불안이다. 많은 신흥국 기업과 정부는 자금 조달을 위해 달러 표시 부채를 안고 있는 경우가 많다. 미국의 금리 인상으로 달러 가치가 상승하면 이들이 갚아야 할 외화 부채의 원리금 상환 부담이 자국 통화 기준으로 눈덩이처럼 불어난다. 이는 신흥국의 재정 건전성을 악화시키고 심할 경우 국가 부도 위험을 높이는 도화선이 될 수 있다.

세 번째는 한국은행의 정책적 딜레마다. 미국의 금리 인상에 대응하여 국내 금리를 그대로 두면 더 높은 금리를 좇는 자본이 해외로 빠져나갈 위험이 커진다. 이를 막기 위해 어쩔 수 없이 국내 기준금리를 따라 올리게 되면 이는 국내 경기에는 부담으로 작용한다. 즉, 국내 경제 상황과 무관하게 미국의 통화정책 방향에 따라 우리의 정책 선택지가 제약을 받게 되는 것이다.

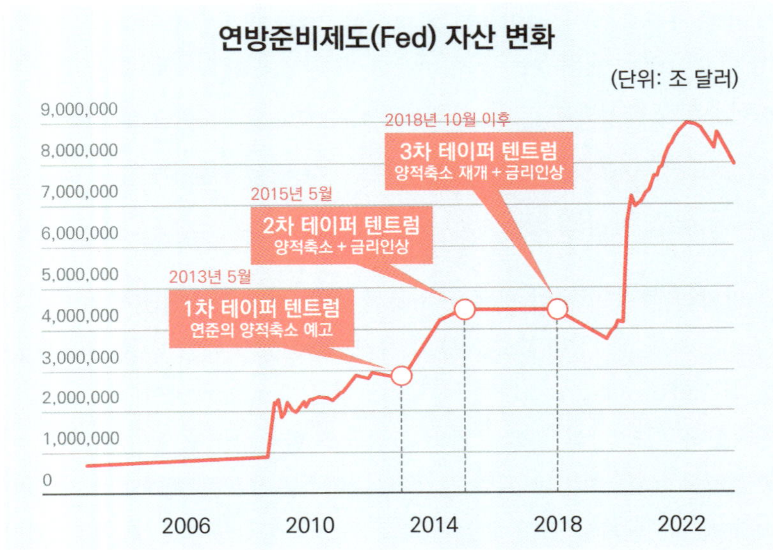

역사가 증명한 긴축 발작

미국의 금리 정책 변화가 세계 금융시장에 얼마나 큰 충격을 줄 수 있는지는 과거의 사례들이 명확히 보여준다. 2013년 당시 Fed 의장이었던 벤 버냉키가 양적완화 축소 가능성을 언급하자마자 전 세계 금융시장은 극심한 혼란에 빠졌다. 미국 국채 금리가 급등하고, 인도, 브라질 등 신흥국에서는 대규모 자본 유출과 함께 통화 가치가 폭락했다. 이를 시장에서는 '긴축 발작(Taper Tantrum)'이라고 부른다.

2015년과 2018년에도 Fed가 실제 금리 인상을 단행하거나 양적긴축에 나섰을 때 세계 금융시장은 비슷한 충격을 경험했다. 달러 강세는 원자재 가격 하락으로 이어져 자원 수출국에 타격을 주었고, 신흥국 금융 시장의 불안을 증폭시켰다. 이 경험들은 미국의 긴축은 곧 세계의 긴축이라는 공식을 시장에 깊이 각인시켰다. 이러한 현상은 불가능의 삼각정리 이론으로 설명할 수 있다. 자유로운 자본 이동을 허용하는 현대 국제금융 환경에서 한국과 같은 나라는 독립적인 통화정책과 안정적인 환율이라는 두 가지 목표를 동시에 달성하기 어렵다. 예를 들어 미국의 금리 인상이라는 외부 충격 앞에서 우리는 통화정책의 독립성을 일부 포기해야 한다. 금리를 따라 올리며 환율 안정을 꾀하거나 환율의 변동성을 감수하며 독립적인 통화정책을 유지해야 하는 선택의 기로에 놓이기 때문이다. 결국 글로벌 금리 사이클은 국경을 넘어 모든 경제가 서로 연결되어 있음을 보여주는 가장 명확한 증거이며, 한 나라의 경제 정책이 결코 섬처럼 고립되어 운용될 수 없음을 알려준다.

- 글로벌 금리 사이클: 미국 연준의 금리 변화가 전 세계 자본 이동 · 환율을 동시에 움직이는 현상
- 미국 금리 인상 → 달러 강세 → 신흥국 자본 유출 · 금융 불안 → 각국 통화정책 제약
- 테이퍼 텐트럼: '미국의 긴축 = 세계의 긴축' 현상 확인

12

달러 패권과 트리핀 딜레마

세계 통화의 탄생

국제 무역과 금융의 세계에서 기준이 되는 언어는 미국 달러다. 석유, 곡물 등 핵심 원자재는 달러로 가격이 매겨지고 거래되며 각국 중앙은행은 경제 위기에 대비하기 위한 비상금으로 달러를 비축한다. 이처럼 달러가 전 세계 금융 질서의 기축 역할을 하는 현상을 '달러 패권'이라고 부른다.

달러의 지위는 단순히 미국이 세계 최대의 경제 대국이기 때문에 얻어진 것이 아니다. 그 기원은 제2차 세계대전이 막바지에 이르던 1944

년 전후 세계 금융 질서를 논의하기 위해 열린 브레턴우즈 회의로 거슬러 올라간다. 당시 연합국들은 금본위제 붕괴와 대공황의 혼란을 반복하지 않기 위해 안정적인 통화 시스템을 구축하고자 했다. 이 회의의 결과 미국 달러를 금 1온스당 35달러의 가치에 고정하고, 다른 모든 나라의 통화는 다시 미국 달러에 고정하는 '금환본위제'가 탄생했다. 이는 달러가 금과 교환될 수 있는 유일한 통화로서 세계의 기축통화 지위를 공식적으로 부여받았음을 의미한다.

미국은 사실상 세계의 은행이 됐고, 달러는 국제 거래의 공용어가 되었다. 각국은 무역 대금을 결제하고 외환보유고를 축적하기 위해 달러를 필요로 하게 되었고, 이는 달러에 대한 전 세계적인 수요 기반을 만들었다.

기축통화 발행국이라는 지위는 미국에 막대한 경제적 특권을 안겨줬다. 가장 큰 특권은 국제수지 적자에 대한 부담에서 비교적 자유롭다는 점이다. 다른 나라들은 수입이 수출보다 많아 경상수지 적자가 발생하면 외환보유고가 고갈되거나 통화 가치가 폭락하는 위기를 맞을 수 있다. 하지만 미국은 다르다. 적자를 메우기 위해 필요한 달러를 자국 중앙은행이 직접 발행하면 되기 때문이다. 전 세계가 미국의 국채를 가장 안전한 자산으로 여기고 기꺼이 사주기 때문에 미국은 막대한 경상수지 적자를 지속하면서도 큰 어려움 없이 자금을 조달할 수 있다.

미국 중앙은행(Fed)의 통화정책은 전 세계 금융시장에 직접적인 영향력을 행사한다. Fed가 기준금리를 인상하면 전 세계 자금이 더 높은 수익률을 좇아 미국으로 흘러 들어오고, 반대로 금리를 인하하면 달러 자금이 전 세계 신흥국으로 흘러가 자산 시장의 호황을 이끈다. 달러는 단순한 화폐를 넘어 세계 금융 시스템의 흐름을 좌우하는 중력의 중심으로 작동한다.

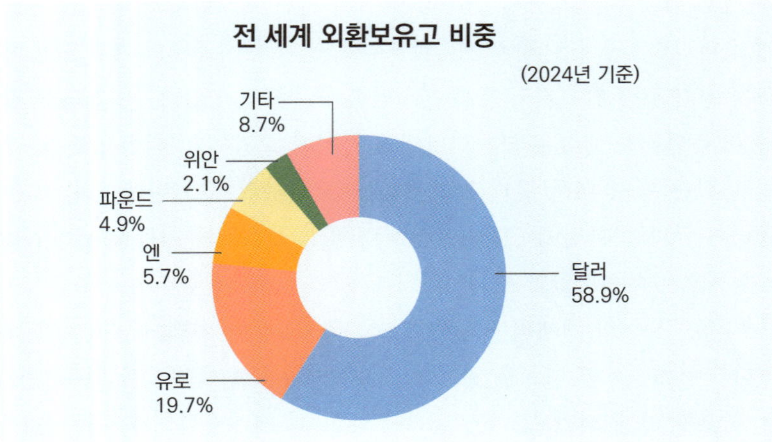

트리핀의 경고

벨기에 출신의 경제학자 로버트 트리핀은 1960년대 초 달러의 특권이 동시에 구조적인 모순을 내포하고 있음을 간파했다. 그는 달러가 기축통화로서의 역할을 다하기 위해 직면할 수밖에 없는 딜레마를 예언했는데 '트리핀 딜레마(Triffin Dilemma)'라고 불린다.

트리핀 딜레마에 따르면 세계 경제가 성장함에 따라 국제 교역과 금융 거래에 필요한 유동성은 계속해서 늘어나야 한다. 달러를 공급할 수 있는 유일한 국가는 미국뿐이므로, 미국은 세계에 달러를 공급하기 위해 수출보다 수입을 많이 하는 경상수지 적자를 지속해야만 한다.

미국의 경상수지 적자가 계속 누적되면 전 세계에 유통되는 달러의 양은 점점 더 많아진다. 이는 결국 미국이 약속했던 '금 1온스=35달러'의 교환 비율을 지킬 수 없을 것이라는 의심을 낳게 한다. 세계 경제에 유동성을 공급하려는 기축통화의 의무가 오히려 기축통화 자체의 신뢰도를 떨어뜨리는 역설적인 상황이 발생하는 것이다. 달러 공급을 늘리면 신뢰가 약해지고, 신뢰를 지키려 달러 공급을 줄이면 세계 경제가 위축되는 진퇴양난의 상황에 놓인 셈이다.

트리핀의 예언은 정확히 현실이 됐다. 1960년대 후반 미국은 베트남 전쟁과 막대한 복지 지출로 재정적자와 경상수지 적자가 눈덩이처럼 불어났다. 세계 시장에 풀린 달러의 양은 미국이 보유한 금의 양을 훨씬 초과했고, 각국은 앞다투어 달러를 금으로 바꿔달라고 요구하기 시작했다. 결국 1971년 리처드 닉슨 미국 대통령은 달러의 금태환 중지를 선언했고, 이로써 브레턴우즈 체제는 붕괴했다.

금과의 연결고리가 끊겼음에도 달러의 지위는 흔들리지 않았다. 석유를 비롯한 모든 원자재 거래가 여전히 달러로 결제됐고, 세계에서 가장 깊고 유동성이 풍부한 미국의 금융시장과 막강한 군사력은 달러에 대한 신뢰를 계속 뒷받침했다. 달러는 금이라는 족쇄에서 풀려난 이후에도 관성과 신뢰를 바탕으로 기축통화의 지위를 유지하게 된 것이다.

트리핀 딜레마는 계속되고 있다. 2008년 글로벌 금융위기 당시 미국은 전 세계에 막대한 달러 유동성을 공급하여 세계 경제의 붕괴를 막았다. 하지만 그 결과 풀린 막대한 달러는 신흥국의 부채 증가와 자산 버블이라는 부작용을 낳았다. 미국이 인플레이션을 잡기 위해 금리를 급격히 인상하자 이번에는 전 세계가 달러 유동성 부족과 부채 상환 부담 증가라는 고통을 겪게 됐다. 세계는 달러가 없으면 위기에 빠지고, 달러가 너무 많아도 위기에 빠지는 구조적 딜레마 속에 여전히 놓여있다.

- 1944년 브레턴우즈 회의에서 달러가 금 1온스 = 35달러에 고정되며 기축통화로 지정
- 트리핀 딜레마: 달러 공급을 늘리면 신뢰 약화, 줄이면 세계 유동성 부족
- 1971년 닉슨의 금태환 중단 → 달러는 금 없이도 신뢰로 유지되는 불태환 화폐로 전환

13

IMF와 다극통화체제

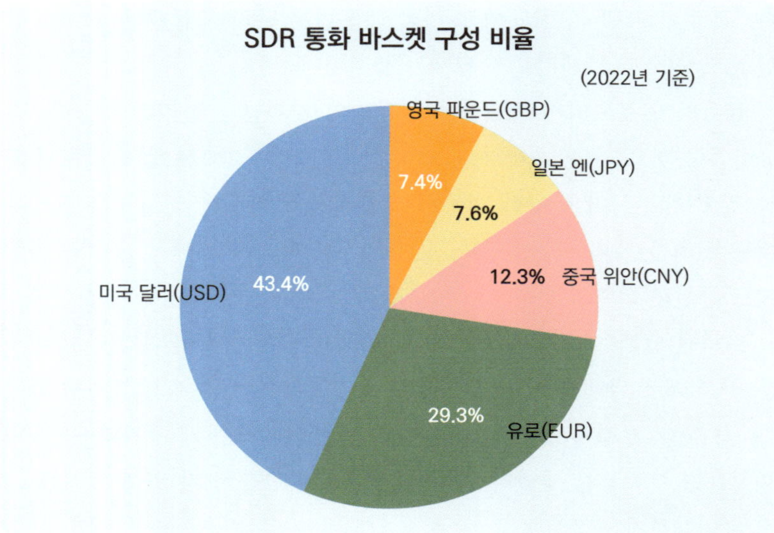

세계 통화 질서의 수호자

제2차 세계대전이 끝나갈 무렵, 세계 경제는 극심한 혼란 속에 있었다. 금본위제는 붕괴됐고 각국은 자국의 수출을 늘리기 위해 경쟁적으로 통화 가치를 떨어뜨리는 정책에 몰두했다. 이러한 통화 전쟁의 혼란을 막고 안정적인 국제금융 질서를 구축하기 위해 1944년 연합국 대표들은 브레턴우즈에 모여 국제통화기금(IMF)의 설립에 합의했다.

IMF의 핵심 임무는 회원국의 환율 정책을 감시하고, 외환 부족에 직면한 국가에 일시적으로 유동성을 공급하는 세계 경제의 소방수 역할을 하는 것이었다. 당시 브레턴우즈 체제는 미국 달러를 금에 고정하고 다른 모든 통화는 달러에 고정하는 금환본위제였다. IMF의 역할은 달러 중심 질서를 안정적으로 유지하는 데 있었다. 하지만 1971년 미국이 달러의 금태환을 중지하면서 이 체제는 붕괴했다. 세계는 변동환율제로 전환됐지만 IMF는 여전히 국제통화 협력의 중재자이자 글로벌 금융위기의 관리자로서 그 역할을 이어오고 있다.

트리핀 딜레마에서 보았듯 단일 국가의 통화인 달러에만 의존하는 국제통화 시스템은 구조적인 불안정성을 내포한다. 이러한 달러 의존도를 완화하고 국제 유동성을 보완하기 위해 IMF는 1969년 '특별인출권(SDR)'을 만들었다. SDR은 금이나 달러처럼 실물 화폐가 아니라 IMF가 회원국에 배분하는 일종의 인출 권리다.

SDR의 가치는 세계 경제에서 가장 중요한 미국 달러, 유로, 중국 위안, 일본 엔, 영국 파운드로 구성된 통화 바스켓의 가중 평균으로 결정된다. 각국 중앙은행은 보유한 SDR을 다른 회원국에 제공하고 그 대가로 필요한 달러를 확보할 수 있다. 예를 들어 한국이 일시적인 달러 부족에 직면하면 보유한 SDR을 IMF를 통해 다른 나라에 넘기고 달러를 공급받는 것이다. 이처럼 SDR은 글로벌 금융위기 시 달러 유동성을 보완하는 국제적 안전판의 역할을 수행한다.

다극통화체제의 서막

2016년 IMF는 중국 위안화를 SDR 통화 바스켓에 공식적으로 편입시켰다. 세계 2위 경제 대국으로 부상한 중국의 위상을 인정한 상징적인 사건이었다. 위안화의 편입은 달러와 유로 중심의 양강 구도에 새로운 축을 추가하며, 세계 통화 질서가 점차 여러 개의 중심 통화가 공존하는 다극통화체제로 나아가고 있음을 시사했다.

중국은 아시아인프라투자은행(AIIB) 설립, 일대일로 프로젝트 등을 통해 국제 거래에서 위안화의 사용을 적극적으로 확대하고 있다. 러시아, 브라질 등 일부 국가들과는 무역 결제에서 달러 대신 자국 통화를 사용하는 시도를 늘리고 있다.

하지만 위안화가 달러의 지위를 위협하는 진정한 기축통화로 자리잡기까지는 아직 갈 길이 멀다. 기축통화가 되기 위해서는 전 세계 투자자들이 믿고 거래할 수 있는 깊고 유동적인 금융시장, 자유로운 자본 이동의 보장, 제도적 투명성이 반드시 필요하다. 현재 이 모든 조건을 완벽하게 충족하는 국가는 여전히 미국뿐이다.

따라서 단기간에 달러 패권이 무너지기는 어렵다. 하지만 21세기의 IMF는 글로벌 금융위기나 코로나19 사태 등 세계적 충격에 대응해 달러 중심 체제의 불안정성을 보완하는 역할을 강화하고 있다. SDR이 달러를 완전히 대체하지는 못하더라도 달러의 부족 또는 과잉으로 인한 충격을 완화하는 보완재로서의 기능은 점점 더 중요해지고 있다. 달러가 여전히 세계 경제의 중심축임은 분명하지만 그 축을 지탱하는 기둥은 여러 통화로 다원화되고 있다.

- IMF 설립: 1944년 브레턴우즈 회의에서 통화 전쟁 방지와 환율 안정을 위해 창설
- SDR: 달러 · 유로 · 위안 · 엔 · 파운드로 구성
- 달러 패권은 여전히 유지되지만 다극통화체제로 진전 중

14

국제 원자재 가격 변동

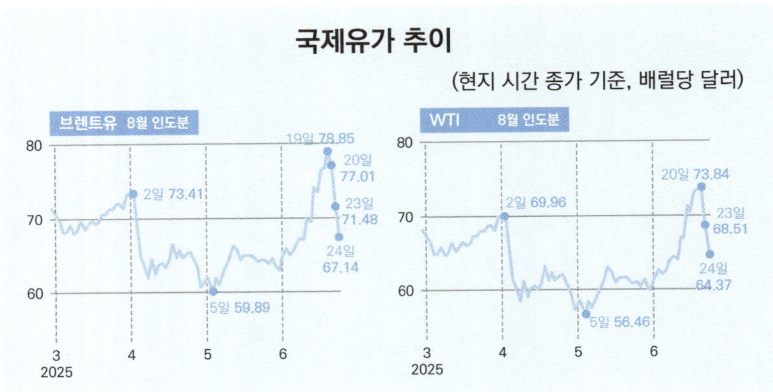

국제 유가

국제 원자재는 현대 산업 문명을 구성하는 가장 기초적인 요소다. 자동차를 움직이는 휘발유부터 우리가 매일 먹는 빵에 이르기까지 모든 생산 활동은 원자재에서 시작된다. 원자재 가격의 변동은 단순히 특정 상품의 가격 변화가 아니라 세계 경제 전체의 건강 상태를 보여주는 중요한 지표이자 때로는 경제 위기의 진원지가 되기도 한다.

국제 유가는 원자재의 왕으로 불릴 만큼 가장 강력한 영향력을 행사한다. 석유는 운송, 제조, 전력 생산 등 거의 모든 산업의 혈액과도 같은 역할을 하므로 유가의 움직임은 세계 경제의 성장률과 인플레이션 흐름을 좌우하는 핵심 변수가 된다.

국제 유가가 급등하면 세계 경제는 복합적인 충격에 직면한다. 가장 먼저 기업의 생산 비용이 상승한다. 이는 기업의 이윤을 감소시키고, 투자를 위축시키며, 올라간 비용을 소비자 가격에 전가하면서 전 세계적인 비용 인상 인플레이션을 유발한다. 1970년대 세계를 휩쓴 스태그플레이션은 유가 급등에서 시작됐다.

유가 변동은 국가 간에 부의 이전을 일으킨다. 유가가 상승하면 사우디아라비아, 러시아와 같은 산유국은 막대한 오일 달러를 벌어들이며 재정 수입이 급증한다. 반면 한국, 일본, 독일처럼 에너지 대부분을 수입에 의존하는 국가는 무역수지가 악화되고, 생산 비용 상승으로 인해 경제 전반의 경쟁력이 약화되는 이중고를 겪는다.

세계 식량 가격지수 추이

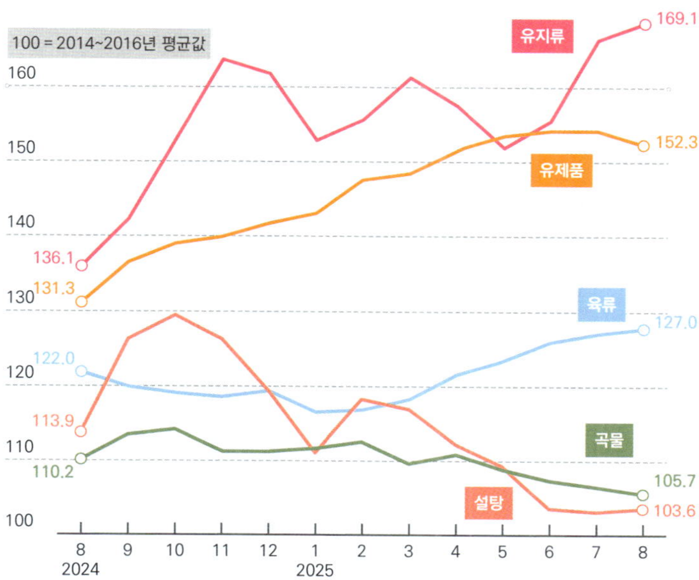

부의 이전은 국제 금융시장의 자금 흐름까지 바꾼다. 유가 상승기에는 막대한 오일 머니가 산유국으로 흘러 들어가고, 이 자금은 다시 전 세계 자산 시장에 투자되며 새로운 자본 이동의 흐름을 만들어낸다.

식량 가격

곡물 가격의 변동 역시 유가만큼이나 세계 경제에 큰 파급력을 가진다. 특히 식량 가격 급등이 전반적인 물가 상승을 주도하는 현상을 '애그플레이션(Agflation)'이라고 부른다. 기후변화로 인한 흉작, 특정 국가의 수출 통제, 혹은 바이오 연료 생산을 위한 옥수수 수요 증가 등이 복합적으로 작용하여 국제 곡물 가격은 단기간에 폭등할 수 있다.

곡물 가격 상승은 특히 개발도상국에 치명적이다. 소득의 상당 부분을 식비로 지출하는 저소득 계층은 즉시 생계의 위협에 직면하게 되며, 종종 대규모 시위나 정권의 불안정 같은 사회·정치적 위기로 번지기도 한다. '아랍의 봄' 민주화 운동의 배경 중 하나로 급등한 식량 가격이 꼽히는 이유다.

국제 원자재는 대부분 미국 달러로 거래된다는 중요한 특징이 있다. 이는 원자재 가격과 달러 가치 사이에 흥미로운 역학 관계를 만들어낸다. 일반적으로 달러 가치가 하락하면 달러로 표시된 원자재 가격은 상승하는 경향이 있다. 원자재를 보유하는 것이 달러 현금을 보유하는 것보다 더 유리해지기 때문이다. 반대로 달러 가치가 상승하면 원자재의 매력이 떨어져 가격이 하락하는 경향을 보인다.

이 관계는 신흥국에 큰 부담으로 작용한다. 달러 강세는 그 자체로 신흥국의 외채 상환 부담을 늘리는데, 이때 원자재 가격까지 하락한다면 원자재 수출에 의존하는 많은 신흥국 경제는 이중의 타격을 받게 된다. 이처럼 국제 원자재 가격의 움직임은 단순히 수요와 공급의 문제를 넘어 글로벌 통화 질서와 복잡하게 얽혀 세계 경제의 불안정성을 증폭시키는 핵심 요인으로 작용한다.

- 국제 유가 급등 → 생산비 상승 · 인플레이션 · 스태그플레이션 유발
- 애그플레이션: 곡물가격 급등이 전체 물가를 끌어올리는 현상
- 달러 약세 시 원자재 상승, 달러 강세 시 하락 경향

15

글로벌 경제 지표

세계 실물 교역 증거

경제는 숫자로 말한다. 하지만 모든 숫자가 같은 무게를 갖지는 않는다. 지난 분기의 GDP 성장률이나 실업률처럼 이미 일어난 사건의 결과를 보여주는 후행지표가 있는 반면 아직 통계로 잡히지 않은 경제의 미세한 온도 변화를 미리 감지하여 앞으로 다가올 미래를 알려주는 선행지표도 있다. 숙련된 투자자와 정책 결정자들은 선행지표들의 미묘한 움직임을 통해 세계 경제라는 거대한 배가 나아갈 항로를 예측하려 노력한다.

수많은 선행지표 중 '발틱운임지수(BDI)'는 국경을 넘나드는 실제 물자의 흐름을 가장 생생하게 반영한다. 이는 세계 경제의 가장 근본적인 맥박이라 할 수 있는 실물 교역의 활력을 보여주기 때문이다. BDI는 철광석, 석탄, 곡물 등을 대량으로 실어 나르는 거대한 벌크선의 하루 운임료를 종합하여 산출한 지표다. 런던의 발틱거래소에서 매일 발표되는 이 지수는 금융상품처럼 수요와 공급에 따라 가격이 결정되는 것이 아니라 실제 화물 운송 계약에 기반하기 때문에 세계 실물 교역의 증거이다.

BDI의 움직임은 직관적이다. 중국의 제철소가 철광석 수입을 늘리거나 인도의 발전소가 석탄 수입을 확대하는 등 세계 경제가 활발하게 움직이면 원자재 운송 수요가 급증한다. 배를 구하기는 어려워지고 운임료는 자연스럽게 상승하며 BDI 지수는 올라간다. 반대로 세계 경기가 둔화될 조짐을 보이면 기업들은 원자재 주문부터 줄이고, 바다 위의 배들은 일감이 없어지며 운임료가 하락한다.

BDI는 다른 경제지표들보다 수개월 앞서 움직이는 강력한 선행성을 가진다. 주식시장이 때로는 심리에 의해 과열되거나 냉각되는 것과 달리 BDI는 실제적인 물자의 이동을 반영하므로 조작이나 왜곡이 불가능한 지표로 평가받는다.

발틱운임지수(BDI)

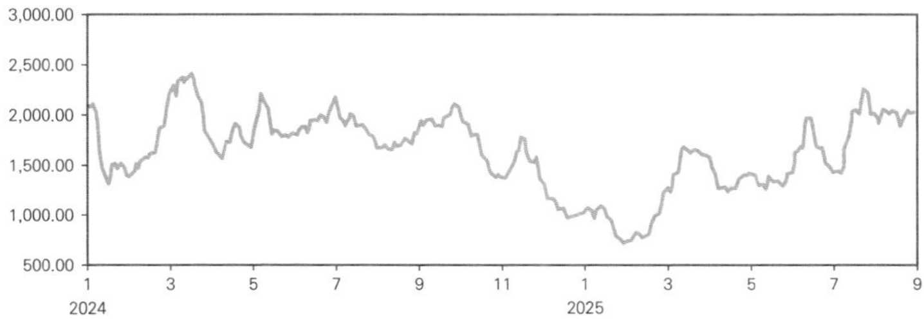

PMI와 구리 가격

전 세계 공장들의 분위기를 직접적으로 보여주는 지표로 가장 대표적인 것이 '구매관리자지수(PMI, Purchasing Managers' Index)'다. 이는 매달 각국 제조업체의 구매 담당자들을 대상으로 신규 주문, 생산, 재고, 고용 등에 대한 전망을 설문 조사하여 지수화한 것이다. PMI는 50을 기준으로 경기의 확장과 위축을 판단하는 중요한 심리 지표다. 지수가 50을 넘으면 경기가 확장될 것으로 보는 기업이 더 많다는 의미이며, 50 미만이면 그 반대를 의미한다. 특히 전 세계 주요국의 PMI를 종합한 글로벌 제조업 PMI는 세계 무역량 변화와 거의 같은 방향으로 움직여 세계 제조업 경기의 방향을 가늠하는 데 널리 활용된다.

'닥터 코퍼(Dr. Copper)'로 불리는 구리 가격이 중요한 선행지표 역할을 한다. 구리는 전선, 건축자재, 자동차, 전자제품 등 쓰이지 않는 곳이 없을 정도로 모든 산업의 기초 소재이기 때문이다. 따라서 전 세계적으로 공장이 활발하게 돌아가고 건설 경기가 살아나면 구리 수요가 즉각적으로 늘어나 가격이 상승한다. 구리 가격의 상승은 세계 경제의 건강 상태가 양호하다는 신호로 해석될 수 있다.

컨테이너 운임

벌크선이 산업의 뼈대인 원자재를 운송한다면 컨테이너선은 산업의 혈액인 완제품과 중간재를 실어 나른다. 상하이컨테이너운임지수(SCFI) 등 컨테이너 운임지수는 글로벌 소비 시장의 활력을 보여주는 또 다른 중요한 지표다.

컨테이너 운임이 상승하는 것은 미국이나 유럽의 소비자들이 더 많은 상품을 주문하고 있거나 혹은 항만이나 물류 시스템에 병목 현상이 발생했음을 의미한다. 반대로 운임이 하락하는 것은 소비 수요가 둔화되고 있음을 시사한다. 2021년 전 세계를 강타했던 물류 대란과 컨테이너 운임 폭등은 코로나19 사태 이후 왜곡된 소비 수요가 글로벌 공급망에 얼마나 큰 부담을 주었는지를 명확히 보여준 사례다.

결국 BDI, PMI, 구리 가격, 컨테이너 운임 등 글로벌 경제 지표들은 각각 바다, 공장, 원자재, 소비라는 서로 다른 창을 통해 세계 경제라는 거대한 유기체의 건강 상태를 비춘다. 이 지표들을 종합적으로 읽어낼 때, 우리는 비로소 공식적인 통계 발표보다 한발 앞서 경제의 다가오는 계절 변화를 감지할 수 있다.

- BDI: 철광석 · 석탄 · 곡물 운송 운임을 종합한 지표
- PMI: 제조업의 확장 · 위축을 50 기준으로 측정
- 구리 가격: 산업 활동의 열기를 나타내는 경기 체온계
- 컨테이너 운임지수: 글로벌 소비 · 물류 흐름의 변화 반영

16

CDS 프리미엄과 국가위험

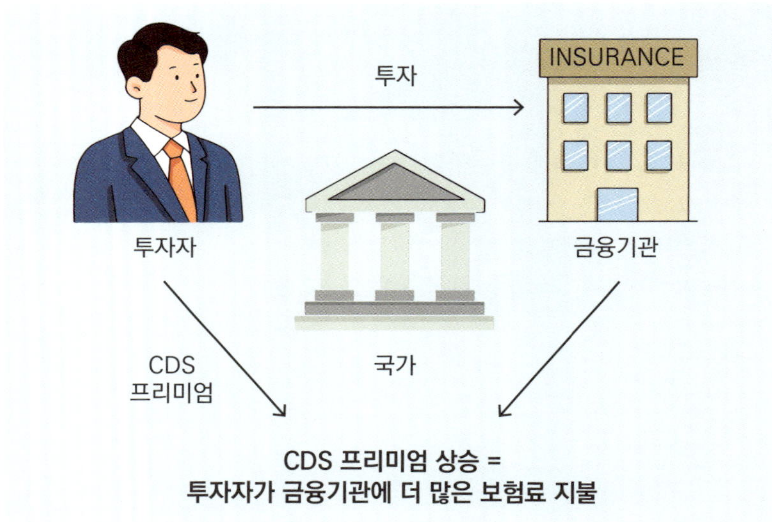

국가 신용의 가격

개인이나 기업이 돈을 빌릴 때 신용등급이 중요하듯 국가 역시 세계 금융시장에서 돈을 빌리기 위해 신용이 필요하다. 정부는 국채를 발행하여 자금을 조달하고, 투자자들은 그 나라의 상환 능력을 믿고 국채를 매입한다. 만약 그 나라 정부가 경제 위기 등으로 인해 빌린 돈을 갚지 못하게 될 국가 부도 위험을 국제 금융시장은 가격으로 환산해 실시간으로 반영한다. 그 가격표가 '신용부도스와프(CDS, Credit Default Swap) 프리미엄'이다.

CDS는 특정 국가나 기업의 채무불이행 위험 자체를 사고파는 금융 파생상품이다. 쉽게 말해 국가 부도에 대비하는 일종의 보험이라고 할 수 있다. 예를 들어 투자자 A가 브라질 국채를 샀는데 브라질의 경제 상황이 불안하다고 느끼면 보험사 역할을 하는 금융기관 B에게 일정한 수수료를 지불하고 브라질이 부도날 경우 원금을 대신 보상받는 계약을 맺을 수 있다. 이때 투자자 A가 지불하는 보험료가 바로 CDS 프리미엄이다.

CDS 프리미엄이 높다는 것은 시장 참여자들이 그 나라의 부도 가능성을 높게 보고 있어 더 비싼 보험료를 요구한다는 의미다. 반면 프리미엄이 낮다는 것은 그만큼 해당 국가를 안전하다고 평가한다는 뜻이다. CDS 프리미엄은 복잡한 국가 신용 위험을 시장 참여자들이 매기는 단 하나의 숫자로 보여주는 지표인 셈이다.

시장이 매기는 실시간 점수

CDS 프리미엄은 국제 금융시장의 불안감이 커질 때 가장 민감하게 반응하는 지표 중 하나다. 2008년 글로벌 금융위기나 2011년 유럽 재정위기 당시 일부 국가의 CDS 프리미엄은 수천 bp(1bp = 0.01%)까지 치솟으며 시장의 공포 심리를 그대로 반영했다. 이는 해당 국가의 부도 확률이 그만큼 높아졌음을 의미하며, 실제로 채무불이행으로 이어진 국가도 있었다.

이 지표는 종종 S&P, 무디스 등 국제 신용평가사들이 발표하는 국가 신용등급보다 한발 앞서 움직이는 경향을 보인다. 신용등급이 기업의 재무제표처럼 과거와 현재의 데이터를 종합하여 내리는 정기적인 평가라면 CDS 프리미엄은 시시각각 변하는 투자자들의 기대와 불안 심리를 반영하는 주가와 같다. 신용평가사가 등급을 하향 조정하기 훨씬 전부터 시장에서는 이미 CDS 프리미엄이 상승하며 위험 신호를 보내는 경우가 많다. 금융시장 전문가들은 CDS 프리미엄을 탄광 속의 카나리아처럼 위기를 미리 알려주는 중요한 선행지표로 간주한다.

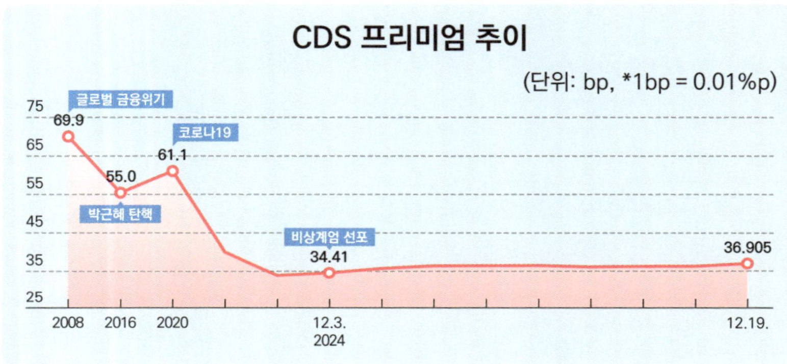

신뢰의 비용과 보상

CDS 프리미엄은 단순히 위험을 나타내는 숫자에 그치지 않고 해당 국가의 실물 경제에 직접적인 영향을 미친다. CDS 프리미엄이 높다는 것은 그 나라의 신용도가 낮다는 의미이므로 정부가 새로 국채를 발행할 때 더 높은 이자를 약속해야만 투자자를 모을 수 있다. 이는 정부의 이자 부담을 가중시킨다. 또한 국가의 신용 위험이 높아지면 그 나라에 속한 기업이나 금융회사들의 신용도도 함께 하락하여 해외에서 자금을 조달하기가 더 어려워지고 비싼 이자를 내야 한다.

높은 CDS 프리미엄은 해당 국가의 전반적인 자금 조달 비용을 상승시켜 투자와 성장을 저해하는 족쇄가 된다. 반대로 CDS 프리미엄이 낮은 국가는 국제 금융시장에서 신뢰의 보상을 받는다. 더 낮은 금리로 쉽게 자금을 조달하여 경제 발전을 위한 투자 재원으로 활용할 수 있는 것이다.

CDS 프리미엄은 특정 국가의 부도 위험을 사고파는 금융상품을 넘어 그 나라의 신용도가 세계 시장에서 어떻게 평가받고 있는지를 보여주는 냉정한 가격표다. 자본이 자유롭게 국경을 넘나드는 시대에 한 나라의 신용은 더 이상 추상적인 평판이 아니라 매 순간 가격으로 거래되는 구체적인 현실인 것이다.

- CDS 프리미엄: 부도 위험에 따라 달라지는 보험료 수준
- CDS 상승 = 부도 위험 증가 → 신용불안 신호
- CDS는 시장 판단(선행), 신용등급은 평가사 판단(후행)

17

금융 불안정 지표

주요 사건들과 역사적 VIX지수

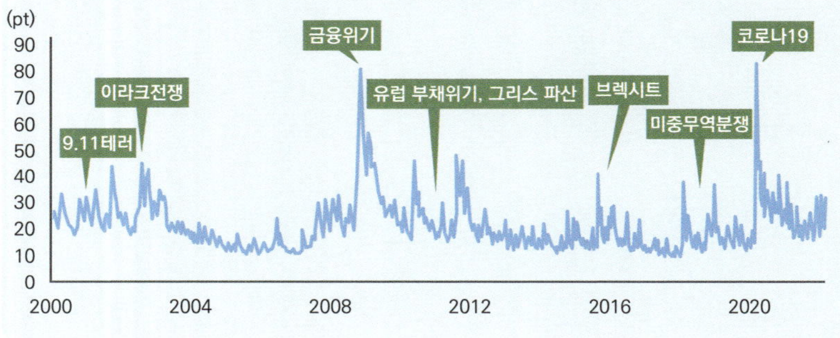

VIX 공포지수

금융시장은 이성과 합리성만으로 움직이지 않는다. 때로는 집단적인 탐욕이 자산 가격을 비정상적으로 밀어 올리고, 때로는 극단적인 공포가 모든 것을 얼어붙게 만든다. 이러한 시장의 집단적인 감정 상태를 측정하기 위해 고안된 지표가 '변동성 지수(VIX, Volatility Index)'다.

VIX는 향후 30일간 S&P 500 지수 옵션 가격을 바탕으로 시장이 예상하는 주가 지수의 변동성을 나타낸다. 쉽게 말해 투자자들이 앞으로 시장이 얼마나 격렬하게 흔들릴 것으로 예상하는지를 보여주는 숫자다. 중요한 점은 VIX가 주가의 상승이나 하락 방향을 예측하지 않는다는 것이다. 주가가 폭등하든 폭락하든, 그 변동의 폭이 클 것으로 예상될 때 VIX는 상승한다.

일반적으로 VIX 지수가 20 미만이면 시장은 안정적인 상태로 30을 넘어서면 투자자들의 불안 심리가 커지고 있는 것으로 해석한다. 만약 40 이상으로 급등하면 시장에 극심한 공포가 확산되고 있음을 의미한다. 실제로 2008년 글로벌 금융위기나 2020년 코로나19 사태 초기처럼 거대한 위기가 닥쳤을 때, VIX는 80을 넘어서며 시장의 패닉 상태를 그대로 반영했다. 이처럼 VIX는 시장 참여자들의 보이지 않는 불안과 공포를 객관적인 숫자로 보여주는 중요한 심리 지표다.

TED 스프레드

VIX가 주식 시장 참여자들의 심리를 반영한다면 'TED 스프레드'는 은행들 사이의 신뢰도를 측정하는 지표다. TED 스프레드는 미국 단기 국채 3개월물 금리와 유로달러 예금 금리 3개월물의 차이로 계산된다. 미국 국채는 이론적으로 부도 위험이 없는 '무위험 자산'으로 간주된다. 반면 유로달러 예금 금리는 국제 금융시장에서 은행들이 서로에게 돈을 빌려줄 때 적용하는 금리로, 상대 은행의 부도 위험을 반영한다. 따라서 두 금리의 차이인 TED 스프레드는 금융 시스템 내에서 은행들이 서로를 얼마나 불신하고 있는지를 보여주는 척도가 된다.

평상시에는 이 스프레드가 매우 낮은 수준을 유지하지만 금융 시스템에 위기 조짐이 보이면 급등한다. 은행들이 서로 돈을 빌려주기를 꺼리면서 유로달러 금리가 치솟기 때문이다. 2008년 리먼 브러더스 파산 직후 TED 스프레드가 사상 최고치로 폭등했던 것이 대표적인 사례다. 이는 은행 간 자금 시장이 마비되는 신용 경색이 발생했음을 알리는 강력한 경고 신호였다. TED 스프레드는 금융 시스템의 혈관이 얼마나 건강하게 기능하고 있는지를 보여주는 실시간 모니터와 같다.

숫자 너머의 신호를 읽는 법

CNN이 발표하는 '공포와 탐욕 지수(Fear&Greed Index)'도 시장의 과열 여부를 판단하기 위해 활용된다. 이 지수는 주가 모멘텀, 옵션 거래량, 안전자산 선호도 등 7개의 하위 지표를 종합하여 시장이 극단적인 공포 상태인지 아니면 극단적인 탐욕 상태인지를 보여준다.

결국 VIX, TED 스프레드, 공포와 탐욕 지수 등 금융 불안정 지표들은 서로 다른 창을 통해 시장의 보이지 않는 위험을 드러낸다. VIX는 주식 투자자들의 심리적 불안을, TED 스프레드는 은행 시스템 내부의 신뢰 붕괴를, 공포와 탐욕 지수는 시장의 전반적인 감정의 추를 보여준다.

해당 지표들은 단순한 숫자가 아니라 시장의 집단 심리, 신용 시스템의 건강 상태, 그리고 자본 흐름의 미묘한 균열을 읽어내는 언어다. 금융시장은 언제나 이성과 감정, 신뢰와 불신 사이의 아슬아슬한 균형 위에서 움직인다. 이 균형이 깨지기 시작할 때 이 지표들이 가장 먼저 경고음을 울린다. 경제를 이해한다는 것은 숫자 그 자체를 넘어 그 뒤에서 움직이는 인간의 심리와 시스템의 신뢰 구조를 읽어내는 일이다.

- VIX: 20↓ 안정, 30↑ 불안, 40↑ 공포
- TED 스프레드: 은행 간 신뢰 지표, 급등 = 신용경색 경고
- Fear & Greed Index: 0 = 공포, 100 = 탐욕

18

글로벌 공급망과 경제안보

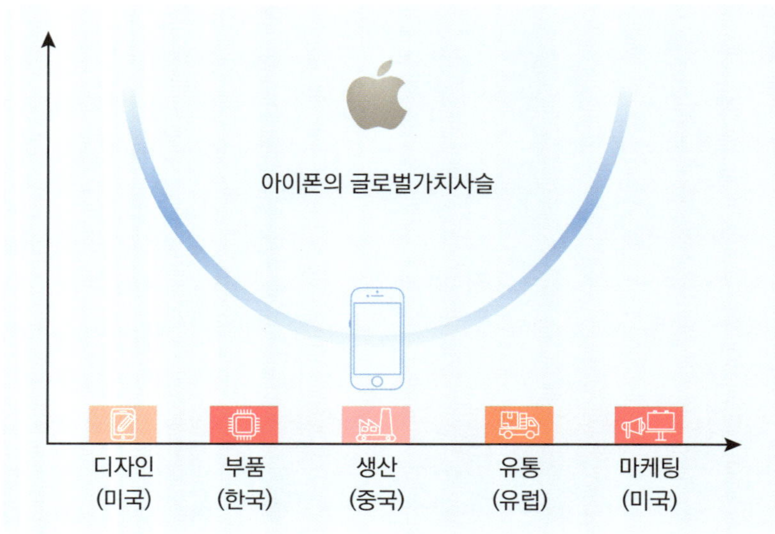

하나의 제품, 수십 개의 국경

우리가 사용하는 스마트폰 하나를 해부해 보면 그 속에는 세계가 들어 있다. 미국에서 설계된 반도체 칩은 한국과 대만의 첨단 공장에서 생산되고, 일본과 독일의 정밀 부품과 결합해 중국의 거대한 공장에서 조립된다. 완성된 제품은 다시 전 세계의 물류망을 거쳐 각국의 소비자에게 전달된다. 이처럼 하나의 제품을 만들기 위해 설계, 부품 조달, 생산,

유통, 판매 과정이 여러 국가에 걸쳐 거미줄처럼 얽혀 있는 국제적 분업 체계를 '글로벌 가치사슬'이라고 부른다.

글로벌 공급망은 지난 수십 년간 세계 경제 성장을 이끈 핵심 동력이었다. 각국은 자신이 가장 잘할 수 있는 생산 단계에 특화하고, 나머지는 다른 나라에 맡김으로써 비용을 최소화하고 효율을 극대화했다. 이를 통해 기업은 더 저렴하게 제품을 생산할 수 있었고, 소비자는 더 싼 가격에 다양한 상품을 누릴 수 있었다.

공급망 충격의 도미노 효과

고도로 전문화되고 효율적인 이 시스템은 평시에는 강력하지만 예기치 못한 위기 앞에서는 놀라울 정도로 취약한 모습을 드러냈다. 2020년 코로나19 사태가 전 세계를 덮치자 국경이 봉쇄되고 공장과 항만이 멈춰 서면서 글로벌 공급망은 일제히 마비 상태에 빠졌다. 베트남 공장에서 생산되던 자동차 전선 뭉치 하나의 공급이 끊기자 전 세계 자동차 공장의 생산 라인이 멈춰 서는 일이 벌어졌다. 단 하나의 부품이 제때 도착하지 않으면 전체 생산이 불가능해지는 '저스트 인 타임(Just-in-Time)' 시스템은 효율의 극단이었지만 동시에 리스크의 극단이기도 했음이 증명된 것이다.

글로벌 반도체 공급망 재편

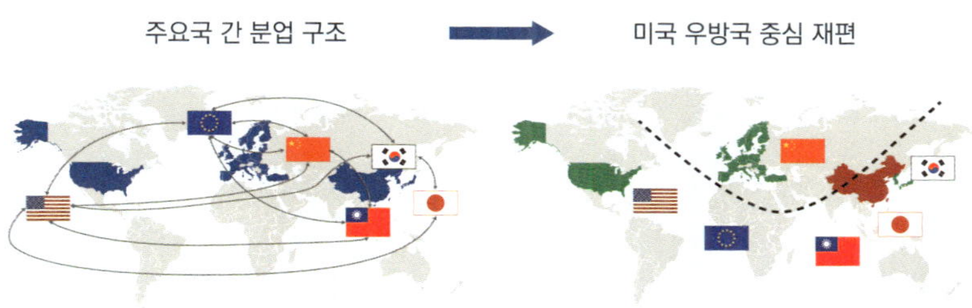

러시아-우크라이나 전쟁은 에너지와 곡물 공급망에 직접적인 타격을 주며 전 세계적인 인플레이션을 촉발했다. 공급망의 병목 현상은 더 이상 일부 산업의 생산 차질 문제를 넘어 국민의 생계비와 물가, 나아가 국가 경제의 안정을 위협하는 경제안보의 핵심 이슈로 부상했다.

공급망 재편과 경제 블록화

반복되는 공급망 충격을 겪으며 세계 각국은 지난 수십 년간 신봉해온 효율성 대신 안정성을 공급망의 새로운 기준으로 삼기 시작했다.

미국은 반도체, 배터리, 희귀광물 등 핵심 전략 품목의 생산 시설을 자국으로 다시 가져오는 '리쇼어링(Reshoring)'과 가치를 공유하는 동맹국 중심으로 공급망을 재편하는 '프렌드쇼어링(Friend-shoring)' 전략을 강력하게 추진하고 있다. 중국 역시 외부 충격에 흔들리지 않도록 내수 시장을 강화하고 핵심 기술의 자립을 추구하는 쌍순환 전략으로 맞서고 있다. 이러한 움직임은 전 세계가 하나의 시장으로 통합되던 세계화의 흐름을 되돌려 비슷한 가치와 이해관계를 공유하는 국가들끼리 뭉치는 블록화를 가속화하고 있다. 한때 자유로운 국제 분업의 상징이었던 반도체 산업이 이제는 국가 간 기술 패권 경쟁과 안보 전략의 최전선이 됐다. 공급망은 더 이상 비용 절감이라는 시장 효율성의 문제가 아니라 핵심 자산에 대한 통제권이라는 지정학적 문제로 바뀌었다.

경제안보의 시대

전통적인 안보가 군사적 위협으로부터 영토를 지키는 것이었다면 현대의 경제안보는 외부의 경제적 압력이나 공급망 교란으로부터 국민의 경제적 생존과 국가의 핵심 기능을 지키는 것을 의미한다. 에너지, 식량, 반도체 등 핵심 자원의 공급이 외부 요인에 의해 차단된다면 총 한

발 쏘지 않고도 한 나라의 경제는 마비될 수 있다.

각국은 이제 핵심 기술과 자원을 보호하기 위해 산업정책, 무역정책, 외교정책을 결합한 포괄적인 경제안보 전략을 구사한다. 과거에는 비용으로만 여겨졌던 재고의 확보, 공급선의 다변화, 생산기지의 분산이 이제는 예기치 못한 위기에 대비하는 필수적인 보험으로 인식되고 있다. 결국 현대 경제는 협력과 경쟁, 개방과 보호라는 상반된 힘 사이에서 아슬아슬한 균형점을 찾아야 하는 시대에 들어섰다. 공급망의 진정한 안정성은 외부와 단절된 자급자족이 아니라 어떤 충격에도 쉽게 끊어지지 않고 빠르게 회복할 수 있는 회복력을 확보하는 데 있다.

- 글로벌 공급망: 하나의 제품 생산이 수십 개 국가의 분업으로 이루어지는 국제 가치사슬
- 효율의 명암: 팬데믹 · 전쟁은 저스트 인 타임 구조의 취약성을 드러냄
- 공급망 재편: 효율성보다 안정성을 중시, 리쇼어링 · 프렌드쇼어링 · 블록화 확산

19

국제자본 이동

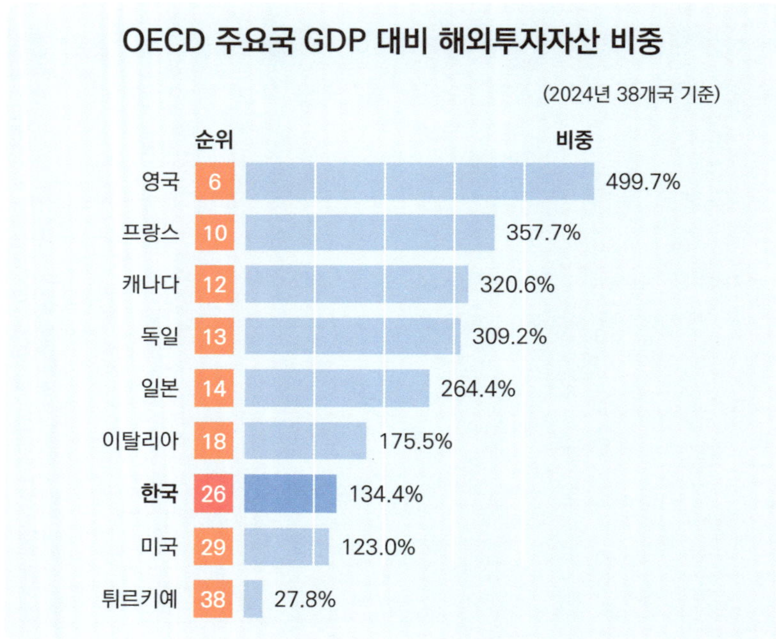

자본의 국경 없는 흐름

현대 경제에서 돈은 상품보다 훨씬 빠르고 자유롭게 국경을 넘나든다. 세계 각국의 금융시장은 24시간 실시간으로 연결되어 있으며, 한 나라의 금리 변화나 정책 발표가 순식간에 지구 반대편 자본의 이동으로 이어진다. 이러한 국제 자본 이동은 단순히 투자자의 선택을 넘어 각국 경제의 성장 가능성과 위험에 대한 시장의 종합적인 평가가 반영된 결과다.

국제 자본 이동은 그 성격에 따라 크게 두 가지 형태로 나뉜다. 하나는 공장을 짓거나 기업을 인수하는 것처럼 장기적인 경영 참여를 목적으로 하는 '직접투자(FDI)'이고, 다른 하나는 주식이나 채권에 투자하여 시세 차익이나 이자 수익을 얻으려는 '포트폴리오 투자'다. 두 가지 모두 외국 자본이 유입된다는 점은 같지만 경제에 미치는 안정성과 파급 효과는 매우 다르다.

FDI 안정성

FDI는 한번 들어오면 쉽게 빠져나가지 않는 뿌리 깊은 자본에 비유할 수 있다. 한국의 반도체 기업이 미국에 공장을 짓거나 유럽의 자동차 회사가 한국의 배터리 기업 지분을 인수하는 것이 대표적인 예다.

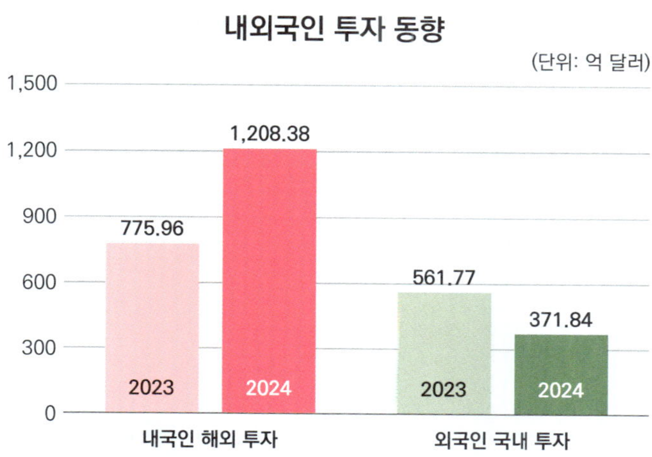

FDI는 단순히 돈만 들어오는 것이 아니라 선진 기술, 경영 노하우, 양질의 일자리 등을 가져오는 경우가 많다. 이는 투자 유치국의 산업 구조를 고도화하고 생산성을 높이는 핵심적인 동력이 된다. 투자자 입장에서도 공장 부지 매입, 설비 투자 등 막대한 고정 비용이 들었기 때문에 단기적인 금융 시장의 변동이나 환율의 등락에 쉽게 흔들리지 않고 장기적인 관점에서 사업을 유지한다. 따라서 FDI는 매우 안정적인 형태의 자본 흐름으로 간주된다.

포트폴리오 투자의 변동성

포트폴리오 투자는 언제든 더 나은 투자처를 찾아 떠날 수 있는 철새 같은 자본에 비유된다. 외국인 투자자가 한국 주식 시장에서 특정 기업의 주식을 매수하거나 국채에 투자하는 것이 이에 해당한다. 이러한 투자는 마우스 클릭 몇 번만으로도 수조 원의 자금이 국경을 넘나들게 할 수 있다.

자본의 빠른 이동성은 금융시장에 활력을 불어넣고 기업의 자금 조달을 돕는 긍정적인 역할을 한다. 하지만 동시에 금융시장의 변동성을 키우는 주된 요인이 되기도 한다. 예를 들어 한 국가의 금리가 오르거나 경제 전망이 밝아지면 외국인 포트폴리오 자금이 대규모로 유입되어 주가를 밀어 올리고 통화 가치를 상승시킨다. 반대로 경제에 대한 불안감이 커지면 이 자금은 썰물처럼 순식간에 빠져나가며 주가 폭락과 환율 급등을 유발할 수 있다. 이 때문에 포트폴리오 투자는 '핫머니'라고 불리며, 기초 체력이 약한 신흥국에게는 금융위기의 도화선이 되기도 한다.

자본 이동의 균형과 위험 관리

국제자본의 자유로운 이동은 성장의 기회이자 위기의 통로라는 양면성을 가진다. 따라서 각국은 자본 이동의 혜택은 누리면서도 그 위험을 관리하기 위한 정책적 균형점을 찾아야 한다.

최근에는 국제통화기금(IMF) 같은 국제기구조차 자본 이동의 완전한 자유화보다는 각국의 경제 상황에 맞는 거시건전성 규제의 필요성을 강조하고 있다. 이는 급격한 자본 유출입의 충격을 완화하기 위한 일종의 안전장치다. 단기 외화 부채의 비중을 관리하거나 급격한 자본 유출 시 일시적으로 세금을 부과하는 방안 등이 해당한다. 충분한 외환보유고를 쌓아두는 것 역시 외부 충격에 대비하는 가장 기본적인 방어 수단이다.

세계는 국경보다 수익률을 더 중시하는 글로벌 자본의 시대에 살고 있다. 영국, 프랑스 등 주요 선진국의 해외투자자산은 이미 자국 GDP의 3~5배에 달할 만큼 거대하다. 한국 역시 해외투자가 빠르게 늘고 있으며, 외국인 자본의 움직임에 큰 영향을 받고 있다. 결국 개방경제 시대의 금융 안정을 지키는 핵심은 FDI와 같은 생산적인 장기 자본을 적극적으로 유치하여 경제의 기초 체력을 키우고, 포트폴리오 자본의 급격한 움직임에 대비한 정교한 위험 관리 시스템을 갖추는 데 있다.

- FDI: 장기 · 경영참여형 자본 → 기술 · 고용 창출, 안정적
- 포트폴리오 투자: 단기 · 시세차익형 자본 → 유동성 확대, 변동성 증가
- 자유로운 자본 이동의 이익을 누리되 급격한 유출입에 대비한 거시건전성 규제 필요

20

대체금융과 스와프 시장

국제 공조의 안전판

국제금융 위기 때마다 뉴스에 등장하는 단어가 '통화스와프(currency swap)'다. 통화스와프는 두 나라 중앙은행이 서로의 통화를 일정 기간 동안 교환하기로 약속하는 계약이다. 예를 들어 한국은행이 미국 연방준비제도(Fed)와 100억 달러 규모의 통화스와프를 체결하면 한국은 위급할 때 미국 달러를 일정 금리로 빌릴 수 있다.

이 제도는 국가 간 외화 유동성 보험과 같다. 세계 금융시장에서 달러는 기축통화로 절대적인 신뢰를 받기 때문에 글로벌 위기 시에는 달러 수요가 급등하고 공급이 마르기 쉽다. 이런 상황에서 달러 자금시장의 패닉을 막고 환율 급등을 완화하는 최후의 안전판 역할을 한다.

통화스와프는 단순한 금융거래를 넘어 신뢰의 상징이기도 하다. 미국이 특정 국가와 스와프 계약을 맺는다는 것은 그 나라의 경제 안정성과 금융 시스템을 신뢰한다는 의미다. 2008년 글로벌 금융위기 당시 Fed는 유럽, 일본, 한국 등 주요국과 스와프를 체결해 달러 자금시장을 안정시켰고, 코로나19 사태 시기에도 유사한 역할을 했다. 단기적 위기 대응뿐 아니라 국제 금융질서 속 신뢰 네트워크의 한 축을 형성한다는 점에서 국가 간 경제안보 메커니즘으로 평가된다.

비트코인(BTC)
178,019,000원

(2025년 10월 5일 16시 기준)

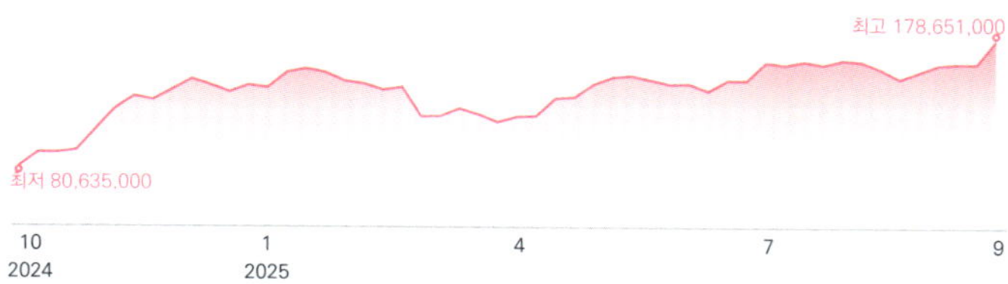

금융의 새로운 질서

기존 금융시스템의 바깥에서 새로운 대안을 제시하는 흐름이 '대체금융(Alternative Finance)'이다. 대체금융은 전통적인 은행, 증권, 채권시장 이외에서 자금이 이동하는 모든 금융 활동을 뜻한다. 가상자산, 핀테크 기반 P2P 대출, 크라우드펀딩 등이 대표적이다.

특히 가상자산은 중앙은행의 통제에서 벗어나 블록체인 기술을 기반으로 한 탈중앙화된 화폐로 금융의 패러다임을 바꾸고 있다. 비트코인은 더 이상 단순한 디지털 실험이 아니라 글로벌 투자자산의 하나로 자리 잡았다. 비트코인의 가치는 각국의 통화정책과 무관하게 시장의 신뢰에 의해 결정된다. 중앙은행이 발행하지 않는 통화가 존재할 수 있다는 사실은 국가 주도의 화폐체계가 결코 절대적이지 않음을 보여준다. 물론 변동성이 크고 제도적 보호가 부족하다는 위험이 있지만 그만큼 탈중앙화된 금융 질서에 대한 실험장으로서 의미를 가진다.

핀테크 혁신 역시 대체금융의 또 다른 축이다. 블록체인, 인공지능, 빅데이터를 활용한 새로운 자금 중개 플랫폼은 기존 은행의 독점 구조를 깨고, 개인과 기업이 직접 연결되는 '분산형 금융 네트워크(DeFi)'를 만들어가고 있다.

기존 시스템과 대체 시스템의 공존

통화스와프와 대체금융은 얼핏 전혀 다른 영역처럼 보이지만 본질적으로는 글로벌 금융 안정성이라는 하나의 목표를 향해 있다. 통화스와프가 기존 제도를 보완하는 안정 장치라면 대체금융은 제도 그 자체를 혁신하려는 도전적 대안이다. 전자는 국가 간 신뢰를 기반으로 위기를 예방하는 시스템이고, 후자는 기술과 시장의 신뢰를 기반으로 새로운 질서를 구축하는 흐름이다.

금융의 세계는 이 두 힘이 교차하며 진화하고 있다. 중앙은행이 발행하는 디지털화폐(CBDC)는 양자의 접점을 상징한다. 제도권 통화 시스템이 블록체인 기술을 흡수하며 공공화된 대체금융으로 진화하고 있는 것이다.

결국 통화스와프와 대체금융은 모두 신뢰의 문제를 다룬다. 스와프는 국가 간 신뢰의 네트워크 위에 세워지고, 암호화폐는 기술적 신뢰에 기반한다. 전통 금융이 중앙기관의 권위로 유지되는 구조라면 대체금융은 다수 참여자의 합의로 작동하는 네트워크다. 금융의 본질은 신뢰이고, 신뢰의 방식이 바뀔 때 금융의 형태도 바뀐다. 앞으로의 금융은 더 이상 중앙은행과 시장이 대립하는 구조가 아니라 기술과 제도가 함께 진화하며 새로운 균형점을 찾아가는 과정이 될 것이다.

- 통화스와프: 국가 간 통화를 교환해 위기 시 외화 유동성을 확보하는 금융안정 장치
- 대체금융: 암호화폐 · 핀테크 · DeFi 등 기존 제도를 넘어선 탈중앙화 금융 네트워크
- CBDC: 두 체계의 접점으로 기술과 제도가 융합된 공공화된 금융의 미래를 제시

IV

01 애덤 스미스
02 토머스 맬서스
03 데이비드 리카도
04 카를 마르크스
05 헨리 조지
06 앨프리드 마셜
07 소스타인 베블런
08 조지프 슘페터
09 존 메이너드 케인스
10 사이먼 쿠즈네츠
11 프리드리히 하이에크
12 밀턴 프리드먼
13 존 포브스 내시
14 리처드 탈러
15 토마 피케티

경제사상사

01

애덤 스미스

'경제학의 아버지' 애덤 스미스는 1723년 스코틀랜드의 커콜디에서 태어나 철학과 도덕학을 연구했다. 그가 처음 세상에 내놓은 대표작은 『도덕감정론』이었다. 이 책은 인간이 단순히 이기적인 존재만이 아니라 타인의 기쁨과 슬픔을 함께 느끼는 공감 능력을 지닌 존재라고 설명했다. 한 개인이 다른 사람과 마음을 나누는 순간 사회적 질서가 유지되고 인간관계는 더욱 단단해진다고 밝혔다. 이때 공감은 단순한 동정심이 아니라 상호적인 감정이다. 행동경제학에서 인간의 감정적 선택을 강조하는 논의들은 이미 250년 전 스미스의 통찰에 녹아 있는 것이다.

그가 경제사에 진정으로 이름을 남긴 것은 1776년에 출간된 『국부론』이었다. 이는 근대 경제학의 출발점이 됐고, 국가의 부를 이해하려면 금은보화의 축적이 아니라 사회 전체의 생산력을 봐야 한다는 관점이 제시됐다. 특히 '분업의 원리'는 경제학의 핵심 개념으로 자리 잡았다. 핀 공장의 사례는 유명하다. 숙련되지 않은 노동자가 혼자서는 하루에 고작 몇 개의 핀밖에 만들 수 없지만 여러 공정을 세분화하여 각기 다른 사람이 맡을 경우 기적적인 생산성 향상이 이뤄진다. 한 사람은 철사를 늘이고, 다른 이는 곧게 펴고, 또 다른 이는 자르는 과정을 나누는 방식으로 말이다. 작은 공장에서 열 명의 노동자가 4만8000개의 핀을 생산했다는 묘사는 분업이 얼마나 강력한 효과를 내는지 단적으로 보여준다.

스미스는 시장에서 사람들이 각자 자신의 이익을 좇는 과정이 어떻게 사회 전체의 이익으로 연결되는지를 발견했다. 바로 그 유명한 '보이지 않는 손'이다. 그는 "우리가 저녁 식사를 기대할 수 있는 것은 정육점 주인이나 빵집 주인의 자비 때문이 아니라 그들이 자신의 이익에 관심이 있기 때문"이라고 밝혔다. 각자가 이기적인 동기로 움직이지만 그 과정에서 오히려 사회 전체의 자원 배분은 효율적으로 이뤄진다는 것이다. 또 다른 구절에서는 "그 사람은 공익을 증진하려는 의도도 자신이 그것을 얼마나 증진하는지도 알지 못한다. 자신의 이익만을 추구할 뿐이며, 자신이 의도하지 않은 목표를 증진하기 위해 보이지 않는 손에 이끌린다"고 말했다. 이는 개인의 이기적 행동이 사회적 이익으로 귀결되는 역설을 보여준다. 물론 스미스는 이기심이 사회의 유일한 동력이라고 주장하지 않았다. 다만 이기심이 이타심보다 훨씬 더 꾸준하고 강력하게 사람들을 움직이게 만든다고 봤다.

그의 이론이 지닌 분명한 한계도 있다. 스미스가 상상한 시장은 모든 거래가 청산되고 상품이 완전히 매진되는 완전한 균형상태를 전제하지만 현실의 시장은 그렇지 않다. 상품은 팔리지 않고 재고가 남을 수 있으며, 수요와 공급은 요동친다. 돈의 공급량이나 저축에 대한 사람들의 태도 변화에 따라 명목가격은 실제 생산에 투입된 노동량보다 훨씬 크게 달라질 수 있다. 스미스가 상상한 이상적 균형은 실제 시장에서 성립되지 않는 것이다.

그러나 그는 중상주의라는 낡은 관념을 무너뜨렸다. 대신 자유로운 교역과 분업, 경쟁이야말로 부를 창출하는 원천임을 천명했다. 시장을 단순한 교환의 장이 아니라 인간 행동의 동기와 사회적 질서가 어우러진 공간으로 설정했다. 도덕감정론의 공감과 국부론의 보이지 않는 손은 모순이 아니라 서로를 보완한다. 인간은 이타적이면서도 이기적이며, 사회는 도덕적 기반 위에서 시장의 자율성으로 굴러간다는 통찰이다.

많은 사람들이 스미스를 자유방임주의의 대명사로만 기억하지만 그의 사상은 단순한 시장만능주의와는 거리가 있다. 국가가 국방, 사법 시스템 등 공공재를 공급하고 법과 제도를 통해 시장 질서를 뒷받침해야 함을 분명히 했다. 다만 인간이 타인의 선의보다는 자기 이익을 좇을 때 더 꾸준히 행동한다는 현실 속에서 사회 전체가 번영할 수 있다는 원리를 발견한 것이다.

스미스는 경제학을 하나의 독립된 학문으로 끌어올렸고, 현대사회에서도 여전히 우리의 사고를 지배한다. 수많은 후대 학자들이 그의 이론을 계승하거나 비판했지만 문제의식은 여전히 살아 숨 쉰다. 핀 공장 이야기는 글로벌 공급망의 현실을 설명하는 열쇠가 되고, 보이지 않는 손의 역설은 시장과 국가의 역할을 논할 때마다 소환된다. 결국 스미스는 단지 18세기의 사상가에 머무는 것이 아니라 지금도 우리가 자본주의라는 게임의 규칙을 이해하는 출발점에 서 있는 위대한 안내자인 셈이다.

- 분업: 생산성 향상의 원리
- 보이지 않는 손: 개인의 이기심 → 사회적 이익 전환
- 공감: 이기심을 보완하는 사회적 기반

02

토머스 맬서스

토머스 맬서스는 1766년 영국 서리주에서 태어났다. 그의 이름은 『인구론』과 동의어처럼 쓰인다. 인간 사회의 번영과 몰락을 인구와 식량이라는 두 변수로 설명하려 했던 맬서스의 이론은 당대에 엄청난 논쟁을 불러일으켰다. 지금까지도 환경 문제, 기후 위기, 자원 고갈을 논할 때마다 그가 소환된다.

맬서스의 문제의식은 인간의 본성에서 출발했다. 그는 번식을 향한 인간의 욕망을 결코 제어할 수 없는 자연의 법칙으로 봤다. 이 욕망이 허락하는 한 인류는 가능한 한 많은 자녀를 낳으려 할 것이고, 인구는 기하급수적으로(2 → 4 → 8 → 16) 증가한다. 반면 인류의 생존에 필수적인 식량의 사정은 다르다. 농업 생산력은 비료나 농기구의 개량이 있더라도 토지 자체의 한계를 넘을 수 없다. 식량은 고작 산술급수적으로 (1 → 2 → 3 → 4) 증가할 뿐이라는 것이 맬서스의 주장이다. 결국 폭발하는 인구를 빈약한 식량이 감당하지 못하는 순간이 오고 거대한 간극이 빈곤, 기근, 전쟁, 역병이라는 재앙으로 나타난다고 진단했다.

맬서스는 1798년 인구론에서 암울한 통찰을 체계적으로 정리했다. 이 책은 인류의 역사가 이 비극적 수학의 법칙을 벗어날 수 없다고 단언했다. 물론 그는 단순한 예언가가 아니었다. 사회가 선택할 수 있는 길을 예방적 억제와 적극적 억제로 구분했다. 예방적 억제는 결혼을 늦추거나 출산을 줄이는 자발적이고 이성적인 선택이다. 반면 적극적 억제는 재앙을 통해 인구가 강제로 줄어드는 끔찍한 시나리오다. 맬서스는 인간이 스스로 절제하지 않는 한 자연은 반드시 재앙이라는 무기를 꺼내 들 것이라고 경고했다.

그가 살았던 시대는 산업혁명으로 전례 없는 생산력 향상이 이뤄졌지만 도시 빈민 문제도 극심했다. 맬서스는 구빈법 등 복지 제도가 가난을 해결하기는커녕 가난한 이들의 출산을 부추겨 인구 압력만 키운다고 비판했다. 빈곤을 근본적으로 해결할 방법은 없으며, 어설픈 자선은 오히려 더 큰 재앙을 부를 뿐이라고 꼬집었다.

맬서스의 생각은 인간을 지나치게 비관적으로 본다는 비판을 받았지만 많은 지식인들에게 영향을 미쳤다. 특히 찰스 다윈은 생존을 위한 자원의 제약 속에서 개체가 선택된다는 자연 선택의 영감을 인구론에서 얻었다고 밝혔다. 경제 성장이 아무리 이뤄져도 인구 증가가 모든 것을 잠식해버린다는 맬서스 함정은 리카도의 임금 철칙 사상으로 이어졌다.

그러나 맬서스의 예언은 20세기에 들어 완벽히 빗나갔다. 화학 비료, 기계화, 품종 개량 등 농업 기술의 비약적 발전을 예측하지 못했기 때문이다. 인류는 기근으로 사라지지 않았고, 폭발적으로 늘어난 인구를 지탱할 만큼의 식량을 확보했다. 그렇다고 그의 사상이 완전히 폐기된 것은 아니다. 지구의 자원은 유한하며, 무한한 성장을 추구하는 인류가 언젠가 한계에 부딪힐 것이라는 주장은 현재 기후위기와 정확히 맞닿아 있다.

1970년대 로마클럽의 보고서 『성장의 한계』는 맬서스를 현대에서 되살렸다. 자원 고갈, 인구 폭발, 환경 파괴가 맞물려 인류 문명이 지속 가능하지 않을 수 있다는 전망이었다. 한 세기 전에는 '빈민을 돕지 말라'는 냉혹함 때문에 비판받았다면 이제는 '성장의 한계'를 경고한 선구안 때문에 재평가받는 셈이다.

맬서스 사상의 힘은 단순함에 있다. 인구와 식량이라는 두 변수를 통해 사회의 장기적 운명을 설명하려는 시도는 지금도 강한 설득력을 지닌다. 우리는 기술 발전, 제도, 국제무역 등 변수들이 맬서스가 생각한 것보다 훨씬 더 복잡하게 작동한다는 것을 안다. 그러나 인류가 지구라는 제한된 공간에서 살아가는 존재라는 사실과 자원과 인구의 균형이 언제나 사회적 긴장의 원천이 된다는 점은 여전히 유효하다.

그는 막연한 비관주의자는 아니었다. 인간의 본성을 직시하고, 사회가 어떻게 다뤄야 할지를 고민한 현실주의자였다. 인류의 욕망은 끝이 없고 제어하지 않으면 결국에는 자연이 대신 개입한다는 경고는 시대를 넘어선 울림을 준다. 맬서스는 애덤 스미스가 열어젖힌 성장의 시대에 처음으로 한계라는 제동장치를 떠올린 사상가로서 의미가 있다. 이런 관점에서 풍요 속의 불안을 사는 21세기의 우리를 비추는 거울이라고 할 수 있다.

- 인구증가: 기하급수적(2 → 4 → 8)
- 식량증가: 산술급수적(1 → 2 → 3)
- 결과: 빈곤 · 기근 · 전쟁 등 재앙 초래

03

데이비드 리카도

포르투갈계 유대인 상인 가문 출신인 데이비드 리카도는 1772년 런던에서 태어났다. 10대 후반에 이미 런던 증권거래소에서 활동하며 주식과 국채를 사고팔아 거대한 부를 축적했다. 당시 영국은 산업혁명과 전쟁경제가 맞물려 금융과 무역이 요동치던 시기였다. 리카도는 투기에 가까운 투자 감각을 발휘해 단기간에 부와 명성을 얻었다. 그가 사상가로서 명성을 얻기 시작한 계기는 나폴레옹 전쟁으로 인한 인플레이션의 원인을 두고 벌어진 금괴 논쟁이었다. 이때 중앙은행의 무분별한 통화 발행을 비판하며 이론가로서의 면모를 처음 드러냈다.

리카도의 사유는 철저히 현실에서 출발했다. 그는 부와 빈곤, 토지와 노동, 임금과 이윤이 어떻게 분배되는지에 대해 고민했다. 산업혁명으로 영국 경제가 빠르게 성장했지만 도시 빈민의 삶은 여전히 비참했다. 곡물 가격은 오르고 임금은 불안정했으며, 지주의 권력은 막강했다. 리카도는 단순히 도덕의 문제가 아니라 구조의 문제로 파악하고, 수학적 단순화와 논리적 엄밀성을 통해 경제학을 체계적인 과학으로 끌어올리고자 했다.

가장 중요한 업적 중 하나는 '차액지대론'이다. 그는 토지가 본질적으로 한정돼 있으며, 비옥한 땅부터 차례로 경작된다고 봤다. 인구가 늘어날수록 농업은 점차 덜 비옥한 토지로 확장될 수밖에 없고, 생산성이 낮은 토지가 경작되는 순간 비옥한 토지를 소유한 지주는 그 차이만큼의 초과 이익을 얻는다. 지대는 노동이나 자본의 대가가 아니라 토지가 가진 희소성과 비옥도의 차이에서 비롯된 불로소득이라는 점을 명확히 했다. 이는 지주와 자본가, 노동자 사이의 구조적 갈등을 설명하는 틀이 됐고 헨리 조지에게까지 깊은 영향을 미쳤다.

그의 임금 이론은 맬서스와 긴밀하게 연결된다. 맬서스가 인구 증가의 압력을 경고했듯 리카도는 임금이 상승하면 인구가 늘고 결국 노동 공급이 증가해 다시 임금이 최저 생계비 수준으로 하락한다는 '임금의 철칙'을 얘기했다. 경제가 성장해도 노동자의 생활 수준은 구조적으로 나아지기 어렵고, 자본가의 이윤은 지주에게 잠식당하며, 경제는 정체될 수 있다는 전망은 암울했다. 리카도의 분석은 성장의 그림자와 분배의 갈등을 직시했다는 점에서 냉철한 설득력을 가졌다.

리카도가 지금까지 널리 알려진 이유는 '비교우위 이론' 덕분이다. 이 이론은 영국과 포르투갈을 예시로 들었다. 포르투갈이 옷감과 포도주 모두를 영국보다 더 효율적으로 생산하더라도 각자 상대적으로 덜 불리하거나 더 유리한 상품에 특화하면 양국 모두에게 이익이 된다는 것이다. 영국은 덜 불리한 옷감을, 포르투갈은 더 유리한 포도주를 생산해 교역하면 양국 모두 더 많은 상품을 소비할 수 있다. 절대적 능력이 아닌 기회비용의 관점에서 무역의 이익을 증명한 발상의 전환은 국제무역

이론의 초석을 놓았다. 세계화의 논리는 리카도의 이론에 기반한다. 베트남이 섬유를, 독일이 자동차를, 한국이 반도체를 만드는 글로벌 분업 체제를 설명하는 핵심 논리다.

리카도는 이론가이자 정치적 실천가였다. 그는 의회에서 곡물법 폐지를 강력히 주장했다. 곡물법은 외국 곡물 수입을 막아 지주의 이익을 보호했지만 도시 노동자와 자본가에게는 높은 빵값을 강요하는 제도였다. 리카도는 자유무역이야말로 국가 전체의 부를 증진한다고 설득하며 고전학파 경제학의 정통을 세웠다.

물론 그의 이론이 완벽하지 않았다. 리카도는 기술 혁신이 농업 생산성을 비약적으로 끌어올릴 가능성을 과소평가했고, 노동자의 임금이 항상 최저 생계비 수준에 머무르지도 않았다. 그러나 자유무역의 논리는 현대에도 국제정치를 지배하고, 불로소득 문제는 부동산 불평등 논쟁 속에서 계속해서 언급된다.

리카도는 경제학에 몰두한 지 20여 년 만인 1823년 세상을 떠났다. 애덤 스미스가 시장의 원리를 발견한 개척자라면 리카도는 그 원리를 논리로 정교하게 다듬었다. 그의 사상은 맬서스와의 논쟁을 통해 단단해졌고, 존 스튜어트 밀을 거쳐 카를 마르크스에게까지 이어졌다. 마르크스는 리카도의 노동가치론을 바탕으로 상품의 가치가 노동에서 나온다면 자본가의 이윤은 어디서 오는가라는 질문을 던졌고, 착취라는 개념을 도입했다.

우리는 리카도를 통해 자본주의의 또 다른 얼굴을 마주한다. 무한한 성장의 약속 이면에 존재하는 한계와 갈등의 그림자를 볼 수 있다. 그의 글은 19세기에 쓰였지만 자원과 분배라는 문제를 직시한 관점은 '어떤 사회를 만들 것인가'라는 질문을 던진다. 그리고 21세기에도 여전히 답을 요구하고 있다.

- 비교우위: 기회비용 낮은 상품 특화 → 자유무역의 이익
- 차액지대론: 토지 비용도 차이 → 불로소득(지대) 발생
- 임금의 철칙: 임금 상승 → 인구 증가 → 임금 하락(최저생계비)

04

카를 마르크스

카를 마르크스는 1818년 독일 트리어에서 태어났다. 그는 변호사 집안 출신이었지만 일찍부터 사회의 모순과 불평등에 문제의식을 가졌다. 산업혁명이 가져온 생산력의 증대는 눈부셨지만 그 이면에는 빈곤과 아동노동, 실업이 도사리고 있었다. 마르크스가 평생 던졌던 질문은 단순했다. 왜 노동자는 가난한가, 그 구조는 어떻게 유지되는가 하는 것이었다.

마르크스 이전에도 사회주의를 주창한 이들은 많았다. 푸리에, 생시몽 등은 평등한 공동체를 꿈꿨다. 그러나 마르크스는 이들을 공상적 사회주의자라고 비판했다. 그들의 주장이 도덕적 호소에 머물렀을 뿐 현실의 구조를 과학적으로 분석하지 못했다는 것이다. 그는 사회주의가 단순한 희망이 아니라 역사적 필연이라고 봤다. 인류의 역사를 움직이는 힘은 계급 간의 투쟁이며, 생산력과 생산관계의 모순 속에서 체제가 바뀐다고 확신했다.

마르크스의 분석은 리카도의 노동가치론을 계승하며 출발했다. 그는 상품의 가치가 노동에서 나온다면 자본가의 이윤은 어디서 오는가를 파고들었다. 노동자가 하루 12시간을 일해 자신의 생계를 유지하는 데 필요한 가치를 6시간 만에 창출했다면 나머지 6시간의 노동은 고스란히 자본가의 몫이 된다. 이것이 바로 '잉여가치'이며 자본주의 착취의 본질이다.

마르크스는 자본주의를 끊임없이 운동하는 체제로 보았다. 자본은 축적을 멈출 수 없고, 경쟁에서 살아남기 위해 노동을 대체하는 기계를 끊임없이 도입한다. 그러나 노동만이 가치를 창출한다는 전제하에서 기계의 비중이 커질수록 전체 자본 대비 이윤의 비율은 장기적으로 떨어지는 경향을 보인다. 이윤율 저하 경향은 주기적인 경제공황을 낳고, 자본은 점점 더 소수에게 집중된다.

이 과정에서 실업은 예외가 아니라 필연이다. 마르크스는 이들을 '산업예비군'이라 불렀다. 실업자 집단은 임금을 억누르고 노동자를 통제하는 압력으로 작용한다. 자본주의는 완전고용을 달성할 수 없으며, 노동자의 삶은 구조적으로 궁핍해지고 인간의 존엄성은 위협받는다. 그는 자본주의가 노동자를 노동 과정과 생산물로부터 분리시켜 인간성을 파괴하는 '소외'를 낳는다고 비판했다.

마르크스는 헤겔의 변증법을 뒤집어 역사를 움직이는 것은 관념이 아니라 물질적 생산관계라는 '역사 유물론'을 세웠다. 그는 사회의 경제적 토대가 법, 정치, 이념 등 상부구조를 결정한다고 주장했다. 생산력이 발전해 기존의 생산관계와 충돌하고, 낡은 시스템이 더 이상 새로운 생산력을 감당할 수 없을 때 사회 혁명이 일어난다고 생각했다.

1848년 마르크스는 엥겔스와 함께 『공산당 선언』을 발표했다. 그는 "부르주아는 100년 남짓한 지배 기간 동안 이전의 모든 세대보다 더 크고 더 많은 생산력을 창출했다"며 봉건제를 무너뜨린 가장 혁명적인 계급이었음을 인정했다. 그러나 그 막강한 생산력이 바로 자신들을 파멸시킬 것이라고 밝혔다.

1867년 『자본론』은 마르크스 사상의 집대성이었다. 상품 분석에서 출발해 잉여가치, 자본 축적, 공황에 이르기까지 자본주의 시스템을 해부했다. 그러나 공산주의의 붕괴는 그의 이론의 한계를 드러냈다. 자본주의는 그의 예상보다 훨씬 강한 적응력과 생산성을 보여줬다.

마르크스는 여전히 사라지지 않았다. 불평등, 금융위기라는 자본주의의 그림자가 짙어질 때마다 다시 나타난다. 마르크스를 무조건 찬양하거나 낡은 유물로 치부할 필요는 없다. 중요한 것은 그의 질문들이다. 마르크스를 읽는다는 것은 과거의 혁명가를 기리는 것이 아니라 오늘의 현실을 성찰하는 것이다.

- 잉여가치: 노동자 착취 → 자본가 이윤 원천
- 자본 축적과 위기: 이윤율 저하 → 경쟁 심화 → 공황 발생
- 계급투쟁: 자본자 vs 노동자 적대 관계 심화 → 역사 발전

05

헨리 조지

헨리 조지는 1839년 미국 필라델피아에서 태어났다. 부유하지 않은 집안에서 성장한 그는 어린 시절부터 가난과 불평등의 문제를 목격하며 자랐다. 그는 14살 무렵 학업을 중단하고 선원으로 호주까지 다녀오는 등 파란만장한 청년기를 보냈다. 젊은 나이에 미국 서부로 이주해 인쇄소 조수, 기자, 편집자로 일하며 생계를 꾸렸다. 당시 샌프란시스코와 뉴욕의 빈민가를 보면서 극심한 빈부 격차에 큰 충격을 받았다. 산업화와 도시화가 빠르게 진행되는데도 사람들의 삶은 왜 나아지지 않는가 하는 질문이 그를 경제학의 길로 이끌었다.

조지는 기술이 발전하고 생산력이 높아지면 당연히 사회가 더 풍요로워지고 빈곤이 줄어들 것이라는 통념에 강력한 의문을 제기했다. 실제 그가 목격한 현실은 정반대였기 때문이다. 거대한 공장들이 들어서고, 교역이 전 세계로 확대됐지만 도시의 노동자들은 여전히 빈곤에서 벗어나지 못했다. 실업과 경기침체는 반복됐고, 자산을 소유한 소수 계층만이 더 많은 부를 축적했다. 그는 물질적 진보가 가난을 완화하기는 커녕 오히려 가난을 심화시키고 새롭게 만들어내고 있다고 봤다.

조지가 내린 결론은 토지에 있었다. 그는 맬서스가 주장한 인구론에는 동의하지 않았다. 인구가 늘어나더라도 기술 혁신과 생산성 증대를 통해 식량 공급이 충분히 늘어날 수 있다고 봤다. 대신 그는 인구 증가와 사회 발전이 토지의 가치를 끊임없이 끌어올리고, 토지 소유자들이 아무런 노력 없이 막대한 이득을 가져가는 구조에 주목했다. 생산성이 높아지고 사회가 부유해질수록 그 혜택은 노동자와 기업이 아닌 토지 소유자에게 집중됐다. 결국 진보의 열매는 불로소득의 형태로 귀결됐고, 노동자는 가난의 굴레에서 벗어나지 못했다.

조지는 1879년 『진보와 빈곤』에서 부의 불평등은 토지 때문이라고 지적하며 토지에 특별히 세금을 부과하는 '토지가치세'를 주장했다. 토지는 자연이 준 것으로 누구도 독점할 수 없고, 토지의 가치는 공동체 전체가 공유해야 한다는 것이었다. 그는 리카도의 지대론에서 영감을 받아 현실적 처방을 제시했다. 토지세만으로도 정부 재정을 충당할 수 있고, 다른 모든 세금을 폐지해도 된다고 봤다. 기업과 노동력에 세금을 부과하면 생산이 위축되지만 토지는 움직일 수 없기에 토지세만큼 공정하고 효율적인 세금은 없다는 논리였다.

조지는 토지세가 거의 시행되지 않는 이유를 지주 계급의 정치적 영향력 때문이라고 생각했다. 지주들이 정부에 막강한 압력을 행사해 사회 개혁이 번번이 좌절된다는 것이다. 그는 토지가치세야말로 불평등을 해소하고 사회 정의를 실현할 가장 확실한 수단이라고 역설했다. 토지세는 비생산적인 불로소득을 줄여 사회 전체의 생산성과 창의성을 높일 수 있다는 낙관적인 비전을 제시했다.

그의 사상은 폭발적인 반향을 불러일으켰다. 진보와 빈곤은 세계 각국에서 번역 출판됐다. 단순한 경제학 저술을 넘어 한때는 성경 다음으로 많이 읽힌 책이라는 평가까지 따라붙을 정도였다. 미국뿐 아니라 영국, 유럽, 호주 등에서 큰 영향을 미쳤고 수많은 정치가들에게 영감을 줬다.

조지는 여러 선거에 직접 출마하며 자신의 사상을 실현하려고 했다. 자유무역을 지지했고, 토지세를 중심으로 한 조세개혁을 구체적 정책으로 추진하겠다고 밝혔다. 비록 선거에서 승리하지는 못했지만 시민들에게 토지 문제를 정치적 의제로 끌어올리는 중요한 역할을 했다. 그러나 토지세 도입은 쉽지 않았고, 그의 이론은 경제학계에서 주변부로 밀려났다.

조지는 생애 마지막까지 개혁의 열정을 잃지 않았다. 그는 사회 개혁을 위한 글을 쓰고, 강연을 다녔다. 1897년 세상을 떠났지만 그의 이름은 '지조지즘이'라는 독자적 사조로 남았다. 부동산 가격 상승, 불평등의 심화라는 문제 앞에서 조지는 다시 소환된다. 토지가치세 논의는 유효하며, 토지 공공성과 불로소득 환수라는 화두는 시대를 넘어 이어지고 있다. 조지가 남긴 '왜 진보가 빈곤을 동반하는가'라는 물음은 현대사회에도 강력한 성찰을 요구한다. 그의 대답은 명확하다. 문제는 토지다.

- 문제의식: 사회발전에도 빈곤 심화
- 진단: 토지 독점 → 노력 없는 불로소득(지대) → 부의 불평등 심화
- 해결책: 토지 불로소득에 100% 과세 → 사회 전체가 공유

06

앨프리드 마셜

앨프리드 마셜은 1842년 런던의 빈민가에서 태어났다. 마셜은 가난과 불평등이 만연했던 시대상을 젊은 시절부터 피부로 느꼈고, 경제학을 통해 인간의 삶을 근본적으로 개선하려는 열망을 키웠다. 케임브리지 대학에서 수학과 물리학을 전공했지만 그의 관심은 경제학으로 자연스럽게 옮겨갔다. 평생 동안 경제학을 단순한 숫자나 도식의 학문이 아니라 인간의 행위와 사회적 복지를 증진하는 도구로 삼으려 힘을 썼다.

1890년『경제학 원리』는 마셜의 사상을 집대성한 기념비적인 저술이었다. 이 책은 당시 대립하던 고전학파와 한계효용학파의 아이디어를 종합해 수요와 공급, 한계효용, 생산비용 가치론 등으로 시장의 움직임을 명료하게 설명했다. 특히 시장 가격이 단순한 수요와 공급 곡선의 교차점에서 결정되는 것을 넘어 시간의 흐름과 제도적 환경이라는 변수를 통합해 분석했다는 점에서 독보적이었다. 마셜은 '소비자 잉여'라는 개념을 도입해 사람들이 상품에 대해 실제 지불한 가격과 지불할 의향이 있었던 최대 가격 사이의 차이가 개인의 만족과 사회적 후생을 측정하는 중요한 지표가 된다고 밝혔다. 이 차이가 클수록 만족도가 커진다. 또한 '생산자 잉여' 개념을 제시해 생산자가 현재 시장 가격보다 낮은 비용으로 생산할 수 있을 때 얻는 초과 이익 역시 사회적 후생의 일부임을 보여줬다.

마셜은 시장을 분석하기 위해 '완전경쟁 모형'을 가정했다. 수많은 생산자와 소비자가 존재하고, 그 누구도 가격을 단독으로 결정할 수 없다. 이때 모든 시장 참여자는 가격과 품질에 대한 정보를 완전히 알고 있는 이상적인 상황을 상정한다. 이는 비록 현실과는 거리가 멀지만 시장 균형의 원리를 이해하고 정책 효과를 비교 분석하는 데 매우 유용한 틀을 제공했다. 그는 복잡한 현실 속에서 특정 요소의 변화가 미치는 영향을 분리해 살필 수 있도록 '다른 모든 조건이 일정하다면'이라는 가정을 사용함으로써 미시경제학 분석의 기초를 다졌다. 마셜은 수요와 공급이 마치 가위를 이루는 두 개의 날처럼 시장 가격을 결정한다고 비유하며, 어느 한쪽만으로는 제대로 된 분석을 할 수 없다고 했다.

경제 현상을 '단기'와 '장기'로 구분하는 중요한 분석 틀을 만들었다. 단기에는 생산 설비나 인구 같은 생산 요소들이 쉽게 변하지 않아 공급이 제한적이다. 반면 장기에는 자본 투자와 기술 발전을 통해 모든 생산 요소가 조정될 수 있다고 봤다. 이러한 시간적 구분을 통해 단기 균형과 장기 균형이라는 개념으로 발전시켰다.

마셜은 전통적인 토지, 노동, 자본 외에 '산업조직'의 중요성도 강조했다. 그는 기업의 규모 확장으로 인한 비용 절감뿐만 아니라 특정 산업이 한곳에 집중됨으로써 발생하는 지식의 공유, 숙련 노동력의 확보, 전문 공급 산업의 발전 등 외부적 이점이 경제 전체의 효율성과 생산성에 중대한 영향을 미친다고 봤다. 기계 발명과 개량이 생산 공정과 사회 전반에 연쇄적으로 긍정적 효과를 가져오는 과정을 분석했다. 한 사람의 새로운 아이디어가 다른 이들과 결합돼 다른 혁신으로 이어지고, 원료 공급과 운송 등 연관 산업이 발전하며, 사회 전체의 생산성이 올라가는 역동적인 흐름을 포착했다.

그는 기업의 생명 주기와 한계에도 주목했다. 창업자의 수명과 활력은 제한돼 있으며, 시간이 흐르면 후임자에게 기업이 넘어가면서 초기 기업가 정신과 창의성이 약화된다고 지적했다. 기업이 주식회사 체제로 전환되면 노동 분업과 기술적 장비의 이점을 이어갈 수는 있지만 기존의 추진력과 혁신성을 상실해 결국 젊고 작은 기업들과 경쟁해야 하는 상황에 놓이게 된다고 밝혔다. 이러한 현실적이고 유기적인 관찰은 마셜의 경제학이 단순한 추상적 이론의 집합이 아니라 생생한 현실에 깊이 뿌리를 두고 있음을 시사한다.

경제학은 단순히 수치와 도식으로 환원될 수 있는 학문이 아니었다. 마셜은 경제학의 본질을 끊임없이 변화하고 발전하려는 인간 자체에 뒀으며, 정적인 가설들은 그저 생동하는 현실의 힘과 운동을 설명하기 위한 임시적 도구일 뿐이라고 했다. 수학의 사용에 대해서도 명확한 태도를 견지했다. 그는 수학은 탐구를 위한 속기 언어로 쓰이되, 결론에 이르렀다면 문외한도 이해할 수 있도록 말로 풀어내야 하며, 가능한 한 현실의 사례로 설명해야 한다고 강조했다.

마셜의 사고는 인간에 대한 깊은 존중으로도 이어졌다. 1873년 케임브리지 개혁 클럽 연설에서 노동을 단순한 처벌이 아니라 인간의 성품을 단련하고 사회적 의미를 형성하는 귀중한 과정이라고 역설했다. 그는 협동조합 운동, 자선 조직, 노동조합 활동에 깊은 관심을 두고 학문을 현실 사회와 연결하려고 했다. 노동이 단순히 임금 획득 수단에 머물러서는 안 되며, 인간의 삶을 풍요롭게 만드는 본질적 활동으로 이해돼야 한다고 본 것이다.

마셜은 기업의 흥망성쇠와 사회 변화의 역학을 깊이 고민했다. 자연이 창업자의 수명을 제한함으로써 기업이 영속적으로 같은 활력을 유지하기 어렵고, 세대를 거치며 활력과 창의성을 잃고 결국 경쟁에서 밀려나는 모습은 자본주의 사회의 끊임없는 재편 과정을 보여준다고 했다. 새로운 기업의 탄생과 기술 혁신이 이어지는 순환은 자본주의의 끊임없는 역동성을 상징했다.

마셜은 1924년 생을 마감하기까지 후학, 제도, 정책에 깊은 흔적을 남겼다. 아서 세실 피구와 존 메이너드 케인스는 그의 학문적 토대 위에서 경제학을 새로운 차원으로 발전시켰다. 마셜의 사고는 미시경제학과 후생경제학의 확고한 기초가 됐다. 마셜을 이해한다는 것은 시장이 어떻게 움직이고 인간이 어떤 선택을 하는지를 성찰하는 과정이다. 경제학은 인간의 삶과 분리될 수 없으며, 결국 사회 전체가 어떤 조건 속에서 더 나은 방향을 모색할 수 있는지를 묻는 학문이라는 그의 메시지는 아직도 살아 숨 쉰다.

- 시장균형: 두 개의 칼날 → 가격 · 거래량 결정
- 부분 균형 분석: 다른 조건이 일정하다면 → 특정 시장 분석
- 시간 요소 도입: 단기 · 장기 구분 → 유연한 시장 해석

07

소스타인 베블런

19세기 말 미국은 황금기라 불리는 자본주의의 번영 속에서 전례 없는 부와 사치를 경험했다. 록펠러, 카네기, 밴더빌트 등 자본가들이 거대한 자본을 축적하던 시기였다. 화려한 저택과 파티, 값비싼 예술품과 보석은 그들의 권력과 지위를 과시하는 도구였다. 그러나 그 이면에는 노동자들의 땀, 고통, 불평등한 사회 구조가 자리 잡고 있었다. 이 시대를 날카로운 시선으로 관통하며 자본주의의 민낯을 드러낸 인물이 소스타인 베블런이다. 그는 주류 경제학이 외면하던 인간의 허영과 사회적 습속을 경제의 본질로 파헤쳤고, 근대 경제학의 비판적 전통을 세웠다.

베블런은 1857년 노르웨이 이민자 가정에서 태어났고, 농촌의 검소한 분위기 속에서 성장했다. 주류 사회의 가치와는 다른 배경 속에서 일찍이 비판적 사고를 길렀다. 예일대에서 철학을 공부하고 코넬대에서 경제학 연구를 이어갔다. 그는 기존의 신고전학파 경제학이 인간을 단순히 합리적 계산기처럼 묘사한다고 비판하고, 경제 행위는 시장의 논리를 넘어 문화와 제도 속에서 이해해야 한다고 주장했다. 다윈의 진화론적 관점에 깊이 영향을 받았는데, 경제 역시 정적인 현상이 아닌 살아 움직이는 진화하는 제도라고 생각했다. 인간은 단순히 효용을 극대화하는 존재가 아니라 집단적 인정과 지위를 추구하는 존재라는 통찰이었다.

그의 문제의식은 1899년 『유한계급론』의 '과시적 소비'를 통해 집약적으로 드러났다. 유한계급이란 노동하지 않고 여가를 즐기며 사회적 지위를 과시하는 계층을 말한다. 이들은 단순히 재화를 소비하는 것이 아니라 타인에게 과시하기 위해 소비한다. 부자들이 돈을 쓰는 것은 단순한 쾌락 때문이 아니라 사회적 우위를 드러내려는 욕망 때문이라는 지적이다. 이 논리는 당대 독자들에게 충격을 줬다. 소비가 필요의 충족이 아니라 체면과 과시의 수단이라는 것은 경제학 교과서 어디에서도 찾기 어려운 급진적인 시각이었다. 베블런은 과시적 소비가 비효율적인 자원 배분을 야기하고, 사회적 낭비를 심화시킨다고 꼬집었다.

베블런은 과시적 여가와 낭비의 개념을 도입했다. 생산적인 노동을 멀리하고, 실용성과 무관한 활동에 시간을 쓰는 것 자체가 권력과 지위를 드러내는 방식이다. 예를 들어 19세기 유럽의 귀족들이 사냥이나 미술 후원 같은 활동에 몰두하는 것은 자신이 육체노동에서 벗어나 여유를 누릴 수 있는 특권층임을 과시하기 위한 것이다. 또한 부유층의 소비 패턴은 하위 계층으로 전파되고 '금전적 모방'을 통한 소비 상승 압력을 만들어낸다. 유명 브랜드의 가방을 들지 못하는 하위계층은 값싼 모조품을 구매하면서 과시 효과를 추구한다. 사회관계망서비스(SNS)를 통한 명품 인증이나 값비싼 소비를 과시하는 문화는 베블런이 100여 년 전 분석했던 현상이 여전히 강력하게 작동하고 있음을 보여준다.

유한계급론은 단순한 풍자집이 아니었다. 베블런은 사회의 비효율과 낭비를 경제학적으로 분석했다. 인간은 효용 극대화를 위해 합리적으로 소비하지 않는다. 오히려 비합리적이고 상징적인 소비를 통해 자신의 지위를 재확인한다. 이는 신고전학파가 전제하던 '합리적 소비'의 가정을 뒤흔들었다. 그는 경제학이 사회적 제도와 인간의 비합리적 동기를 분석해야만 현실을 제대로 설명할 수 있다고 주장하며, '제도경제학'이라는 새로운 학파의 초석을 놓았다.

베블런의 비판은 소비에만 머무르지 않았다. 그는 기업이 기술자와 생산자보다 금융자본가와 투기꾼의 논리에 좌우되는 현실을 비판했다. 당시에도 합리적 생산보다 단기적 이익과 주가 조작이 우선되는 시스템은 경제를 왜곡시키고 있었다. 100년 전 경고는 지금의 부동산, 주식 코인 열풍을 떠올리게 한다.

그러나 베블런의 이론에도 한계는 있었다. 그는 자본주의의 허영과 탐욕을 날카롭게 드러냈지만 현실적인 대안이나 구체적 정책을 제시하지 못했다. 그의 사상은 주로 비판에만 머물렀고, 학문적 언어는 난해했다. 그래서 그는 학계의 주류로 편입되지 못한 채 주변부를 떠돌았다. 하지만 20세기 후반부터 그의 통찰은 본격적으로 재조명됐다. 특히 행동경제학과 제도경제학의 발전에서 인간 심리와 사회적 관습이 경제에 미치는 영향을 이해하는 데 필수적인 도구로 인정받았다.

베블런이 남긴 메시지는 명확하다. 경제학은 인간의 탐욕, 허영, 제도가 만드는 권력 구조를 직시해야 한다는 것이다. 그는 경제학을 단순한 수학이나 곡선의 학문으로 보지 않았다. 사회적 맥락 속에서 인간이 왜 소비하고, 왜 경쟁하는지를 파헤쳤다. 그의 저작들은 단순한 비판을 넘어 인간의 본성과 사회적 상호작용이 경제를 어떻게 형성하는지에 대한 깊은 질문을 던진다. 지금까지 경제학이 외면했던 인간의 감정과 욕망이 시장을 움직이는 강력한 요인이라는 시선은 현대사회에 시사하는 바가 크다.

- 과시적 소비: 필요 이상의 소비 → 사회적 차별과 낭비 심화
- 과시적 여가: 생산적 노동 회피 → 권력과 명예 과시
- 금전적 모방: 상위층 소비 → 하위층 모방 → 사회 전반 소비 압력

08

조지프 슘페터

20세기 경제학을 논할 때 반드시 등장하는 이름 중 하나는 조지프 슘페터다. 그는 경제를 정태적 균형의 관점에서 바라보던 주류 경제학의 시선을 과감히 거부하고, 혁신과 기업가 정신을 자본주의의 심장으로 규정했다. 경제는 외부 충격에 의해서만 흔들리는 것이 아니라 내부에서 터져 나오는 새로운 변화에 의해 끊임없이 진화한다고 봤다.

슘페터는 1883년 오스트리아-헝가리 제국의 소도시 트레쉬에서 태어났다. 부유한 직물업자 가정에서 자랐지만 아버지의 죽음으로 가세가 기울면서 경제적 불안정 속에 놓였다. 그러나 이 경험은 오히려 경제 현상을 생생하게 체험한 한 배경이 됐다. 그는 빈대학에 입학했고, 오스트리아학파의 대가들로부터 경제학의 기초를 닦았다. 학문적 토대는 분명 신고전학파의 전통 위에 있었지만 슘페터의 시선은 끊임없이 변화하는 자본주의의 역동성을 향하고 있었다.

그는 경제학이 단순히 수요와 공급의 곡선으로만 설명될 수 없다고 생각했다. 1911년 『경제발전의 이론』은 그의 사상을 담은 첫 저서였다. 슘페터는 자본주의 경제의 핵심을 정태적 균형이 아니라 '동태적 발전'에서 찾았다. 그 발전의 심장 박동을 일으키는 원동력으로 '혁신'을 제시했다.

혁신은 단순히 신제품 발명에 국한되지 않았다. 새로운 생산 방식의 도입, 새로운 시장의 개척, 새로운 원자재의 활용, 새로운 조직 형태의 등장 등을 모두 포괄하는 개념이었다. 그는 혁신을 통해 경제의 구조 자체가 내부에서부터 파괴되고 재창조된다고 설명했다. 예를 들어 마차를 만들던 수많은 기업이 힘을 합쳐도 기차를 만들 수는 없다. 하지만 바로 옆에서 출현한 신생 철도 기업은 기존 운송 시장의 질서를 파괴하고 전혀 새로운 생산 체제를 도입한다. 혁신은 기존의 것을 파괴하면서 새로운 것을 창조하는 '창조적 파괴'의 과정이라는 것이다.

창조적 파괴의 무대의 중심에는 '기업가'가 있다. 기업가는 단순히 이윤을 추구하는 관리자가 아니라 미래에 대한 비전을 갖고 위험을 감수하며 새로운 조합을 시도하는 혁신의 주체였다. 슘페터는 이들이 집단적으로 등장할 때 경제는 활력을 얻고 호황이 찾아오고, 이들의 혁신이 고갈되면 불황이 온다고 생각했다. 경기 순환의 배경에 기업가 집단의 등장과 퇴장이 있다는 분석이었다.

슘페터는 자본주의를 단순한 경제체제가 아니라 끊임없는 자기 변화를 내포한 진화의 질서로 바라봤다. 대표 저서인 『자본주의, 사회주의, 민주주의』에서는 정태적 균형을 강조하는 주류경제학의 설명과 달리 자본주의는 영원불멸의 제도가 아니며 내부로부터 끊임없이 변모하는 과정에 있다고 주장했다. 불완전 경쟁이나 독점은 시장의 실패가 아니라 혁신을 위한 일시적 보상일 수 있다고 밝혔다.

그의 통찰은 20세기 중반 이후 본격적으로 주목받았다. 케인스가 단기적 수요 관리와 국가 개입에 초점을 맞췄다면 슘페터는 장기적 성장과 기술 혁신의 동학을 주목했다. 특히 창조적 파괴는 혁신 경제를 설명하는 가장 중요한 개념이 됐다. 신생 스타트업이 기존 대기업을 위협하고, 인공지능(AI) 등 기술 발전이 산업 지형을 재편하는 현실은 슘페터의 예견이 유효함을 증명한다.

그러나 슘페터는 혁신이 사회에 불평등과 혼란을 가져올 수 있다는 문제를 충분히 다루지 못했다. 또한 자본주의의 성공이 오히려 자본주의를 붕괴시킬 것이라는 비관적 전망은 입증되지 않았다. 그럼에도 슘페터의 사상은 자본주의를 단순히 시장이 아닌 역동적으로 진화하는 유기체로 바라보게 한 결정적 계기를 마련했다.

슘페터는 1950년 미국 하버드대 교수로 재직하던 중 세상을 떠났다. 그가 던진 질문들은 단순히 과거의 학문적 탐구에 머무르지 않는다. '어떻게 혁신을 촉진할 것인가', '변화의 과정에서 낙오된 이들을 어떻게 포용할 것인가' 등 기업가와 정책 입안자들에게 중요한 화두를 던진다. 슘페터는 우리에게 자본주의가 끊임없이 스스로를 파괴하며 전진하는 불안정한 과정임을 상기시킨다.

- 혁신: 신제품 · 신시장 · 신생산방식 · 신조직
- 기업가: 위험 감수 · 새로운 조합 시도 경제발전 견인
- 창조적 파괴: 기존 질서 붕괴 → 새로운 질서 형성

09

존 메이너드 케인스

존 메이너드 케인스는 경제사상사에서 가장 논쟁적인 인물이다. 케인스는 암담한 현실 속에서 답을 찾으려 했던 실천적 지성인이었고, 자본주의 체제를 지탱한 구원자였다. 1930년대 대공황은 고전학파가 신봉해 온 '세이의 법칙'을 산산조각 냈다. 당시 공급이 수요를 창출한다는 그들의 믿음은 철저히 무너졌다. 수많은 실업자가 길거리에 넘쳐나고, 공장은 멈췄으며, 은행은 도산했다. 시장은 스스로 균형을 회복하지 못했고, 고전학파는 현실을 설명하지 못했다. 케인스는 자본주의가 스스로 치유 능력을 갖고 있다는 전제를 부정했고, 생산 능력에 비해 실제 구매력이 부족한 수요 부족이야말로 장기 불황과 실업의 핵심 원인이라고 주장했다. 경제를 움직이는 것은 잠재적 공급 능력이 아니라 실제 지출되는 유효수요라는 진단은 그 당시 혁명적이었다. 그는 정부가 적극적으로 개입해 공공지출을 늘리고, 투자와 소비를 자극해야 한다고 강조했다. 재정정책이라는 보이는 손의 필요성을 역설한 것이다. 이러한 생각은 케인스 혁명이라 불리며 전후 자본주의의 기초가 됐다.

케인스의 사상을 둘러싼 논쟁은 단순히 학문적 범위를 넘어선다. 그의 숙적은 오스트리아 학파의 하이에크였다. 흥미롭게도 케인스와 하이에크는 모두 시장의 불확실성과 인간의 예측 능력에 한계가 있다는 점에 동의했다. 그러나 결론은 정반대다. 케인스는 인간이 불완전하기 때문에 국가가 개입해 조정해야 한다고 봤다면 하이에크는 불완전한 정부의 개입이 더 큰 혼란을 불러온다고 생각했다. 하이에크는 불황이 과소투자의 결과가 아니라 호황기에 과잉투자와 잘못된 자원 배분이 누적됐기 때문이라고 지적했다. 경기침체는 불가피한 정화 과정이고, 시장이 스스로 비효율적 투자를 털어내는 주기적 조정인 셈이다. 케인스가 처방한 투자 촉진책과 재정지출 확대는 시장을 왜곡해 불황을 더 길고 고통스럽게 만들 뿐이라고 비판했다. 두 사람의 차이는 '정부는 문제의 해결자인가, 문제의 원인인가'라는 질문으로 귀결된다. 이 대립은 20세기 경제사상의 가장 치열한 논쟁이었다.

케인스의 이론은 대공황이라는 역사적 배경 속에서 절박한 현실의 대응책이었다. 1936년 『고용, 이자 및 화폐에 관한 일반 이론』은 단숨에 경제학의 지형을 바꿨고, 세계의 정책 교과서가 됐다. 미국의 뉴딜정책, 유럽의 복지국가 건설, 완전고용 지향 정책은 모두 케인스주의의 산물이었다. 수십 년 동안 서구 자본주의는 이른바 황금기를 누렸다. 고성장, 저실업, 상대적으로 안정적인 분배를 통해 케인스는 자본주의를 무너뜨린 것이 아니라 오히려 그것을 구원했다는 평가를 받았다. 그러나 1970년대 오일쇼크와 함께 스태그플레이션이 발생하자 케인스주의는 한계에 직면했다. 그의 이론은 인플레이션과 실업이 동시에 발생하는 현상을 제대로 설명하지 못했고, 정부 개입이 비효율과 혼란을 낳는다는 비판이 거세졌다. 그러자 신자유주의와 통화주의가 부상했고, 하이에크와 밀턴 프리드먼이 새로운 시대의 주역으로 떠올랐다.

하지만 케인스의 사상은 사라지지 않았다. 2008년 글로벌 금융위기와 2020년 코로나19 사태는 다시 한번 국가의 개입을 불가피하게 만들었다. 대규모 재정지출과 중앙은행의 통화완화는 교과서적인 케인스식 해법이었다. 위기가 닥칠 때마다 마지막 보루는 국가였고, 시장의 자율조정만으로는 경제를 회복시킬 수 없다는 사실이 재확인됐다. 경제학자 로버트 스키델스키의 말처럼 케인스는 죽지 않고 위기 때마다 되살아난다.

케인스는 인간의 불확실성과 심리를 경제의 핵심 변수로 끌어들였다. 이는 행동경제학과 금융위기 연구에까지 지대한 영향을 미치고 있다. 그의 통찰은 여전히 유효하지만 과감한 국가 개입이라는 위험한 처방을 남겼다. 이것이 때로는 사회를 구하지만 때로는 새로운 부작용을 낳는다. 결국 진정 중요한 것은 그의 사상을 어떻게 수정하고 재해석해 현실에 맞게 적용할 것인가다.

케인스와 하이에크의 논쟁은 끝나지 않았다. 오늘도 여전히 세계의 경제정책을 좌우한다. 위기 때는 케인스가 불려 나오고, 평상시에는 하이에크의 목소리가 힘을 얻는다. 이 양극단의 사이에서 균형을 찾는 것이 현대 경제학의 영원한 과제다. 케인스가 남긴 가장 큰 유산은 바로 질문 자체일지도 모른다. 자본주의는 끊임없는 개입과 조정을 통해 유지돼야 하는가 아니면 시장의 자율적 기능에 맡겨야 하는가. 근본적인 물음은 경제학적 논쟁을 넘어 우리 시대의 정치, 사회적 선택을 결정하는 거대한 가치관의 대립으로 이어지고 있다. 케인스는 그 대립의 한 축을 세운 거인으로 영원히 기억될 수밖에 없다.

우리나라에서 케인스는 진보진영의 사상적 뿌리로 자리 잡았다. 그러나 지금의 한국은 1930년대 미국, 유럽과는 다른 조건에 놓여 있다.

고령화, 가계부채, 기술혁신 등 새로운 변수들이 존재한다. 단순히 케인스를 신봉하는 태도는 위험하다. 그의 사상을 성역처럼 여기는 순간 우리는 또 다른 함정에 빠질 것이다. 우리 사회가 지금 배워야 할 것은 케인스주의의 답습이 아니라 케인스주의를 넘어설 용기다.

- 유효수요 이론: 경제를 움직이는 것은 공급이 아닌 실제 지출되는 수요
- 정부 개입론: 재정지출 확대, 공공지출 · 투자 촉진 필요
- 1970년대 오일쇼크 · 스태그플레이션 → 케인스주의 한계 노출

10

사이먼 쿠즈네츠

19세기 말과 20세기 초 자본주의는 눈부신 발전 속에서도 불평등과 빈곤이라는 그림자를 안고 있었다. 이런 격동의 시대에 사이먼 쿠즈네츠는 세계 경제의 흐름을 숫자로 읽어내고, 실증적 분석을 통해 경제학의 새로운 지평을 열었다. 그는 국민소득 통계를 정립하고 쿠즈네츠 곡선을 제시한 계량가이자 성장과 분배의 관계를 탐구한 사상가였다. 케인스가 경제위기에 대한 이론적 해법을 내놓았다면 쿠즈네츠는 장기적 데이터 속에서 자본주의의 방향을 묻고자 했다.

1901년 러시아 제국에서 태어난 쿠즈네츠는 1920년대 초 미국으로 이주해 펜실베이니아대와 컬럼비아대에서 공부했다. 그는 경제학을 이론적 공방의 장이 아니라 사회의 변화를 통계와 자료로 기록하는 학문으로 이해했다. 이민자로서의 시선은 새로운 사회의 구조를 냉철하게 관찰하게 했고 실증적 접근을 강화하는 원동력이 됐다.

쿠즈네츠의 가장 상징적인 업적은 국민소득 통계다. 현대사회에서 국내총생산(GDP)은 누구나 아는 핵심 지표지만 1930년대만 해도 국가의 총소득을 일관된 방식으로 계산하는 방식은 존재하지 않았다. 그는 미국 정부의 요청을 받아 국민소득 계정을 체계화했고 국가 경제를 하나의 총량으로 파악할 수 있는 방법을 제시했다. 이 작업은 경제정책의 기본 도구가 됐으며 경제학을 실증적 학문으로 자리 잡게 했다. 그러나 쿠즈네츠는 "국민소득의 증가가 반드시 국민의 복지를 뜻하는 것은 아니다"라며 성장 지표와 인간의 삶 사이에 간극이 있음을 지적했다. 이 말은 지금까지도 'GDP 만능주의'를 비판하는 논쟁에서 인용된다.

경제성장과 소득분배의 관계를 분석한 쿠즈네츠 곡선도 있다. 그는 여러 나라의 장기 통계 자료를 검토하며 경제발전 초기에는 불평등이 심화되지만 일정 수준을 넘어서면 완화되는 경향이 있음을 발견했다. 역(U)자형 곡선은 수십 년간 개발경제학의 정설처럼 받아들여졌다. '성장이 먼저이며 분배는 나중에 개선된다'는 주장은 많은 개발도상국 정책의 근거가 됐다. 그러나 시간이 흐르며 이 명제는 도전을 받았다. 21세기 들어 불평등이 성장 이후에도 오히려 심화될 수 있음이 입증되자 쿠즈네츠 곡선은 절대적 법칙이 아니라 특정 시기와 조건에 해당하는 하나의 가설로 평가받고 있다. 그럼에도 불평등과 성장의 관계를 실증적으로 탐구한 최초의 시도였다는 점에서 의의가 있다.

쿠즈네츠는 단순히 불평등 문제만 연구한 것이 아니었다. 그는 장기적인 경제변동 속에서 인구, 기술, 무역, 제도의 역할을 중시했다. 특히 15~25년 주기의 '쿠즈네츠 사이클'을 제시하며 인구구조 변화와 산업화가 경제의 중기적 변동과 맞물려 있다는 통찰을 제시했다. 도시화, 농업에서 공업으로의 전환, 교육 확대 등 사회적 변화가 경제성장의 중요한 요인임을 강조했다. 이는 단순히 수요와 공급, 화폐와 재정의 문제를 넘어서 경제가 사회 구조 전반과 어떻게 맞물려 움직이는지 보여주는 총체적인 시각이었다.

그의 연구는 개발경제학의 기초가 됐다. 후발국이 선진국의 경로를 그대로 따라갈 수 없으며, 구조적 요인에 따라 다른 성장의 길을 걷는다고 봤다. 단순히 자본과 노동을 투입한다고 발전이 보장되는 것이 아니라 제도와 교육, 기술혁신이 뒷받침돼야 지속적 성장이 가능하다는 것이다. 이는 단순한 성장률 숫자 너머의 질적 성장을 강조하는 중요한 관점이다.

쿠즈네츠의 사상은 낙관과 경고를 동시에 품고 있다. 경제성장이 불평등을 완화할 수 있다는 주장은 많은 나라의 희망이 됐지만 데이터에 나타나지 않는 사회적 비용과 복지의 문제를 끊임없이 제기했다. 숫자는 객관적이지만 해석과 정책은 결코 중립적이지 않다. 쿠즈네츠는 통계의 힘으로 자본주의를 읽었지만 숫자만으로 설명할 수 없는 인간적 차원을 놓치지 않으려 했다.

그는 1971년 노벨경제학상을 받으며 자신의 연구가 세계적 인정을 받았다. 케인스가 위기의 순간 자본주의를 구했다면 쿠즈네츠는 장기적인 데이터 속에서 자본주의의 성쇠를 읽어냈다. 그의 곡선은 단순한 그래프가 아니라 성장과 분배의 관계가 결코 자동적이지 않다는 문제인식이 있었다. 우리는 끊임없이 물어야 한다. GDP는 무엇을 말해주고, 무엇을 숨기는가. 성장은 누구를 위한 것이며 분배는 어떻게 보장될 수 있는가. 쿠즈네츠의 질문은 답보다 중요하다.

- 국민소득 통계: GDP 개념 정립, 국가 경제 총량으로 파악
- 쿠즈네츠 곡선: 성장 초기 불평등 심화 → 일정 수준 이후 완화
- 쿠즈네츠 사이클: 15~25년 주기의 변동, 인구구조 · 산업화 · 도시화와 맞물림

11

프리드리히 하이에크

프리드리히 하이에크는 20세기 자유주의 사상에서 가장 강렬한 목소리를 남긴 인물이다. 단순한 경제학자가 아니라 사상가이자 철학자였고 전체주의에 맞선 경고자로서 기억된다. 1899년 오스트리아 빈에서 태어나 전쟁과 불황, 독재와 자유의 갈림길을 직접 경험했고 자유를 지키기 위한 논리를 평생 탐구했다. 하이에크가 평생 주장한 것은 명료했다. 시장은 자유를 낳지만 중앙집권적 계획은 필연적으로 자유를 파괴한다는 것이다. 그는 인간의 무지와 한계를 인정하는 겸손함에서 출발해 어떻게 시장이라는 자생적 질서가 개인의 자유와 사회의 번영을 가능하게 하는지 설명했다.

하이에크의 사상은 오스트리아학파 경제학에서 시작됐다. 그는 스승인 루트비히 폰 미제스의 영향을 받아 인플레이션과 경기변동의 원인이 중앙은행의 과도한 통화팽창에 있다고 봤다. 인위적인 저금리와 신용확대는 일시적으로 호황을 만들어내지만 잘못된 투자와 자원의 왜곡을 불러일으키고 불황과 위기를 불러온다는 분석이다. 이는 정부의 개입으로 경기를 안정시킬 수 있다는 케인스의 주장과 정면으로 충돌했다. 1930년대 영국에서 벌어진 두 사람의 치열한 논쟁은 20세기 경제사상의 분수령이 됐다. 케인스가 수요 부족을 문제 삼아 정부의 적극적 개입을 역설했다면 하이에크는 그 개입이야말로 위기를 증폭시킨다고 반박했다. 불황은 시장이 스스로 잘못된 투자를 정화하는 고통스럽지만 필요한 과정이라는 것이었다. 이들의 대립은 단순히 학문적 견해차가 아니라 자유와 통제, 시장과 정부의 역할을 둘러싼 근본적 세계관의 갈등이었다.

하이에크가 세계적으로 주목받은 것은 1944년 출간한 『노예의 길』이었다. 이 책은 사회주의적 계획경제가 경제적 효율뿐만 아니라 정치적 자유마저 파괴할 수 있다고 경고한다. 중앙계획은 필연적으로 권위주의와 억압으로 나아갈 수밖에 없다는 얘기다. 그는 독일 나치즘과 소련 공산주의가 단순히 정치적 독재가 아니라 경제적 통제의 논리적 귀결이라고 주장했다. 경제적 평등과 효율을 약속하는 계획경제는 필연적으로 자유의 상실을 불러온다고 비판했다. 노예의 길은 전후 자유주의 부흥의 기폭제가 됐고 시장경제와 민주주의를 결합한 서구 질서의 사상적 토대가 됐다.

하이에크의 핵심 개념은 '지식의 문제'다. 그는 사회의 유용한 지식은 수많은 개인에게 흩어져 있으며, 누구도 그 전체를 알 수 없다고 생각했다. 중앙의 기획자가 모든 정보를 수집해 합리적 계획을 세울 수 있다는 믿음 자체가 치명적 자만이었다. 이런 불완전한 상황에서 시장의 가격은 단순한 숫자가 아니라 흩어진 지식을 집약하고 조정하는 가장 효율적인 신호 체계다. 수많은 개인의 선택과 정보가 응축된 가격을 통해 자원은 가장 필요한 곳으로 배분된다. 시장은 누군가의 의도적인 설계 없이 스스로 질서를 만들어가는데 이것을 '자생적 질서'라고 명명했다. 법과 관습 역시 인위적 설계가 아닌 오랜 경험의 산물이라는 통찰은 계몽주의적 합리주의와는 다른 길을 제시했다.

하이에크의 영향력은 1970년대에 정점에 달했다. 케인스주의가 스태그플레이션으로 흔들리던 시기 자유시장 사상이 재조명됐다. 영국의 마거릿 대처와 미국의 로널드 레이건 정부는 작은 정부, 규제 완화, 민영화 등을 정책으로 옮겼다. 신자유주의의 물결 속에 하이에크의 이름은 상징처럼 쓰였다. 그는 1974년 노벨경제학상을 수상하며 학문적 정점에 올랐다. 하지만 하이에크의 사상은 불평등 확대와 사회 안전망 약화라는 비판을 받았다.

그는 시장의 자율과 개인의 자유를 강조했지만 제도와 전통의 중요성을 결코 가볍게 보지 않았다. 국가 개입의 위험을 날카롭게 경고하지만 시장만으로 모든 문제가 해결된다고 주장하지도 않았다. 하이에크의 경고는 경제적 평등과 복지를 명분으로 한 과도한 국가 개입은 결국 자유를 침해할 수 있다는 것이다. 반대로 자유만 강조한 나머지 사회적 불평등과 공동체를 외면하는 것 역시 자유의 토대를 무너뜨린다. 하이에크의 이론은 단순한 정책 처방이 아니라 인간 사회의 복잡성과 자유의 취약성을 직시하라는 철학적 메시지였다.

한국 사회에서도 하이에크의 목소리는 중요한 시사점을 준다. 현재 직면한 문제는 단순히 복지를 늘리느냐 줄이느냐가 아니다. 국가가 모든 것을 통제할 수 있다고 믿는 순간 자유의 기반이 흔들릴 수 있다는 점을 경계해야 한다. 마찬가지로 시장에 모든 것을 맡기는 순간 사회적 연대와 제도의 진화가 무너질 수도 있다. 하이에크의 사상은 이 양극단을 경계하며 우리가 끊임없이 균형을 찾아야 한다는 점을 알려준다.

하이에크는 자유 없는 번영을 거부했고, 자유 없는 평등을 위험한 환상으로 봤다. 당대의 거대한 논쟁 속에서 시장이라는 단어로 거대한 사상적 유산을 남겼다. 그의 유산은 완성된 해답이 아니다. 오히려 우리에게 던져진 날카로운 질문에 가깝다. 우리는 자유를 지킬 준비가 되어 있는가. 그 자유를 어떤 제도와 질서 위에서 실현할 것인가. 자유의 소중함을 잊는 순간 우리는 언제든 다시 노예의 길을 걸을 수 있다.

- 자유와 시장 질서: 시장은 분산된 지식이 모여 자율 작동
- 노예의 길: 중앙집중적 계획은 필연적으로 자유 억압
- 자생적 질서: 사회제도 · 규범은 계획 아닌 시간 속에서 형성

12

밀턴 프리드먼

밀턴 프리드먼은 20세기 자유주의 경제학의 얼굴이다. 그는 단순히 학문적 논쟁에 머문 인물이 아니라 정책 현장을 직접 움직이며 자본주의의 방향을 바꾼 행동하는 지식인이었다. 1912년 뉴욕 브루클린의 가난한 이민자 가정에서 태어났고, 어린 시절부터 교육과 통계적 사고의 힘을 갈고닦았다. 러트거스대, 시카고대, 컬럼비아대를 거쳐 학문적 기반을 다진 뒤 시카고학파의 확고한 기둥으로 자리 잡았다.

프리드먼 이론의 핵심은 화폐다. 그는 고전적 화폐수량설을 현대적으로 계승해 인플레이션은 언제 어디서나 화폐적인 현상이라고 단언했다. 그는 '화폐량(M)×화폐유통속도(V)=물가(P)×산출량(Y)'을 경제 분석의 출발점으로 삼았다. 이 등식이 단순한 수학적 관계가 아니라 경제 변동의 본질을 설명한다고 봤다. 통화정책이 소득, 생산량, 물가 수준을 결정하는 핵심 요인이라는 것이다. 정부가 수요를 조절하고 재정을 확대하는 것이 아니라 화폐 공급을 안정적으로 관리하는 것이야말로 경제를 지탱하는 기초라고 주장했다.

그의 대표적 주장은 K% 준칙으로 요약된다. 경제 상황과 상관없이 매년 통화량을 일정한 비율만큼 늘려야만 경제주체들이 미래를 예측할 수 있고, 시장은 신뢰를 회복할 수 있다는 논리였다. 그는 정부의 재량적 개입을 신뢰하지 않았다. 단기적 경기 부양책이나 임기응변식 정책은 불필요한 혼란만 낳으며 오히려 경제의 장기적 안정을 해친다고 비판했다. 경제를 안정시키는 최선의 방법은 단기 처방이 아니라 통화 공급을 신중하고 꾸준하게 관리하는 것이라는 믿음이었다.

프리드먼은 케인스주의와 정면으로 맞섰다. 케인스가 불황의 원인을 유효수요 부족에서 찾고 재정지출 확대를 처방했다면 프리드먼은 인플레이션과 불안정의 근원을 정부의 통화팽창에서 찾았다. 그는 정부가 실업률을 인위적으로 낮추려는 시도는 단기적으로만 가능할 뿐 장기적으로는 인플레이션만 높이는 결과를 낳는다고 지적했다. 또한 사람들의 소비는 현재 소득이 아닌 장기적인 기대 소득에 따라 결정되므로 정부의 단기적인 세금 감면 효과는 미미하다고 반박했다. 그의 주장은 재정정책의 우위라는 케인스학파의 전제를 뒤집고, 통화정책의 우위를 천명한 것이었다.

정책 현장에서 프리드먼의 목소리는 힘을 얻었다. 1970년대 스태그플레이션으로 케인스주의가 흔들리자 그의 이론은 새로운 대안으로 떠올랐다. 1980년대 미국과 영국에서는 감세, 규제 완화, 복지 축소, 노동조합 견제 등이 추진됐다. 경제는 효율성을 얻었지만, 불평등과 사회적 고통은 심화됐다. 프리드먼은 특히 노동조합의 임금 담합, 가격 통제, 복지 확대와 같은 제도적 개입을 경제 성장의 적으로 규정했다. 노동시장이 경직될수록 실업이 늘어나고, 복지제도가 과도할수록 개인의 자율성과 생산 의지가 약화된다고 주장했다. 그 결과 프리드먼은 자유와 번영을 약속했지만 냉혹한 현실을 불러온 대명사가 됐다.

그는 자유를 단순한 정치적 권리가 아니라 경제적 권리와 동일시했다. 정부가 가격을 통제하고, 노동시장에 개입하며, 복지로 자원을 재분배하는 것은 자유를 억압하는 행위라고 생각했다. 그의 저서 『자본주의와 자유』는 자유시장의 윤리적 정당성을 강력하게 피력했다. 프리드먼은 기업의 유일한 사회적 책임은 이윤 극대화라며, 기업이 사회공헌에 나서는 것은 주주의 돈을 빼앗는 행위라고 비판했다. 이는 경제학을 넘어 경영윤리와 기업 사회적 책임 논쟁까지 확장됐다.

프리드먼의 사상은 항상 논쟁을 불러온다. 2008년 글로벌 금융위기 이후 그의 이론은 다시 도마에 올랐다. 그가 규제 완화로 인한 금융 불안정, 양극화 심화를 간과했다는 비판이 거세졌다. 통화정책만으로 경제를 안정시킬 수 있는가, 자유시장만으로 사회적 불평등을 감당할 수 있는가 하는 근본적인 질문에 다시 봉착한 셈이다.

프리드먼은 1976년 노벨경제학상을 받으며 학문적 업적을 공식적으로 인정받았다. 그러나 그의 유산은 자유시장과 정부 개입을 둘러싼 끝나지 않은 논쟁 그 자체에 있다. 프리드먼은 경제학을 수학적 모형의 학문이 아니라 자유와 권력의 문제를 다루는 사회적 논쟁의 장으로 끌어올렸다. 그의 이론은 자본주의의 효율성을 극대화했으나 사회적 연대의 약화를 초래했다. 시장의 자유가 무제한 확장될 때 그 비용은 가장 취약한 이들에게 전가됐다.

프리드먼은 지금도 우리에게 묻고 있다. 경제를 맡길 대상은 시장인가 아니면 국가인가. 통화정책은 안정의 열쇠인가, 또 다른 불안의 씨앗인가. 자유주의는 번영의 조건인가, 불평등의 핑계인가. 그의 사상을 답으로 삼을지 새로운 질문의 출발점으로 삼을지는 지금 우리의 선택에 달려 있다.

- 화폐수량설: 경제 변동의 본질은 화폐 공급의 변화
- 화폐량(M) × 화폐유통속도(V) = 물가(P) × 산출량(Y)
- K% 준칙: 통화량은 매년 일정 비율 증가해야 함

13

존 포브스 내시

영화 『뷰티풀 마인드』의 실제 주인공인 존 포브스 내시는 경제학과 수학의 경계를 넘어선 상징적 존재다. 그는 정신질환과의 고통스러운 싸움 속에서도 게임이론을 수학적으로 정립했고 경제학의 새로운 지평을 열었다. '내시 균형'은 복잡한 이해관계 속에서 경쟁과 협력이 어떻게 균형을 이루고, 때로는 왜곡되는지를 보여주는 개념이다. 이 이론은 단순한 경제 모델을 넘어 사회, 정치, 심지어 국제 갈등을 이해하는 강력한 분석 틀이 됐다.

내시의 균형 개념은 애덤 스미스의 보이지 않는 손과 달랐다. 스미스의 시장관은 개인이 이기적으로 행동해도 사회 전체의 이익이 극대화된다는 낙관적 전제 위에 서 있었다. 그러나 내시는 각자가 최선의 선택을 해도 그 결과가 모두에게 최악일 수 있음을 수학적으로 증명했다. 이는 시장만능주의에 대한 날카로운 비판이었다. 경제적 상호작용은 단순한 교환이 아니라 상대의 수를 읽는 전략적 대응의 연속이며, 이때의 균형은 반드시 최선이 아닐 수 있다는 통찰이다.

내시 균형을 설명할 때 통상적으로 '죄수의 딜레마'가 인용된다. 공범 두 명이 각자 자백할지 침묵할지 선택하는 상황에서 상대의 선택과 상관없이 자신에게 가장 유리한 선택은 자백이다. 결국 두 명 모두 합리적으로 자백을 선택하지만 그 결과는 둘 다 더 무거운 형벌을 받는 최악의 결말이다. 협력하면 모두에게 이익이 되지만 불신과 경쟁이 지배하는 상황에서는 최선의 길을 선택하지 못한다. 이 구조는 국제정치의 핵무장 경쟁부터 기업 간의 출혈적 가격 경쟁까지 광범위하게 나타난다.

내시 균형의 영향력은 경제학을 넘어섰다. 정치학에서는 냉전기 핵억지 전략을 이해하는 기초가 됐고, 사회학에서는 집단행동의 딜레마를 설명하는 핵심 개념으로 자리 잡았다. 내시의 작업은 하나의 학문적 성과를 넘어 인간 사회의 전략적 구조를 해석하는 보편적인 언어가 됐다. 그는 순수수학 분야에서도 독창적 업적을 남겼다.

한국 사회에서도 내시의 이론은 유효하다. 대표적인 사례가 교육 경쟁이다. 우리 아이만 사교육을 시키지 않으면 뒤처진다는 불안 때문에 모든 부모가 경쟁에 뛰어든다. 각자의 선택은 합리적이지만 결과는 천문학적인 가계 부담과 학생들의 학습 과잉, 불평등 심화다. 누구도 경쟁을 멈출 수 없고 모두가 손해를 보면서도 경쟁은 계속된다. 이는 내시 균형이 말하는 비효율적 안정 상태의 전형이다. 내시의 이론은 한국 교육 현실의 구조적 함정을 날카롭게 꼬집는다.

내시의 삶은 이론만큼이나 극적이었다. 그는 30세 이전에 내시 균형으로 학계의 주목을 받았지만 조현병에 시달리며 정상적인 학문 활동에서 밀려났다. 환청과 망상 속에서 학문적 성취와 인간적 고통을 경험했다. 그러나 그는 불완전한 인간이 만들어내는 세계 질서를 수학으로 포착하며, 합리성과 불합리성의 교차점을 자신의 삶으로 증명했다. 수십 년의 공백 끝에 그는 기적적으로 학계에 복귀했고 1994년 노벨경제학상을 받았다. 그의 이론이 인간의 합리성을 수학적으로 증명했다면 그의 삶은 인간의 불완전성과 극복 과정을 보여줬다.

내시의 사상은 깊은 철학적 의미를 던진다. 합리적 개인들의 선택이 반드시 사회적 최선은 아니라는 통찰은 개인주의적 합리성에 기초한 자본주의 체제를 다시 생각하게 만든다. 부동산 과열, 노동시장 과잉 경쟁 등은 모두 내시 균형의 연장선에 있다. 중요한 것은 균형상태를 분석하는 것을 넘어 그 균형을 어떻게 바꿀 것인가이다. 불합리한 균형을 깨뜨리고 더 나은 사회적 규칙을 설계할 수 있느냐는 것이 내시가 남긴 진짜 질문이다.

그의 이론은 냉정한 경고와 새로운 가능성을 동반한다. 경고는 우리가 당연하게 받아들이는 사회적 균형이 사실은 모두를 불행하게 만드는 비효율적인 함정일 수 있다는 것이다. 가능성은 그 균형이 신이나 자연법칙이 아닌 인간들의 전략적 선택의 결과이며, 게임의 규칙 자체를 바꾼다면 더 나은 균형으로 나아갈 수 있다는 것이다. 우리가 새로운 규칙을 설계하지 못한다면 합리적 선택이라는 이름 아래 또 다른 집단적 비극을 반복할 뿐이다. 내시가 남긴 가장 큰 교훈은 균형을 깨뜨릴 용기다.

- 내시 균형: 누구도 단독으로 전략을 바꿔 이익을 얻지 못하는 안정 상태
- 죄수의 딜레마: 합리적 선택이 모두에게 불리한 결과를 초래하는 상황
- 합리성의 한계: 인간은 정보 부족 · 감정 · 불확실성 속에서 비합리적으로 행동

14

리처드 탈러

리처드 탈러는 전통적 경제학의 뿌리를 흔든 문제적 학자였다. 그는 합리적 인간이라는 경제학의 기본 전제를 끊임없이 의심했고, 인간의 비합리성과 심리적 편향을 연구의 중심으로 끌어왔다. 오랫동안 경제학은 개인이 언제나 이익을 극대화하고, 충분한 정보를 바탕으로 최적의 선택을 한다고 가정해 왔다. 하지만 현실의 인간은 그렇지 않다. 사람들은 충동적으로 소비하고, 후회를 남기는 결정을 내리며, 때로는 스스로의 이익을 해치는 행동을 반복했다. 탈러는 기존 경제학의 모순을 외면하지 않았고, 행동경제학이라는 새로운 영역을 개척했다. 그는 인간의 약점을 이해해야만 경제학이 현실을 제대로 설명할 수 있다고 봤다.

탈러의 대표적 개념은 '심리계좌'다. 사람들은 같은 돈이라도 상황에 따라 전혀 다르게 인식한다. 예를 들어 영화관에서 표를 잃어버리면 다시 돈을 내고 표를 사기를 꺼리지만 주머니에서 1만 원 지폐를 잃어버렸을 때는 별 고민 없이 영화를 본다. 돈의 가치는 같지만 사람들은 심리적으로 다른 계정에 기록하기 때문이다. 이러한 인식은 투자, 소비, 저축, 대출 등 모든 경제적 행동에 영향을 미친다. 전통 경제학이 동일한 금액은 동일한 효용을 준다고 가정했다면 탈러는 인간의 뇌 속에서 돈이 맥락에 따라 다르게 취급된다는 사실을 지적했다. 이는 합리적 인간의 신화를 무너뜨린 강력한 사례였다.

또 하나의 핵심은 '자기 통제 실패'다. 사람들은 먼 미래의 자신보다 당장의 욕망에 더 크게 흔들린다. 건강을 위해 저녁에는 채소를 먹겠다고 결심하면서도 눈앞의 피자와 맥주를 거부하지 못한다. 저축을 늘리겠다 다짐하면서도 충동적인 소비를 반복한다. 탈러는 사람들이 미래의 후회를 줄이도록 제도를 설계해야 한다고 강조했다. 개인의 자유를 억압하지 않으면서도 더 나은 선택을 유도하는 장치가 필요하다는 것이다.

그의 통찰은 '넛지'라는 개념으로 집약됐다. 넛지는 강제적 규제가 아니라 부드러운 개입이다. 사람들에게 선택의 자유를 보장하면서도 특정 방향으로 행동을 유도하는 방식이다. 예를 들어 기본값을 연금 자동가입으로 설정하면 사람들은 별다른 행동을 하지 않아도 저축을 시작한다. 강제는 아니지만 결과적으로 사회 전체의 노후 대비가 향상된다. 이러한 것을 자유주의적 개입주의라고 명명했다. 개인의 선택권을 존중하면서도 더 합리적인 결정을 돕는 방식이다. 정부와 기업이 정책을 설계할 때 넛지를 활용하면 사람들의 건강, 재정, 행복에 긍정적 변화를 만들어낼 수 있다는 주장은 전 세계적으로 큰 반향을 일으켰다.

탈러의 연구는 단순한 이론이 아니라 실제 정책에 적용됐다. 영국, 미국, 호주 등 여러 나라에서 '넛지 유닛'이 만들어져 공공정책에 행동경제학이 도입됐다. 세금 납부 독려, 장기 기증 확대, 에너지 절약 캠페인

등에서 작은 설계의 변화가 거대한 결과를 낳았다. 예를 들어 전기요금 고지서에 '당신의 이웃들은 평균적으로 더 적게 전기를 사용합니다'라는 문구를 추가하는 것만으로도 가정의 전력 소비가 줄었다. 인간은 합리적 계산보다 사회적 비교와 심리적 신호에 더 크게 반응한다는 사실을 보여주는 사례다.

탈러의 이론이 만능은 아니다. 넛지는 때때로 사람들을 은밀하게 조종한다는 비판을 받았다. 정책 설계자가 의도하는 방향으로 사람들을 몰아가는 것이 과연 진정한 자유인지 아니면 부드러운 통제인지에 대한 논란이 이어졌다. 또한 넛지는 구조적 불평등을 해소하기보다는 개인의 작은 행동을 개선하는 데 머무른다는 한계가 있다. 소득 격차와 같은 근본 문제는 제도의 개혁 없이는 해결되지 않는다.

탈러는 행동경제학의 제도화를 이끌었다. 대니얼 카너먼, 아모스 트버스키 등 심리학자들의 연구를 계승하면서도 경제학의 내부에서 이론을 확립했다. 전통 경제학이 무시하던 비합리적 행동을 당당히 분석의 대상으로 삼았고, 통계적 패턴으로 증명했다. 결국 행동경제학은 경제학의 주변이 아니라 중심으로 이동했다. 탈러는 2017년 노벨경제학상을 수상하며 업적을 공식적으로 인정받았다.

리처드 탈러의 사상은 우리 사회에도 깊은 함의를 남긴다. 사람들은 불안, 비교심리, 손실회피 성향에 휘둘린다. 따라서 정책은 단순히 시장 규제나 보조금 지급에 머물 것이 아니라 사람들의 심리와 행동을 이해하는 방향으로 설계돼야 한다.

탈러는 경제학을 인간학으로 되돌려놓았다. 그는 합리성의 이상을 추구하기보다 불완전한 인간을 전제로 하는 경제학을 세우려 했다. 그의 연구는 인간이 합리적이지 않음에도 사회가 어떻게 작동하는지, 불완전성을 보완할 제도가 어떻게 가능할지를 묻는다. 행동경제학은 인간의 약점을 부정하지 않는다. 대신 그 약점을 이해하고 더 나은 선택을 하도록 돕는 길을 찾는다. 탈러의 연구는 경제학이 수학적 모형의 학문에서 인간의 삶을 다루는 사회과학으로 다시 돌아가야 한다는 사실을 말해준다.

- 심리계좌: 같은 돈이라도 맥락에 따라 다르게 인식
- 자기 통제 실패: 당장의 욕망 > 미래의 이익
- 넛지: 강제가 아닌 부드러운 개입으로 더 나은 선택 유도

15

토마 피케티

토마 피케티는 21세기 자본주의를 가장 격렬하게 흔든 학자 중 한 명이다. 그의 이름은 단순한 경제학자를 넘어 불평등이라는 문제를 세계적 의제로 끌어올린 상징으로 남았다. 『21세기 자본』이 출간된 이후 피케티는 수많은 논쟁의 중심에 섰다. 19세기 마르크스가 자본의 자기 증식을 통해 계급 모순을 비판했다면 피케티는 21세기 데이터의 언어로 불평등의 역사를 새로 써냈다. 그의 연구는 냉정한 숫자와 곡선 속에서 자본주의의 민낯을 드러냈다.

피케티가 가장 강하게 주장한 것은 '자본수익률(r) > 경제성장률(g)'라는 간명한 부등식이다. 피케티는 근대 자본주의의 역사적 자료를 추적하면서 장기간에 걸쳐 자본수익률이 경제성장률보다 높게 유지된다고 밝혔다. 부의 축적이 생산의 성과보다 더 빠른 속도로 진행된다는 의미였다. 노동을 통해 번 자산보다 이미 가진 자산이 더 빠르게 불어나기 때문에 불평등은 시간이 흐를수록 심화될 수밖에 없다. 이는 자본주의를 안정과 평등으로 이끌어간다는 낙관론에 직격탄을 날렸다.

그는 단순히 이론을 제시한 것이 아니라 방대한 역사적 통계를 동원했다. 프랑스, 영국, 미국 등 선진국의 수백 년간의 조세 기록, 자산 데이터, 20세기 이후의 소득 통계까지 모아 불평등의 궤적을 수치로 보여줬다. 1980년대 이후 미국의 근로소득 증가분 가운데 75%가 상위 1%에게 집중됐다는 사실은 충격적이었다. 중산층의 몰락이라는 막연한 불안을 뒷받침하는 구체적 숫자가 제시되자 세계가 피케티에 주목하기 시작했다.

피케티의 문제의식은 명확하다. 불평등은 자본주의 발전의 부산물이 아니라 자본주의의 구조적 본질이다. 아무런 개입이 없으면 부와 권력은 극소수에게 집중되고, 민주주의의 기반은 무너진다. 그는 불평등을 단순한 분배의 문제가 아니라 정치적 문제로 봤다. 그의 처방은 전 세계적 차원의 '누진 자본세' 도입이다. 부유층이 가진 자산에 대해 국제적으로 통합된 세율을 적용하고, 국가 간 조세 경쟁과 자본 도피를 차단해야 한다는 주장이다. 단순히 소득세나 법인세 수준의 미세 조정이 아니라 자본 그 자체를 과세의 대상으로 삼아야 한다고 강조했다. 전 지구적 차원의 부의 재분배 없이는 불평등을 완화할 수 없다는 진단이었다.

급진적 주장은 거센 반발을 불렀다. 자유시장주의자들은 자본세가 혁신과 투자를 위축시키고, 경제 전반의 활력을 해칠 것이라 반박했다. 또한 국가 간 협력이 불가능한 상황에서 글로벌 자본세는 현실성이 떨어진다는 비판이 이어졌다. 하지만 피케티는 부유세는 단순한 경제학적 제안이 아니라 민주주의를 지탱하기 위한 정치적 요구라고 반박했다. 세금은 사회계약의 핵심이고, 민주주의의 지속 가능성을 위해 자본에 과세하는 것은 필수적이라는 것이다.

피케티의 연구는 이론적·정책적 차원을 넘어 사회적 논쟁을 촉발했다. 중산층의 몰락과 불평등 심화는 선진국뿐 아니라 우리나라에도 시사하는 바가 컸다. 부동산 자산 가치가 임금 상승 속도를 훨씬 앞서가는 현실은 노동으로는 따라잡을 수 없는 격차를 낳았다. 피케티의 도식은 추상적 이론이 아니라 우리의 일상적 불평등을 설명하는 도구가 됐다.

그러나 피케티의 이론은 절대적 진리가 아니다. 불평등의 곡선이 언제나 같은 궤적을 그린다는 보장은 없다. 20세기 중반의 불평등 완화는 전쟁, 경제위기, 복지국가 건설 등 특수한 역사적 조건에 의해 가능했다. 자본수익률과 성장률의 관계는 시대와 국가에 따라 다르게 나타날 수도 있다. 피케티의 도식은 강력한 문제제기이지만 현실을 전부 설명하는 것은 아니다.

피케티는 경제학을 수학적 모형의 추상적 세계가 아니라 구체적 역사와 데이터 속에서 다시 읽게 만들었다. 케인스가 대공황기에 자본주의를 구했다면 피케티는 불평등의 시대에 민주주의를 구해야 한다고 외쳤다.

피케티의 경고는 자본주의가 스스로를 잠식하는 자기 파괴적 경향을 내포하고 있으며, 불평등이 궁극적으로 민주주의의 근간을 뒤흔들 수 있다는 것이다. 이는 우리 사회의 존속 가능성에 대한 질문이자 부의 집중을 방치하는 것이 파국으로 이어질 수 있다는 강력한 메시지다. 부는 누구에게 집중되고 있으며, 이를 민주주의는 감당할 수 있는가. 이 질문에 답하지 못한다면 '세습 자본주의'는 피할 수 없는 미래다.

- 자본수익률(r) > 경제성장률(g) → 부의 집중 심화
- 불평등의 구조성: 자본주의는 개입 없이는 부가 극소수에 집중
- 누진 자본세: 세계적 차원의 자산 과세로 불평등 완화 필요

에필로그

책장에서 빛바랜 대학 시절의 경제학 노트를 꺼냈다. 손때 묻은 노트에는 수식과 그래프, 그리고 몇 줄의 질문이 남아 있었다. 십여 년이 흘렀지만 '시장은 정말 공정한가?', '한국경제의 구조적 문제' 등의 질문은 여전히 내 안에서 유효하다.

그 낡은 노트는 이 책의 출발점이었지만 그것만으로는 충분하지 않았다. 세상은 정말 빠르고 많이 변했기 때문이다. 세계화의 흐름이 흔들리고, 기술이 경제의 언어를 바꾸며, 돈은 눈 깜짝할 사이에 국경을 넘나든다. 그래서 다시 책을 펼쳤다. 오래된 전공서적, 새로 출간된 개론서, 각종 자료들을 읽었다. 그때 경제학이 세상을 해석하는 가장 강력한 언어임을 다시 한번 깨달았다.

경제학은 결코 중립적이지 않다. 모든 경제 이론은 그 사회가 추구하는 가치 위에서 설계된다. 시장의 자율을 강조하는 이론은 효율을 극대화하지만 불평등이라는 그림자를 남길 수 있고, 정부의 개입을 중시하는 이론은 형평을 추구하지만 성장의 속도를 늦출 수 있다. 경제학의 어려움은 정답이 없다는 데 있다. 어떤 이론이 절대적으로 옳은가의 문제가 아니라 우리가 어떤 가치를 우선하며 어떤 방향을 선택할 것인가의 문제이기 때문이다.

그럼에도 우리가 경제학을 배워야 하는 이유는 분명하다. 그것은 속지 않기 위해서다. 오늘날 정치는 복잡한 경제 문제를 '돈을 풀면 모든 것이 해결된다'는 식의 단순한 구호로 환원시킨다. 대중은 명쾌한 해법에 열광하지만 그 결과는 대부분 실망으로 끝난다. 경제학을 공부한다는 것은 무논리의 함정에서 벗어나 숫자 뒤에 숨은 의도와 주장 뒤의 이해관계를 꿰뚫어 보는 최소한의 방어 기술을 갖추는 일이다.

한국경제의 역사는 폐허 위에서 반세기 만에 세계 10위권 경제 대국으로 도약한 압축 성장의 신화다. 하지만 그 눈부신 기적에는 짙은 그림자가 있다. 대기업 중심의 수출 주도 성장은 고용과 소득을 빠르게 늘렸지만 경제 구조를 경직시키고 불균형을 심화시켰다. 성장의 과실은 소수에게 집중됐고, 부의 대물림은 견고한 계층의 사다리가 됐다. 국가는 성장했지만 그 성장이 모두의 삶을 풍요롭게 하지는 못했다.

이제 '얼마나 성장하는가'보다 '어떻게 성장할 것인가'를 물어야 할 때다. 인구는 줄어들고 기존 산업의 활력은 떨어지고 있다. 세계 경제의 패러다임이 인공지능(AI)과 디지털 전환으로 옮겨가는 동안 우리는 여전히 자산 가격의 등락에만 매달려 있다. 고성장의 시대는 막을 내렸다. 우리에게는 새로운 성장의 문법이 필요하다.

세계의 무대 역시 격변하고 있다. 20세기 후반을 지배했던 국경 없는 세계라는 믿음은 코로나19 사태, 전쟁, 기후 위기를 거치며 산산조각 났다. 글로벌 공급망이 끊기자 각국은 자국 중심의 보호주의로 돌아섰고, 이제 세계는 효율보다 안보와 안정을 우선하는 시대로 접어들었다. 이 거대한 파도 속에서 한국경제는 결코 자유로울 수 없다. 미국의 금리 결정, 중국의 경기 둔화, 중동의 유가 변동은 실시간으로 우리의 환율과 물가, 자산 시장을 뒤흔든다. 국내 경제라는 말은 무의미해졌다.

경제를 이해한다는 것은 단지 지식을 쌓는 일이 아니라 격동하는 세계의 언어를 배우는 일이다. 경제는 더 이상 소수 전문가의 영역이 아니다. 민주주의 사회의 시민이 자신의 삶에 영향을 미치는 정책을 비판적으로 판단하고, 더 나은 사회를 위한 선택에 참여하기 위해 반드시 갖춰야 할 기본 소양이다.

이 책이 말하려는 것은 특정 이론의 우열이 아니다. 케인스주의냐 신자유주의냐의 낡은 논쟁이 아니라 각각의 이론이 우리의 삶을 구체적으로 어떻게 바꾸는지를 이해하는 것이다. 경제학은 선택의 학문이지만 그 선택은 언제나 가치판단을 담고 있다. 세금을 어디서 얼마나 걷고, 그 돈을 어디에 어떻게 쓸 것인지는 '우리는 어떤 사회를 원하는가'에 대한 질문이다.

경제학이 전문가의 전유물이 될 때 경제는 권력의 도구가 된다. 하지만 경제학이 시민의 언어가 된다면 더 나은 사회를 만드는 도구가 될 수 있다. 국가가 아닌 시민이, 선동이 아닌 사실이 경제를 움직이는 사회가 『시민의 경제학』을 통해 내가 꿈꾸는 세상이다. 부디 이 책이 세상의 수많은 거짓말에 맞서는 당신의 방패이자 스스로의 생각으로 세상을 읽어내는 나침반이 되길 바란다.

참고문헌

N. 그레고리 맨큐. 〈맨큐의 경제학〉, 2021.02.25.

로버트 L. 하일브로너. 〈세속의 철학자들〉, 2012.01.19.

로버트 핀다이크 · 다니엘 루빈펠드. 〈미시경제학〉, 2009.02.25.

리오 휴버먼. 〈자본주의 역사 바로 알기〉, 2000.04.15.

박종현. 〈케인즈&하이에크: 시장경제를 위한 진실게임〉, 2008.08.27.

소스타인 베블런. 〈유한계급론〉, 2012.02.06.

애덤 스미스. 〈국부론〉, 2007.02.29.

애덤 스미스. 〈도덕감정론〉, 2016.02.05.

올리비에 블랑샤르. 〈거시경제학〉, 2010.09.20.

이승호. 〈환율의 이해와 예측〉, 2020.09.25.

이준구 · 이창용. 〈경제학 들어가기〉, 2022.03.02.

이천우. 〈경제사상사〉, 2024.02.29.

임승수. 〈원숭이도 이해하는 자본론〉, 2011.04.05.

장하성. 〈한국자본주의〉, 2023.06.15.

찰스 P. 킨들버거. 〈광기, 패닉, 붕괴 금융위기의 역사〉, 2006.11.25.

최희갑. 〈한국경제론〉, 2023.02.24.

토드 부크홀츠. 〈죽은 경제학자의 살아있는 아이디어〉, 2023.09.11.

토마 피케티. 〈21세기 자본〉, 2014.09.12.

폴 크루그먼 · 로빈 웰스. 〈크루그먼의 경제학〉, 2023.12.01.

헨리 조지. 〈간추린 진보와 빈곤〉, 2012.09.05.

저자소개

임춘한

대학에서 정치외교학·경제학을 공부했다. 2018년 아시아경제에 입사했고, 정치부·사회부 등을 거쳤다. 좋은 세상을 만드는 데 조금이라도 보탬이 되고자 '무엇을 왜 쓰는가'에 대해 치열하게 고민하고 있다.

시민의 경제학: 어른들을 위한 자본주의 교과서

초판발행 2026년 1월 15일

지은이 임춘한
펴낸이 안종만·안상준

편 집 이혜미
기획/마케팅 김민규
표지디자인 BEN STORY
제 작 고철민·김원표

펴낸곳 (주) 박영사
서울특별시 금천구 가산디지털2로 53, 210호(가산동, 한라시그마밸리)
등록 1959.3.11. 제300-1959-1호(倫)
전 화 02)733-6771
f a x 02)736-4818
e-mail pys@pybook.co.kr
homepage www.pybook.co.kr
ISBN 979-11-303-9757-3 93320

정 가 24,000원